华 惠 ◎主编

辅国良臣

运筹帷幄

张良

辽宁人民出版社

ⓒ 华惠 2016

图书在版编目（CIP）数据

运筹帷幄——张良 / 华惠主编. —沈阳：辽宁人民
出版社, 2017.4
　　（辅国良臣）
　　ISBN 978-7-205-08945-0

　　Ⅰ．①运… Ⅱ．①华… Ⅲ．①张良（？ –前 186）–传记
Ⅳ．①K827=341

中国版本图书馆 CIP 数据核字（2017）第 017741 号

出版发行：辽宁人民出版社
　　　　　地址：沈阳市和平区十一纬路 25 号　邮编：110003
　　　　　电话：024-23284321（邮　购）　024-23284324（发行部）
　　　　　传真：024-23284191（发行部）　024-23284304（办公室）
　　　　　http://www.lnpph.com.cn
印　　刷：北京晨旭印刷厂
幅面尺寸：710 mm×1000mm
印　　张：16
字　　数：230 千字
印　　数：1～6000
出版时间：2017 年 4 月第 1 版
印刷时间：2017 年 4 月第 1 次印刷
责任编辑：陈　昊
封面设计：侯　泰
版式设计：桃　子
责任校对：解炎武
书　　号：ISBN 978-7-205-08945-0

定　　价：43.80 元

一般而言，作为历史上的经典人物，总会留下几句相关的经典性话语，谋士也是如此。比如，和范蠡有关的是"狡兔死，走狗烹"，和魏徵有关的是"水则载舟，水则覆舟"，而作为西汉舞台上的经典人物——张良，也有一句经典性的话语："运筹帷幄，决胜千里"。据司马迁的《史记》记载，张良的地位，仅次于萧何、曹参，而且，对张良，还有一句概括性的总结定论，可谓掷地有声——帝王师。

这是刘邦给他的评价，实际上也是司马迁身为一名卓越的历史学家给予他的评价，度身定做，算是前无古人，后无来者。

不过，张良最初的形象，却和帝王师这种洒脱的气质似乎大相径庭，原因在于历史成就一位大家，手法各不相同。仔细分析来看，张良的人生成长经历，完全属于励志版本。

人们都赞扬刘邦唯才是举，帮他打天下的功臣多是布衣，只有张良出身贵族。正是这位韩国贵族子弟，以"汉初三杰"之首的身份，干出一番惊天动地、推翻暴秦的事业。纵观张良的一生，有三个突出的特点。

一是智谋无双。中华民族是勤劳勇敢、聪明智慧的民族，人们往往把大禹治水当作勤劳勇敢的象征，把诸葛亮的事迹当作聪明智慧的象征。其实比诸葛亮学问更大、智谋更高，又比诸葛亮早四百年的张良，才真是我国古代智慧的化身，成功的典范。

二是统一大功。我国自进入封建社会以来，诸侯割据称雄二百余年，难得一个雄才大略的秦始皇统一了中国，却因施行暴政，最终不得善果。接着群雄蜂起，争战不休，以刘、项为首的楚汉战争决定了中国的命运。"力拔山兮气盖世"的西楚霸王要走分封诸侯的老路，亭长刘邦却要走建立大一统封建帝国的新路。这种统一之路是时代的要求，是推动社会发展之路，是民族振兴之路。应时代之需，为实现统一大业，运筹帷幄，决胜千里，立下盖世之功的当数张良。

三是洁身自好。这位功高盖世的西汉开国元勋张良，理应得到显爵厚禄，而张良却出乎人们意料地坚辞高封，只要求到留地做个小侯（留侯）。有人功不如他还到处为升迁奔走呼号，张良功高而求低酬，功成而急流勇退，以难能可贵的洁身之举永垂青史，更被人们誉为旷世奇才。

张良的智慧，张良的功勋，张良的品德，不只被人们津津乐道，也是中华民族优秀的文化遗产。这部《运筹帷幄——张良》的出版，更在人们面前矗立起一个活生生的张良。

运筹帷幄

张良

前言　　·001

第 一 章
一个人的战场

出身世家　将相之才　　·002

国家濒危　匹夫有责　　·007

秦灭韩国　立誓报仇　　·010

图穷匕见　淮阳拜师　　·016

得遇奇士　刺杀暴君　　·021

椎击始皇　邳桥拾履　　·027

　　张良出身世家，张氏五世相韩。他从小就受到百般宠爱，也受到了良好的教育。再加之张良的聪明才智，到十七八岁时，便具备了通晓古今的渊博知识，娴于辞令的辩才，文武俱精的技艺，尊老爱幼的美德，矢志不渝的操守，宽容大度的胸怀，刚柔相济的性格，潇洒豁达的风度。在国家面临危亡的时刻，张良挺身而出，为报国仇而奔波劳碌。

第二章
巧遇人生知己

结交项伯　驰道狂言　　·034
二世暴政　纷纷起义　　·038
刘项发难　良伯起兵　　·043
初会沛公　辅佐韩成　　·049
项梁战死　北上救赵　　·054
刘邦西征　张良献策　　·062
攻入咸阳　还军霸上　　·071
项羽入关　司马告密　　·077
鸿门涉险　应对自如　　·080
楚王分封　子房谋汉　　·087
惜别故友　远送汉王　　·094

由于秦二世的残暴统治，各地农民纷纷起义，张良也顺应时势，自己组织一支军队准备起义。但是由于种种阻碍，他遇到了对他的一生都影响深远的人物——沛公刘邦，从此他们一起在楚汉纷争的舞台上尽情发挥自己的聪明才智。

第三章
帮助汉王得天下

霸王弑帝　汉中拜将　　·102
计定三秦　隐士出山　　·109
项羽中计　刘邦得势　　·117
陈平降汉　楚汉交兵　　·123
霸王回兵　魏豹叛汉　　·129
张良荐将　韩信出兵　　·136

楚霸王项羽杀害了韩王成后，张良为了报仇，告别了家人，重归汉营。汉王刘邦见到张良，不胜欣喜，立即封他为成信侯，把他留在身边，出谋划策，运筹帷幄。这样，楚汉之争已经到最后关头了。刘邦在张良等一些文臣武将的辅佐下，终于取得了这场战争的最后胜利。

运筹帷幄

张良

招降英布　驳斥郦生　　·143

范增离去　纪信救主　　·150

围魏救赵　卷土重来　　·156

带伤慰将　巧言说齐　　·163

囊沙断流　顺水推舟　　·169

韩信拒谏　楚汉议和　　·175

会师垓下　自刎乌江　　·182

第四章
一个人的晚年

刘邦登基　廷论得失　　·190

杀一儆百　布告万民　　·198

鸟尽弓藏　谢病不朝　　·205

众将谋反　雍齿受封　　·213

太子风波　吕后求策　　·220

高祖出征　重托留侯　　·227

商山四皓　弥祸无形　　·234

脱尘弃世　仙游四方　　·240

刘邦虽然如愿以偿，最终平定天下，登基当上了皇帝，但并不是说从此天下太平。刚建立新政权，风波不断，刘邦都在张良的帮助下巧妙地一一化解。但是张良并不因此居功自傲，只要求到留地做个小侯（留侯）。在刘邦死后，他没有再辅佐下一任皇帝，而是脱尘出世，仙游四方。

第 一 章

一个人的战场

张良出身世家，张氏五世相韩。他从小就受到百般宠爱，也受到了良好的教育。再加之张良的聪明才智，到十七八岁时，便具备了通晓古今的渊博知识，娴于辞令的辩才，文武俱精的技艺，尊老爱幼的美德，矢志不渝的操守，宽容大度的胸怀，刚柔相济的性格，潇洒豁达的风度。在国家面临危亡的时刻，张良挺身而出，为报国仇而奔波劳碌。

出身世家 将相之才

历史的车轮进入战国末期，统一中国已成为一股不可抗拒的时代潮流。以秦王嬴政为代表的新兴地主阶级，为建立中央集权封建国家的斗争，在客观上符合广大人民群众的迫切要求和愿望。早在春秋与战国之交，风起云涌的奴隶起义，推动着新兴地主阶级在各国所进行的封建革命。但是东方六国（韩、赵、魏、齐、燕、楚）的封建改革，先后由于奴隶主贵族的阻碍在不同程度上遭到挫折或失败，唯有秦国的新兴地主阶级继承和发展了商鞅变法的事业，在各个方面厉行法家路线，打击奴隶主贵族势力，巩固封建的政治、经济制度，逐步使秦国变为七雄中最强盛的国家。正是顺应了历史发展的潮流，从公元前230年开始，秦王嬴政发动了统一全国的战争，首先向关东六国中最弱的韩国开刀。

公元前350年初春，春风吹绿了黄河两岸，人们已开始在田间繁忙地耕作，大地又恢复了生气，可是，韩国的国都郑（今河南新郑）还是死气沉沉。

这韩国原是从春秋时的晋国中分出来的，其疆域最初在今天山西省的东南部，后来扩大到河南省的中部。国都也曾多次迁移，公元前375年，才最后定都在郑。

韩国坐落在中原地带（今河南中部颍河流域），它介于魏、秦、楚诸国之间，历来是军事上的战略要地。春秋末期，韩氏与魏氏、赵氏同是晋国代表新兴地主势力的三家大夫。自"三家分晋"之后，韩国作为独立的封建国家出现在战国七雄之中，它境内一马平川，无险可守，经常受到邻国的攻击。多年来，韩国就是在这种状况下艰难生存的。

当时当政的韩昭侯倒不是个暴君，也不是个昏君，他很想有一番

运筹帷幄

张良

作为，很想挺起腰杆，像个国君的样子，很想像别国那样，重新造一座气派的王宫。可是一想到敌国大兵压境，他就不寒而栗；一想到乱糟糟的王宫，他就不免有些气馁，甚至痛恨自己无能。他不仅感到自己比其他国君矮半截，就是在自己的臣民面前，他也觉得惭愧无比。一想到这些，他就心烦意乱，彻夜难眠。做国君的是这种心态，国家怎么会有生气呢？

这天，韩昭侯正闷闷不乐地坐在宫中，相国张开地突然前来拜见，说有要事禀报。韩昭侯不假思索，立刻传令进宫。虽说张开地年纪还不算老，可是进宫辅政也有些年头了。他老实巴交，没有什么才干，也没有惊天动地的政绩，但他倒是尽心国事，为人正直，所以国中遇到事情，韩昭侯总是愿意听听他的意见。现在，他突然进宫，韩昭侯便问道："爱卿有什么事吗？"

"臣发现大王近日总是闷闷不乐，甚是忧虑。"张开地说。

"让你说对了，我已经有两夜没有合眼了。"

"又是因国弱民困、敌国入侵而忧虑吧？"

韩昭侯想，这不是明知故问吗？可是又一想，作为一个大臣，能和自己说说心里话，这也是难得。他今天突然进宫，说不定还有什么高见呢，于是就如实说："从先祖立国以来，我们韩国算来已有一百年了。我们的历代先君可谓尽心竭力，可是国家硬是没有强盛起来；寡人继位以来，可谓礼贤下士，可是臣民们硬是不把寡人放在眼里。我们国内是这般样子，周围又都是虎狼之国，经常夺我土地，抢我财物，搞得我们人心惶惶。寡人多次召集群臣，共商退敌之策。有的大臣主张割地求和，可是敌国的贪欲是无限的，而我们的土地是有限的，割地求和显然不是长久之计。你倒是主张武力御敌，可是以我们的兵力，能和哪个国家相抗呢？只要一想到这些，我就食无味、寝不安。"

张开地见国君如此坦诚，于是就大胆地将今天进宫的目的和盘托出："微臣有个要好的朋友，叫申不害。这人虽然出身卑贱，但非常关心国事，而且很有见地。近日微臣谈到大王闷闷不乐时，申不害直言不讳地说：'大王这是在为国事操心。大王能安而不忘危，存而不忘亡，治而不忘乱，这就是我们国家的希望所在。'然而他又认为，国家的危、亡、乱，主要的不是来自敌国。做小民的总是牢骚满腹，做臣子的只是相互埋怨，做国君的只知唉声叹气、优柔寡断，这才是最危险的。"

"说得好，继续说下去。"韩昭侯听着，一下子打起了精神。

张开地接着说："申不害提出，国家的当务之急是上下团结，振奋精神，而且要首先从大王做起。"

"好！不过你再说具体些。"韩昭侯显出非常兴奋的样子。

张开地说："申不害识文断字，读过不少书。他说《诗经》中有一句话：'功崇惟志，业广惟勤。'意思是说，国君要有富国强兵的雄心壮志，勤于政事。只要大王不再整天唉声叹气，大臣们就会振作起精神来。他还引用《诗经》中的话说，国君要'敬慎威仪，维民之则'。就是说，大王要把庄重威严的举止作为自己的行动准则。大王的举止庄重威严了，臣民们还敢牢骚满腹、胡言乱语吗？而要做到庄重威严，就须谨言、慎行，大王的一言一行都应有一定的用意。长此下去，臣民们对大王就会产生敬畏的心理，对大王的一举一动就会非常在意。这样一来，政令不就通了吗？各级官吏都尽心国政，国家自然会富强起来。"

韩昭侯听了，连声称赞说："申不害这人不简单，说得确有道理，能把他请来让我见见吗？"

张开地满口答应，第二天，就领着申不害来到王宫。在韩昭侯面前，申不害不卑不亢，侃侃而谈，有条有理。韩昭侯听了，更是赞叹不已。

"相国今日给我举荐了一个奇才，立了一大功啊！"于是当即任命

运筹帷幄

张良

申不害为左相，与张开地共同帮助他治理国事。

韩昭侯对张开地和申不害非常信任，而且事事照着他们说的去办。一次，韩昭侯命侍从把他的一条旧裤子收藏起来，侍从说："大王也太小气了。一条旧裤子，随便赏个人算了，还何必收藏起来呢？"韩昭侯笑笑说："这你就不懂了。我的两个相国常说，国君皱一下眉头，或者轻微地一笑，都须有一定的用意，何况是送一条裤子呢？你务必把它收藏好，我将来要赏给有功之臣。"

韩昭侯不愧为一代明君，张开地、申不害也不愧为贤明的大臣。在他们的治理下，短短几年，韩国军政就大有起色，邻国好多年没敢再轻易进犯。

韩昭侯死后，张开地仍为相国，辅佐相继继位的宣惠王、襄哀王。张开地死后，他的儿子张平又担任相国，辅佐继位的厘王、桓惠王。这时，韩昭侯时的中兴已经成为历史，韩国又重新沦为大国攻击的对象。

张氏五世相韩，按常理就该家财无数，府邸金碧辉煌，仅次于帝王，然而，这里的一切却朴实无华。就说那相府的宅邸吧，跟周围的民居极其融和，毫无富丽堂皇之感，竟不及一个地方财主豪绅。这里没有雄伟气派的门楼，阴森壮阔的大门，门旁没有那对狰狞的石狮子，更无门岗和兵丁，任何人都可以随便出入。这里没有前厅后厦、亭台楼阁，更无歌台舞榭、袅袅丝竹。这里没有珍玩珠宝、名人字画，更无价值连城的夜明珠和珊瑚树。这里没有假山真水、奇花异卉，更无曲径通幽和小桥流水。这里有的是对祖国的忠贞，对人民的关爱，对贫穷百姓的体恤。这便是相府的追求，相府的家风，相府的传统。

世上没有心满意足的人，就说这张平吧，在韩国，一人之下，万人之上，总应该心满意足了吧？然而他也有自己的苦恼和不安。大而言之，韩国弱小，秦、齐、楚治国强大，他时刻都在为祖国的前途和命运而担忧。他接替父亲张开地，又做了几十年的相国，对家事、国事、天下事了如指掌：北边的赵国自从变长袍大褂为短衣紧裤，又将车兵改为骑兵以来，国家强大多了。东边的魏文侯采纳了李悝的建议，废除世卿世禄，实行食有劳而禄有功，也使国家强盛起来；西边的秦国自商鞅变法之后，国力更是一天天强大，强大得简直让人谈虎色变。小而言之，夫人连生九个女儿，四十多岁的人了，不见有生儿子的迹象。女儿难承嗣续统，生得再多，又有何用？莫非相韩的张府，就这样结束了不成……白天在朝中，他日理万机，没有时间和精力来想这些，夜晚回到府中，尤其是看到那齐刷刷的九个女儿时，他便心烦意乱，常常半天不言一语、不吭一声，沉默得简直就像木头疙瘩。

夏末秋初的一个夜晚，明月高挂，寥寥可数的星星晶莹闪烁，似明珠，若宝石，撩拨人心池。相府的庭院中安放着一张竹制的躺椅，淳于丹青仰卧其上，欣赏那轮透亮的明月，数着眨眼动情的明星。她在静等丈夫的归来，她陶醉于清澈明亮的夜色之中，想入非非。不知过了多久，她颇有些困倦，朦胧中似乎发现圆月西侧的一颗明星离开了天体，拖着长而亮的尾巴直向相府射来，待临近房舍屋宇时，流星变成一个美男子，他英俊潇洒，气宇轩昂，径直向躺椅走来，扑向躺椅上的淳于丹青。丹青不拒绝，不反抗，欣然承受他的一切行为和举动，只觉得甜蜜、温馨、和美、幸福，骨酥神醉，仿佛多喝了酒，多吃了蜜，既醉且甜，浑身燥热，通体松散，飘飘升入云雾之中。她完全沉浸在美的享受之中，神不守舍，不能自已，昏昏沉沉地过了若干时刻。突然，一阵犬吠声把她惊醒，大约是丈夫归来了。抬头遥望圆月西侧那颗明星尚在，向她眨着多情的眼睛，似在倾诉离别之情。她很感疲惫，浑身酸软。她不知道发生的一切是真是假，她不敢相信，但愿是错觉。

淳于丹青对丈夫忠心耿耿，大大小小的事，从未隐瞒过一件。丈夫归来后，她心怀忐忑地叙述了所发生的一切，等待丈夫发落。张平闻

运筹帷幄

张良

后，非但不恼，反而兴奋得哈哈大笑，且如癫似狂地手舞足蹈起来，把丹青弄得呆若木鸡。笑过舞过之后，他将妻子揽于怀中，无限亲昵地说："宝贝，你要为我生儿子了，而且是位将相之才！"

丹青不解地问："你说这话，有什么根据吗？"

张平铮铮有声地说："月侧明星之精血，还会是个白丁吗？这就叫作星宿下凡，这就叫作天命。"

还真让丈夫说着了，丹青果然有孕。随着时间的推移，小腹渐渐鼓胀起来，不足两月，便有妊娠反应，嗜酸成癖。有道是"酸儿辣女"，怀前九个闺女时都是爱吃辣，唯独这个喜欢吃酸，看来定然是个儿子无疑。她把自己的变化告诉丈夫，张平乐得整日张着大嘴笑，他大块吃肉，大碗饮酒，整夜整夜地在书房里吟诗作画，喜不自抑。时间很快过去了九个月，一天夜里，丹青睡梦中将孩子生在被窝里，竟然不知。孩子哇哇的哭声把张平惊醒，他先是懵懂，继而惊喜，急忙点亮灯烛，推醒妻子，揭开被窝，小家伙已挣断了脐带，光着赤条条的身子，正手舞足蹈地在大哭大闹呢。丹青不待将孩子拉到怀里，先伏身审视，果然生了个白白胖胖的儿子！

张平如愿以偿，张府上下欢腾。过百日那天，亲友同庆，宾朋齐贺，连韩王和满朝文武都过府贺喜，整整闹腾了三天三夜，把个阳翟城闹得波涌浪翻，春潮滚滚。就在这次庆典上，相国当众给儿子取名张良，字子房。

国家濒危　匹夫有责

小时候，张良是孩子王，等长到十七八岁，他又变成了青年领袖。

这里所说的"王"和"领袖",不单单指在相府和贵族子弟中,而是指整个韩都和全社会,因为他结交了一大批布衣平民的子弟,天下闻名来访且愿结为友者不计其数。一个相府公子能跟平民百姓家的青少年结为生死之交,这是由相府的家风和传统注定的。早在其祖父张开地初为相国时,便与黎民百姓结下了血肉情缘,视民若兄弟手足。相府不断收养沿街乞讨的孤儿,这些孩子长大后,有的念其恩德不肯离去,所以直到秦灭韩后,相府仍有"家僮三百人"。相府常收留流浪无着人员,把他们介绍到富足人家去扛长工,打短工,或到作坊里去当工人。相府开有许多店铺,贫困之家可以赊账,年终岁末无力偿还者,一律豁免。相府放粮,大斗出,小斗进,使借粮者获得实惠。相府在全国各地设有粥棚,常年施舍。这一切,对张良的思想、人品和性格的形成至关重要,使他自幼形成了人人平等的理念,绝不鄙视平民百姓。

世事多难预料,谁能想到,第三年的春天,淳于丹青又生了一个儿子,取名张勇。一母生下百般儿女,哥哥张良"状貌如妇人好女",弟弟张勇却五大三粗,肩宽臀肥,虎背熊腰,背手叉腿地上一站,简直就是一座铁塔、一座高山。他自动不好读书,喜使枪弄棒,是一员上等武将。这倒也好,兄弟俩一文一武,支撑着相府这个门户,张平省却了许多心事。

韩惠王二十三年,相国张平卒。那时张良、张勇年幼,尚未步入仕途。二十年后,亦即秦始皇十六年(前231)秦灭韩,张良投身于反秦斗争,开始了他的政治生涯。

相国张平去世不久,他辅佐了多年的韩惠王也告别了他那个危机四伏的国家,把个烂摊子交给了自己的儿子韩王安。

韩王安即位后,邻国赵、魏自顾不暇,与韩国基本是相安无事,只是西方的秦国越来越咄咄逼人了。

秦国自建国以来,已有五百多年,经历了三十一代国君。公元前

246年，第三十一代王秦庄襄王病死，十三岁的太子嬴政做了国王。强邻易主，终究是个改善关系、扭转被动挨打局面的难得机会，但通过什么办法实现这一愿望，韩国大臣们的意见并不完全一致。有的说："前些日子，魏国的信陵君率五国之师，在河外（今河北南部）把秦军打得溃不成军，狼狈而逃，信陵君率师一直追至函谷关（今河南灵宝东北），真是威震天下。以此看来，秦国固然强于我国，但也不是不可战胜的。我们应与赵、魏等国和好，甚至联合东方的齐国和南方的楚国，坚持抗秦。"有的说："山东六国中，我们韩国最小，而且紧靠着强秦。在目前形势下，武力抗秦，无异于以卵击石，自取灭亡。"

大臣们众说纷纭，莫衷一是。那韩王安本来就是个毫无作为、只知享乐的国君，在这种局面下，他也只是看看这个大臣，望望那个大臣，一句话也说不出来。王宫中激烈地争论了一阵，热闹了一阵，又一下子变得沉默了，冷清了。过了好一会儿，一个大臣打破僵局，一字一板地说道："秦国是虎狼之国，贪得无厌，它不仅想吃掉我们韩国，而且要把整个山东六国全部吞掉。我们单独抗击，确是以卵击石；联合抗秦，这办法苏秦在几十年前就开始实行了，结果并没有阻止住秦国的东侵，所以依臣之见，还是与秦以和为上，但又不能以割地去求和。目前秦国新王刚继位，我们不妨前去祝贺，这就可化干戈为玉帛。另外，这些年来，秦国连续大旱，粮食歉收，我们可顺便派去工匠，帮助秦国兴修水利，他们肯定高兴。我们派去的工匠，表面上是帮助秦国兴修水利，真正的目的是要耗费他们的人力、物力、财力。这样，秦国既与我们和好了，同时又失去了对外征伐的能力。"

"好计，好计！"大臣们紧皱的眉头又舒展开了。韩王安见大臣们一致赞成，也就欣然同意。

张良这时已成为二十多岁的小伙子了，虽然他没有接替父亲的相国之职，但也没有回到原籍颍川城父（在今河南宝丰），而是谋了个国王侍从的差事。又由于他从小所受的教育和环境的影响，所以非常关心国事，还结交了不少志同道合的朋友。就是当今的王相国，也经常受到张良的拜见，二人甚至成了忘年之交。

这天，张良来到王相国家，简单地寒暄了几句，就问："听说我们国家派水利工匠到秦国去了？"

"是的，不过这真正的目的不是去修水利，而是要消耗秦国的国力。"

张良猛地跺了一下脚，不自主地摇起头来，"失策，失策！天大的失策！"张良急得简直有点说不上话来了，过了好一会儿，才又说："常言道，'民以食为天'；'国之所以兴者，农战也'。秦国没有急于东进，还不是因为连年干旱，粮食歉收，国力还不够雄厚？在这种形势下，派工匠去帮助人家兴修水利，这是在帮强秦的大忙啊！而且帮了强秦的忙，它还要怪罪我国动机不纯，成为攻伐我国的借口。以此看来，这不是亡国之举吗？唉，韩国气数已尽，灭亡为时不远了！"

秦灭韩国　立誓报仇

且说韩国派去的水利专家郑国来到秦国后，立即受到秦国丞相吕不韦的接见。接着就是勘察地形，访问名士，制定方案，并把几万名秦国青壮年组织起来，投入到了开挖渠道的工程中去。

果然不出张良所料，经过几年的努力，一条连接泾水与洛水、长达一百多里的大型灌渠就凿通了。它虽然耗费了秦国不少人力、物力，使秦国几年之内无暇向外征战，但关中地区却因此而解除了干旱之苦，粮食连年丰收，秦国变得更加强大。人们对工匠郑国感激不尽，把这条灌渠亲切地称作郑国渠。身为韩王安侍从的张良，一直注视着秦国的动态，担心着国家的命运。一天，突然从秦国传来消息说，已满二十二岁的秦王嬴政举行了加冕典礼，从此开始亲理国政了。

"这嬴政究竟是怎样一个人呢？"张良在心里嘀咕起来。

没过多久，张良又听到消息说，秦王刚理国政，就平定了一次宫廷叛乱，还禁闭了他的母亲，罢了丞相吕不韦的官。

"看来这位新秦王有胆量，有气魄，也有招数，不是平庸之辈，有可能他要影响整个天下了。"张良这样想着，不禁为韩国捏了一把汗。

又过了一段时间，从秦国传来韩国工匠郑国被逮捕的消息，而且据传，秦王嬴政还冷笑着对郑国说："你来秦国虽怀歹意，但终究将渠建成，为秦国立了一功，我是不会杀你的，而你们那个愚蠢的韩王是有罪的，我要让他亲自吞下他种下的苦果！"

当听到这一消息时，张良真如五雷轰顶，一下子蒙了，好像百万秦军已经打了过来。

已是深夜了，张良怀着焦虑不安的心情，又来到了王相国的住处，上气不接下气地说："我们当初派工匠的用意，已被秦王识破，派去的郑国工匠也被关进秦国的监牢。"

"我也听说了。"王相国无可奈何地低着头回答。

"看来秦国要对我们大举进攻了。"

"那又有什么办法呢？"

"我们不是又把几座城献给秦国了吗？"

"贪婪的秦王是要把整个韩国吃掉，进而吞并整个山东六国，那几座城他怎么会放在眼里！"

"前些天，我们不是还让名士韩非出使秦国请求两国和好吗？不知进展如何？以相国看，韩非的这次出使能成功吗？"

不提韩非便罢，一提韩非，王相国脸上的愁容又添了一层。既然国家已到了这般地步，张良又是前相国的公子、如今的国王侍从和自己的知心好友，王相国于是也就把长时间憋在心中的话全都吐了出来："提起韩非，我还有些对不住他呢。他是大学问家荀子的学生，虽然口吃，不善言谈，但学问很深，特别是精通法家刑名之说，写出的文章也很漂亮。这些年来，他看到咱们韩国日渐衰弱，认为是大王没有举用贤才，治国没有讲究法制。为此，他多次给大王上疏，指出不要言必称尧舜，不要事事以先王的法度为准绳。他还讽刺说，以先王之政，治当世之民，就是守株待兔。他提出，要治理好国家，首先必须有完备的法律；其次是国君要有至高无上的权力，还要有驾驭群臣的手段。你想，我们大王怎么会按韩非提出的那套去办呢？我也觉得韩非的那些主张有些不近人情，没有为他说话。为此，他非常悲伤和气愤，还专门写了《孤愤》《五蠹》《说难》等文章，发泄他的不满。他和李斯都是荀子的学生，都主张法、术，但论二人的本事，李斯远不如韩非。可是人家秦王重用了李斯，使国家日益强盛起来，而我们……唉，晚了，一切都晚了。"王相国停了一会儿，又深为忧虑地说："秦王虽然很残忍，可是对法家刑名之说很感兴趣，对主张刑名的人格外器重。如果韩非被秦王留下，那可就更糟了。"

"韩非还会亲自领着秦兵，来攻打自己的国家吗？"张良有些不解地说。

"他为秦王出谋划策就不得了了，还用得着亲自领兵吗？"

"如果做出那种丧尽天良的事情，他怎么对得住祖宗？还怎么算得上韩国的臣民？"年轻气盛的张良越说越气愤，"谁胆敢灭掉我们韩国，我就不让他好死！"

"这话可不要乱说！"王相国打断张良的话，"依我看，我们国家被秦国吞灭，是早晚的事，大局已定，到时候还是谨慎些为好。"

且说韩非来到秦国，不出王相国所料，果然引起秦王嬴政的兴趣。

运筹帷幄

张良

而怀着对韩王安满肚子怨恨的韩非，也想乘机在秦国施展一下自己的才华。为了得到秦王的重用，他迫不及待地给秦王写了一封长信，他在信中写道：“现今秦国的疆域方圆数千里，军队号称百万，号令森严，赏罚公平，天下没有一个国家能比得上。微臣冒死渴求见大王一面，想说一说破坏各国联合、使秦国统一天下的计策，您若采纳了我的计策而不能灭亡六国，我甘愿受死。”

秦王嬴政前几年就曾看到过韩非写的《五蠹》《孤愤》《说难》等文章，他还深有感触地说：“这些文章写得多好啊！我要是能够亲眼见到韩非这个人，并且跟他交往，死也不遗憾了。”他万万没有想到，自己无比仰慕、日思夜盼的人，今天竟找上门来了。他手捧韩非的信，匆匆读了一遍，脸上顿时露出满意的笑容，高兴地说：“传令韩非进宫，寡人要见他！”

站在一旁的廷尉李斯听到这话，脸颊立刻变得像紫茄子一般。他眼珠子转了两转，神秘而严肃地对嬴政说：“韩非的确很有才干，可他是韩国的贵族子弟。现今大王要吞灭六国，作为韩国贵族子弟的韩非，最终还是要为韩国效命的。他即使暂时归顺了我们，也不会死心塌地为我们卖力，这是人之常情啊！”

“是这个理儿。”秦王边说边点头，思索了一会儿，也没有想出个办法，便问李斯，“依爱卿看该怎么办呢？”

李斯毫不犹豫地说：“韩非学识渊博，才能超群，不是平庸之辈。这样的人留在秦国，早晚是个祸患，放回韩国，又无异于放虎归山。以臣之见，不如把他监禁起来。”

“这也不是长久之计啊！”

“我的意思是先找个罪名关起来，然后再找个罪名，杀掉了事。”

秦王嬴政把手一扬，说：“好主意，就按爱卿说的办！”

忌妒心极强的李斯见秦王答应了，心中的石头落了地，立即下令以间谍的罪名，把韩非关进牢中。

一向刚毅、果断的嬴政虽然执政刚刚几年，可是通过他的金口玉言处死的臣僚、百姓，已不计其数，现在要处死一个名士，这本是小事，可是在处理韩非这件事上，却出现了意外。他想，韩非是自己一直仰慕的名士，如今自己仰慕的名士亲自来到了秦国，居然没有见上一面，没有说上一句话，就匆匆地处死，也实在令人遗憾。他既已来到秦国，成了我掌中之物，处死随时都可以办到，何必如此性急呢？他主意已定，便下令把韩非从监牢中放出，他要亲自接见一下。可他万万没有想到，在韩非被关进监牢的第二天，廷尉李斯就把他毒死了。

韩非的死讯传到韩国后，韩国王宫中一片惊慌。过了不久，令韩国君臣担心的事终于发生了：公元前231年秋，奉秦王嬴政之命，内史腾率秦军出函谷关沿黄河东下，直逼韩国的南阳郡。

这内史腾，就是名字叫腾的内史官。他本是一名掌治京师的武官，并不是秦国的主要战将。他这次带领的军队也不多，只有三万。无奈韩国的守军早已成了惊弓之鸟，完全丧失了战斗力。而南阳郡位于洛阳东北的黄河两岸，周围一马平川，无险可守。所以秦军一到，韩军就望风而逃。短短几天，整个南阳郡就全被秦军占领了。

内史腾对治国安民、安邦定国确有一套办法，也正因为如此，他才被秦王确定为这次出兵韩国的统帅。

内史腾攻占南阳郡后，立即发布了一道命令：农人、商人各安其业，乘机行窃者，斩；各级官吏仍就其职，玩忽职守者，斩；鼓动刁民者，斩。接着又派人给韩王安送去一封信，信中写道：韩国地处中原，沃野千里，水源充足，交通便利，然而韩国上自国君，下至小吏，只顾个人享乐，从不为民兴利，搞得野草丛生，市井萧条，国弱民困，饿殍遍野。秦王遵奉天意，派军跋涉千里，救万民于水火，承韩国军民协助，已进驻南阳，不日抵郑。大王要认清形势，顺从天意，归附大秦。

运筹帷幄

张良

为满足大王所好，奉秦王之命，特送上黄金百斤、秦女10名。

韩王安读罢信，怔怔地半天说不出话来。

"真是欺人太甚！"大将武信双目圆睁，连两道浓眉都竖了起来，"将秦使、秦女一律斩首，老夫亲自上阵，与秦军拼个你死我活！"

"老将军精神可敬。"王相国摇摇头说，"秦军来势凶猛，若以死相拼，只怕是白白送掉无数百姓的性命。"

那武信虽然一怒之下，发下誓言，但他又何尝不知道这是徒劳呢？韩国落到今天这样的下场，不也是早在自己的预料之中吗？所以听了王相国的一番话，也就不再言语了。懦弱无能的韩王安见大臣们一个个手足无措，举头环顾了一下王宫的四壁，想了想后宫中的妻妾，不由潸然泪下，"韩国气数已尽，这大概是天意吧。转告秦使，为不使韩国臣民惨遭涂炭，寡人近日就将玉玺送上，愿成为秦王的臣属。秦王送来的黄金、秦女，寡人无颜接收，如数送还。"

这些年来，韩国百姓一直战战兢兢地生活，担心有朝一日秦军会打进来。如今，秦军真的打来了，担心已经变成了现实，他们反而显得异常镇静，因为他们对韩国君臣早已丧失了信心，就是对韩王安要向秦王交出玉玺的事，也只是在街头巷尾议论一下而已，并没有引起多大的震动。而韩国的王公贵族们可就不同了，他们有的长吁短叹，捶胸顿足；有的在深宅大院中掘地挖坑，埋藏财宝；有的收拾细软，准备车马，到乡间躲避。继承了万贯家业和几百名奴婢的张良，当听说秦军已经杀到南阳时，他没有去掩埋财宝，也不准备躲藏，而是与弟弟一起，组织壮士，打造武器，准备在保卫国都的战斗中与秦军决一死战。可是当他听说韩王安要交出玉玺、把韩国拱手送给秦国时，不禁号啕大哭起来。

弟弟见哥哥如此悲痛，眼泪也不由掉了下来。过了好一会儿，他才像是从梦中刚醒过来，对哥哥说："我们韩国就算亡了吗？"

张良一边擦泪一边抽噎着说："是的，亡了，亡了！延续了二百年的韩国真的亡了！不过也该亡了，文臣爱财，武将畏死，君王又无能，今日不亡，更待何时！"

"可我们不能这么眼睁睁地看着它亡啊！"

"过去的韩国亡了，未来的韩国还须再造。常言说：'与死人同病者不可生，与亡国同事者不可存。'让今日的国君去秦王那里领赏吧，我们只好另辟蹊径了。"

且说内史滕把伐韩的战况报告给秦王，嬴政当即任命内史滕为南阳郡假守（非正式郡守）。第二年，也就是公元前230年，内史滕又率领秦军从南阳郡出发，直逼韩国首都郑，早就交出了玉玺的韩王安做秦臣的美梦彻底破灭，只好率领昔日的群臣，乖乖地做了秦军的俘虏。韩国的地盘本来就不大，秦军占领郑城后，秦王便将整个韩地改成颍川郡，郡所定在了阳翟（今河南禹县）。

至此，韩国彻底亡了。往日的韩国臣民，如今变成了秦国的臣民，动荡了一个时期的郑城，又渐渐恢复了平静，就是昔日的张相府，也好似一个无风无浪的港湾。但此时张良兄弟的心情并不平静，他们暗暗发誓："狂妄的秦王，总有一天你会尝到韩国人的厉害！"

图穷匕见　淮阳拜师

正当韩国军民奋起抗击强秦入侵的时候，张勇主动请缨，参军入伍，成为一名保家卫国的勇士。他身高臂长，力大如牛，令敌兵望而生畏；他头脑机敏灵活，精通兵法，常为官长们参谋。因屡建奇功，在军旅中青云直上，三五年便成了韩军的中级将领，令秦军闻风丧胆。秦军将帅经周密策划，大施反间计，不惜重金贿赂韩王朝中主和派的领袖人

运筹帷幄

张良

物，诬陷张勇叛国投敌，为秦内奸。韩王安素无主见，轻信奸佞谗言，将张勇从军中调回，处以死刑。念其祖上五世相韩的丰功伟绩，行刑前召见张良，让他兄弟二人见上一面，以体现君王的情深意厚和大恩大德。张良自然不相信弟弟会是叛国投敌的内奸，然而君命难违，有什么办法呢？只好痛哭流涕地与胞弟诀别。张勇昂首挺胸，视死如归，劝哥哥不要伤心落泪，天理昭昭，是非自有公论。他叮嘱兄长，自己死后不葬，以告诫天下民众，昭示后人。

虽说张勇叮嘱哥哥，自己死而不葬，张良把弟弟的尸首运回家去，隆重祭祀之后，还是葬于祖坟之内。按常规，死于非命者是不得进祖坟的，张良坚信，弟弟是忠于祖国而亡的。葬了弟弟以后，张良再也不能沉默了，他要训练支精干的武装力量，以御强敌，保卫韩都，为死难的弟弟报仇，为全国死难的将士报仇。相府有僮仆三百人，他们都是被收留的孤儿和社会上乞讨流浪无着的青少年。来相府之后，他们生活上可保温饱和安宁，还能得到主人的关爱和呵护，不再吃人白眼、受人下气、遭人歧视，深感相府的恩德，流连而不肯离去，便留在这里应付些差事，做些杂务，聊以度岁。还有其他达官贵人的家丁、奴仆和闲杂人员，共有一千多人。

张良先给大家讲天下形势，秦国的贪婪，虎狼成性，秦军惨无人道，杀人如麻；讲秦的侵略战争给天下人民带来的灾难——骨堆如山，血流成河，田园荒芜，饿殍遍地，民不聊生；讲团结御敌的重要，保家卫国的意义，人民盼望和平的迫切；讲得道多助，失道寡助，多行不义必自毙的道理；讲抗战应采取的方针、政策和策略，等等。他四处寻访，既请来了武术高强的教练，也请来了深明兵书战略的军师。他铲草坪，砍树木，除花草，把整个后花园开辟成了一个硕大的练武场，竖起了梅花桩，安放了形形色色的设施，置办了各种各样的器械，还用其中的三分之一之地支撑起帐篷，以遮风雨，留待风雨天专用，使之变成了土式的武术馆。他请来了最负盛名的锻冶师傅打造兵器，使得样样精良，件件锋利，寒光闪闪，咄咄逼人。他根据秦地处西北高原，山多水少，人人都是旱鸭子，而韩地处平原，河网港汊密布，水面辽阔，个个善游的特点，开辟了许多港湾和湖泊，用来训练水兵，以扬长避短。陆军练各种拳法和枪刀剑戟十八般武艺，水兵则练游泳、操船和水上战斗。他将思想素质高、身强体壮、无牵无挂的热血青年组成敢死队，进行特殊训练，随时准备挥洒热血，为国捐躯。

在韩都阳翟，私人办团练、办武装，以敌秦寇者还有几家，但操练水兵，张良却是独树一帜，令人赞赏。

清晨，每当那轮熟悉的朝阳喷薄欲出、云霞染醉了天空的时候，演兵场上喊声阵阵，杀声震天，健儿们一个个威武雄壮，精神振奋，气宇轩昂，让人备受鼓舞。他们先跑操，再打拳，后练兵器，整个演兵场上生龙活虎，一片欢腾。再看那港湾内、湖泊中，或千帆竞发，红日，朝霞，蓝天，白帆，碧波，相映成趣，若诗类画；或纵身跃入水中，劈波斩浪，各显神通。近看，似蛟龙戏水，远眺，若沸水锅里的水饺；或战船编队训练，一艘艘，一条条，游云惊龙，穿梭闪电，令人心扉大开，眼花缭乱。倘使整个韩国乃至整个山东六国都能够这样训练，何愁不胜虎狼之秦……

镜湖是张良训练水兵的重要基地，水深浪急，波涛翻骇，昼夜澎湃轰鸣。有一个半岛深入湖中无见许，该底细而长，前端撅起，颇似大象的鼻子，以状取名，唤作"象鼻岛"。岛上林深草茂，荆棘丛生，蛇蝎出没，极其荒凉，很少有人出入。盛夏一日，张良指挥游击队员将数百名秦兵引至象鼻岛上，先与之捉迷藏，左右穿插，里外周旋，待秦兵布满整个象鼻岛时，一声呼啸，隐藏在密林深处和潜于湖中的水兵们分冒了出来，形成了四面合围之势。秦兵一则不熟地理，蒙头转向，像掐了尾巴的蜻蜓，四处乱碰；二则寡不敌众，面对强大的声威，一个个像

运筹帷幄

张良

缩头乌龟，毫无任何战斗力；三则全是旱鸭子，不习水性，面对这茫茫镜湖，早已晕头转向，昏昏沉沉。训练有素的张良水兵，对付这样的敌人，犹若筐中捏烂柿子，稀软流汤，哪里还需要什么力气。战斗之初，秦兵还能拼搏一气，但很快就死的死，伤的伤，溃不成军了，最后全都被赶到了镜湖的岸边，被逼进了湖中喂了乌龟。

张良指挥的抗秦游击队，在一系列的抗秦斗争中，这是战果最辉煌的一次，全歼了秦军一个小分队的数百名官兵。为了欢庆胜利，他们在岛上开起了盛大的篝火晚会，就地野餐，大碗喝酒，大块吃肉，载歌载舞，尽兴方散。

俗话说：乐极生悲。当张良兴冲冲地回到家中，欲向母亲报告令她老人家振奋的战果时，不料相府刚被秦兵血洗过，他面对的是房屋被焚，财物被劫，奴仆散尽，柜倒箱翻，狼藉不堪的情景，最让他痛心疾首的是母亲、姐姐和一家数十口亲人全都倒在血泊里。他难以承受眼前的景象，哇的一声，喷出一口鲜血来，扑向母亲，当即气绝……

众人见状，急忙围拢过来。有经验的老者挤上前去，伏身先掐人中。不知过了多久，张良渐渐缓过气来，大家心中的一块石头落地，让他安卧静养。这个时候的张良，哪能安心养病，他必须强撑着爬起身来，料理母亲和众位亲人的丧事。直到数十口亲人入土为安，他才一头栽倒在床，大病了一场。

虽说游击队在反秦抗秦斗争中立下了不朽的功勋，但也暴露了许多弱点，诸如自由散漫，组织纪律性不强，野蛮成性，流寇习气十足，赌博酗酒，打架斗殴，不尊敬长者，不赡养父母，打骂士兵，等等。经过分析，张良认为，这诸多不文明的行为，说明他的游击队缺乏"礼"的教育，因而不等病体痊愈，就决定拜师求学。

张良一切准备就绪，然后将家产全部变卖，离开了他生活了十几年的郑城。

张良

运筹帷幄

张良

张良朝东南方走了约二百里，来到了陈，这陈就是今天河南省东部的淮阳。

当时经过反复考虑，张良找了个简陋的馆舍住下，做了一个儒士的学生。

张良起早贪黑，专心致志，跟着那位儒士学了不少知识，对当时盛行的儒家、墨家、道家、法家、阴阳家、纵横家等各家学说有了个大概的了解。他觉得孟子的议论语言犀利，善于辩论；庄子的文章汪洋恣肆，想象丰富；荀子的文章气势磅礴，说理透彻；韩非的文章峻峭尖刻，锋芒毕露。张良虽然读了不少书，但遗憾的是，没有一本是兵书。他想，读点兵书，学点兵法，有朝一日，能成为一名率兵打仗的将军，那该多好啊！不过使他欣慰的是，在学习中，又结识了不少朋友，觅到了不少知音，就连教他的那位先生也成了他的支持者。

冬去春来，转眼一年过去了。这天，先生把张良叫到自己的房中说道："在我教过的学生中，还没有遇到像你这样聪明刻苦、富有抱负的。我所懂的，差不多都已讲完了。人生短促，你不必空耗时光了，还是另请高师吧。东夷的仓海有我的一位好友，现在是秦朝一名官吏，人称仓海君，他与你有同样抱负，对你可能有所帮助。"

此时的张良也有另拜高师的意思，只是一年来与这位先生朝夕相处，讲礼说道，纵谈国事，志趣相投，不觉有些难舍难离，便跪下叩头道："一年来，先生倾囊教诲，学生受益匪浅，终生不忘。承蒙恩师指点，学生愿求仓海君指教，待成就了大业，再回报恩师。"

张良挥泪告别了先生，背起行装，朝东夷去了。

得遇奇士　刺杀暴君

且说张良晓行夜宿，一连走了几日，终于来到东夷的仓海。

这仓海原是一海滨小镇，镇里的人们多以出海打鱼为生，少数以耕种、屠宰为业。张良来到此地，打听那个叫仓海君的人时，发现无论是扛网的渔民、拿锄的农人，还是操刀的屠夫，竟无人不晓，还争相称颂。原来，秦始皇灭了六国之后，从秦国派了许多人到各地做官。这些人本来多是一介武夫，并无什么才能，但他们却以胜利者自居，作威作福，欺压百姓。来到这仓海镇的秦吏更是残暴无比，他不仅倚仗权势，搜刮钱财，而且肆意强夺民女。被夺的民女，有的留下受他蹂躏，有的被作为礼物送给上司。百姓稍有不满，就被抓进牢房，施以酷刑。这后来被称作仓海君的，本是当地一个富家子弟，很有头脑。他见那秦吏横行，当地百姓实在活不下去，就在一天夜里，将那秦吏请到家里，将他灌醉并杀死，然后又把一个一贯与那秦吏狼狈为奸的人打成半死，捆绑起来，作为杀死秦吏的凶手，押到郡所。临来之前，他还从自家带了些钱，谎称是"凶手"杀死秦吏后抢夺的。郡守见那"凶手"已经不省人事，便传来一些知情乡民审问。乡民们也都纷纷作证，说杀死秦吏的确是这人。郡守信以为真，当即命人将那凶手拖出斩首，并报请上司，委任缉拿凶手有功之人为仓海长官。从此，这仓海君的名字就远近传开，而真正的名字反倒被人遗忘了。

张良见到仓海君，介绍了自己的身世，转达了陈地那位先生对仓海君的问候，又说了自己的来意。仓海君如逢知己，格外热情，直言说道："本想天下一统，世间能够太平，不料秦朝的捐税如此繁重，法律如此严厉，秦吏更是如此可恶！"

张良说："晚生所过之地，看到民怨沸腾，都骂秦始皇是个暴君。依我看，秦始皇不除，天下就难得太平。"

仓海君一听这话，紧紧握住张良的手说："似你这样的义士，实在可敬。我在这里冒着杀头的危险，艰难地保着一方平安，也帮不了你什么忙。不过本地有个壮士，到时候你可能用得着。"

仓海君说的这个壮士，原是本地的一个渔民，因为他的真实姓名史无记载，无从查考，这里也只好以"壮士"称呼。

这壮士早年丧父，与母亲相依度日。长年的出海打鱼，练就了健壮的体魄；在与风浪的搏斗中，也养成了剽悍的性格。前两年他正要与一位渔家少女完婚，恰逢秦朝派的官吏来到此地，抢走了他的未婚妻。壮士出海回来，母亲还没有将家中遭劫的事情说完，他就火冒三丈，只身跑到秦吏那里要人，结果人没有要回，反遭一顿毒打。从此他不再下海打鱼，而改成持刀卖肉，伺机报仇。后来他听说未婚妻被送到秦都咸阳做了宫女，便想赴咸阳，闯秦宫，救出他的未婚妻，只是由于仓海君的一再阻拦，才迟迟没有动身。

一天，仓海君正与张良在家中饮酒，一个青年男子迈着坚实的步子，走了进来。

"他就是那位壮士。"仓海君对张良说。张良抬头一看，只见这人身材魁梧，膀大腰圆，双目圆睁，动作敏捷，急忙迎上说："久仰！久仰！"

"这就是我对你说过的义士张良，他比你年长，你就称他为兄长吧。"仓海君手端酒杯，边饮边对壮士说。

听仓海君如此一说，壮士又把张良从上到下打量了一下，然后扑通一声跪到地上说："小弟无才，但有的是力气，今后一切就全听大

哥的了。"

张良慌忙把壮士扶起就座，又斟满一杯酒放到壮士面前。三人边饮边议，句句投机，当议论到秦王政当皇帝后经常出巡时，张良的眼睛一亮，说："好机会，好机会！我与贤弟去摸清秦始皇的出巡路线，找准机会，力图刺杀。"

壮士拍案说："到时候只须大哥指出那个该死的秦始皇，刺杀的事我包了！"

仓海君连忙说："好主意！"并答应把照料壮士之母的任务承担起来。

且说秦始皇自从灭掉六国、统一天下之后，百废待兴，也着实忙活了一阵子：议定了朝政体制，制定了法律，划分了全国的郡县，迁徙了全国的富户，收缴了百姓家中的兵器，统一了全国的文字、货币以及度、量、衡。秦始皇每天早起晚睡，处理国家大事，据说每天看多少公文，他都给自己规定了数量，看不完就不休息。

作为万人之上的皇帝，他当然没有忘记享乐。在统一天下之前，咸阳城中就有壮观的秦宫，宫中的美女、珍宝无数；在渭河南岸，还有圈养着珍禽异兽的上林苑。在统一天下的过程中，他每征服一国，就命人把该国的王宫描绘下来，然后再在国都咸阳的北郊照样修建一座。这样年复一年，逐年修建，竟从咸阳雍门向东，一直修到泾水、渭水的交汇处。东西八百里，离宫别馆林立，又架木为桥，成为道上之道，将这些楼阁宫殿连成一体。他把从各国掳来的美女、珍宝充实其中，供他赏玩。

秦始皇起早贪黑地治理了一年多，国家的各项政务基本理出了头绪，这架机器正常地运转起来了，他觉得有些劳累了，咸阳城中城外的宫室，秦始皇多次光顾，也已经有些厌烦了。他突然意识到，自己早已不是小小的秦王，而是普天之下的皇帝了，为什么总是憋在这狭窄的关中之地呢？大臣们说，我如今统御的江山有万里之遥，国中有高耸的大山、滔滔的大河、浩瀚的大海、广阔的原野……我何不去亲自观赏观赏呢？天下的妙龄少女更是数也数不清，也一定胜过那些看够了的宫女。再则，他觉得总在咸阳宫中发布诏令，并不足以显示他这位皇帝的威严。他要像传说中的黄帝那样，巡行天下，威服四海，震慑一下那些不甘失败、蓄意谋反的六国贵族。

秦始皇出巡的主意已定，便下令天下遍筑驰道。始皇帝二十七年（前220）秋，秦始皇首先到陇西、北地巡行。这陇西、北地大约相当于今天的甘肃东部。时值深秋，草木凋零，且陇西地广人稀，秦始皇在大队人马的护卫下走了几日，觉得索然无味，就悻悻返回。回程途中，他下令在渭水之南修建了一座宫室，起名信宫，不久又把信宫改名极庙，象征天极。又从极庙修大道直通骊山，并在骊山建造了甘泉宫的正殿。

过了残年，渐渐地冬尽春来，万物萌动，在宫中待了几个月的秦始皇又要出巡了。不过这次他不是向西，而是向东，去了泰山。游过泰山之后，秦始皇回到山脚，回首仰望山巅，顿感莫大的满足，"朕不虚此行，真正领略了极顶风光；归途中虽风雨交加，朕也安然无恙，这大概是天意，是朕的神威。"于是命随从立碑撰文，颂扬他的功德。

碑文中写道："皇帝登临天子之位，制订昌明大法，臣下也整治百官之事。二十六年，并有天下，诸侯无不称颂降服。然后亲自巡狩远方，登上这座泰山，朝东远望，一览无余。随从众臣推究他的丰功伟业，由衷地称颂大秦皇帝的功德。子孙们当承继帝业，顺此教化，切忌妄加变更。我大秦皇帝神明圣达，已经绥平海内，依旧不敢懈怠，早起晚睡，为百姓谋求长远福利，又推崇政教，训民以常道，导民以通达，无论远近，均奉行他的旨意，贵贱分别有序，男女以礼行事，这种美政将留给后代子孙。子孙们要遵守我大秦皇帝遗留下的诏令，永远顺从伟

运筹帷幄

张良

大的告诫。"

秦始皇游过泰山，又继续东行，直到大海，才向南绕道返回。归途中，到达湘山时，突然一阵狂风吹来，山林古木发着怪声，在谷中回响，甚是吓人。秦始皇抬头一看，见山中有一片红墙瓦舍，料是古祠，一问左右侍臣，方知是湘君庙。秦始皇又问湘君是什么神，侍臣说："湘君原是古时候舜的两个妻子。帝舜南巡，崩于苍梧，二妻痛不欲生，跳入湘江殉死，后人便建庙致祭，号为湘君。"秦始皇听了，不禁大怒，说："皇帝出巡，百神开道才是，而这湘君居然施法惊朕，分明是想与朕较量。"于是派三千名刑犯，眼看着把湘山的树木砍了个精光，解了心头之恨之后，方又启程。

秦始皇的这次出巡，亲身感受了国土的广大，饱览了中国东部的山川美景，可是也苦了所经之地的黎民百姓。因为皇帝驾到，不仅各地的官吏要借迎送之名，乘机搜刮民脂民膏，而且所经之地，在几天之内店铺不准开业，大道上不准百姓行走，就是大道两旁的田地里，也不准农民耕耘，结果搞得市井萧条，田地荒芜。百姓们怨声四起，秦始皇巡游的消息，也随着百姓们的怨声传遍四方。正在仓海镇的张良，正是得到这一消息，才告别了仓海君，踏上了寻找秦始皇的征程。

"只要能将皇帝刺杀，秦王朝就群龙无首，不攻自乱。"张良对同行的壮士说。

"只要能够找到他，我就能把他捅死。"壮士咬牙切齿地说，话刚说出，他又对此行的目的能否达到产生了怀疑，"天下到处传说皇帝巡游，可是谁也说不准现在皇帝究竟到了什么地方。"

张良说："自古以来，帝王巡游就是游山玩水，名胜之地必去。东岳泰山是天下第一名山，我们只要到了那里，迟早会等到他的。"

已到了春末夏初，天气渐渐变得炎热起来，张良和那位壮士只好午间休息，起早贪黑赶程。他们边走边问，边问边走，好不容易来到泰山，才知道秦始皇已经在两个月前离此而去了。

壮士像泄了气的皮球，不住地唉声叹气。张良说："兔子跑过，还留个踪影，何况大队人马。我们如今既已知道了皇帝的行踪，就已经不枉此行了。"

壮士听了觉得有理，便说："那我们就顺着他巡行的路线追去。"

"不能追。"张良想了想说，"据说皇帝朝东去了，而东边不远就是大海。依时间推算，也早该从海边返回。不过，他不会走回头路，一定绕道而行，而且最终要回咸阳。我们不如由此西行，到他返回咸阳的必经之路上等着。"二人商定，便收拾行装，朝西而去。

走了几天，他们便来到颍川郡郡所阳翟，找了个馆驿住下，一打问，方知皇帝已于一个月前朝西去了。张良听后，急得捶胸顿足，喃喃自语："晚了，又晚了，那暴君已返回咸阳了。"他想到自己离家出走一年有余，如今重返故国，竟无半点功业，报仇雪恨的计划一再落空，不禁潸然泪下，特别是一提到"颍川郡"这个名字，心里就如刀绞一般。

一年多前，张良就把家产全部变卖，如今已成了个无家可归的流浪汉。由于一年多来的花费，手中的钱越来越少，况且还带着一位壮士，费用又增加了一倍。他想，如果这次没有截住秦始皇，下次还不知等到何年何月。待到自己身无分文，变成个乞丐，事情可就难办了，不如现在先找个事做，也好糊口。到了这个地步，壮士也只好同意。张良识文断字，头脑清楚；壮士身强力壮，操刀卖肉又是内行，于是他们决定找个地方，以卖肉度日。他们又朝北走，来到阳武，也就是今天河南省的原阳县，看到这里有宽阔的驰道，宫廷的官吏经常从这里经过，便租了间房子，开了个肉铺，等待时机的到来。

运筹帷幄

张良

椎击始皇　邳桥拾履

秦始皇游兴未尽，出巡心急，但因为之前的出巡已离开国都半年，有不少事等着他处理。一晃又半年过去，所以他的第三次巡游，直到始皇帝二十九年（前218）春天才得以成行。

前次的东巡，给他留下了美好印象，可是由于时间紧迫，该观赏的景致未能全部观赏，该刻石的地方未能全部刻石，不免留下许多遗憾。他思来想去，最后下诏继续东行。文武百官听了哪敢怠慢，立即整备车马，挑选武士，装修仪仗，还派出先行官检查道路，安排馆驿，布置防卫。

且说在阳武县暂以卖肉度日的张良，一日忽见几十名武士耀武扬威地来到此地，感到有些异常。第二天，他又发现整个县城的空气也变得紧张起来，又是下令整修街面，又是登记过往游客。张良本来就在本地结交了不少头面人物，通过他们一打问，原来是秦始皇出巡，要经过此地。他得此消息，顿时激动不已，心想：那该死的暴君终于让我等来了！

张良把这一消息告诉了壮士，并嘱咐他要像平时一样，照常开店卖肉，不要显出任何异常。壮士嘴上答应，可是心里早已控制不住了。他手握切肉刀，注视着街上的每一个行人，想象着皇帝巡行时的情形，盘算着自己的行动方案。

壮士的方案想了一个，推翻一个，推翻一个，又想出一个，到底也没有想个十拿九稳的方案来，心里乱糟糟的。

这时张良的心情也很不平静，同样想出一个又一个方案，可是都觉得不太理想。他信步来到城外，顿时眼前一亮，心想："好地方，好地方！就让暴君死在这里！"

原来这阳武县靠近黄河，方圆几十里全是河水淤积形成的沙地，远远望去，一马平川，可是在城南不远处，有一道道沙丘，形似波浪，人称博浪沙。沙丘上长着一丛丛灌木，异常稠密，使本来荒凉的沙丘变成了绿色的长廊，秦朝建立后新修的驰道，就从这绿色长廊中穿过。张良想，秦始皇巡游，必从这里经过。如果事先隐蔽在这树丛之中，别人便很难发现。等秦始皇经过时，就投掷铁椎，近在咫尺，又居高临下，必能击中。张良又把壮士叫来，具体察看地形，确定投掷方向，还找好了逃离的路线。壮士看了，也非常赞成。

时间一天天过去，阳武城中的气氛也一天比一天紧张。张良和壮士特意锻造了一个便于投掷的铁椎，还把隐蔽处做了适当伪装，真是万事俱备，只欠皇帝驾到了。

这天一大早，壮士就手握铁椎，到那树丛中隐蔽起来，直到接近中午，才看到十几个武士骑马过来。他断定这是为皇帝开路的，所以一动也没动。又过了一会儿，大队的车马驰来，旌旗飘动，车声隆隆，尘土飞扬。壮士屏着气，瞪着双眼，从碎枝叶缝中突然看到一辆车子格外豪华，断定里边坐着的就是霸占他的未婚妻的暴君秦始皇，便憋足了劲，猛地站起，将铁椎投向那辆车子，然后转身穿丛林小路逃离，来到了与张良的接头处。

壮士像是完成了一件天大的使命，虽然跑得气喘吁吁，心里却感到无比轻松，唯一使他感到不放心的是，不知那暴君被击中了没有。张良拉着壮士的手说："无论击中没击中，贤弟已经报仇雪恨，留下千古美名。皇帝遭此一击，官府必定大肆搜捕，情况紧急，我们不可再在此地居留。你带些盘缠，仍回仓海照顾老母，我也将远离此地，另寻生

运筹帷幄

张良

路。”说完二人洒泪而别。

且说壮士的那一椎，使的劲蛮足，方向也很正，只是击中的是紧靠秦始皇车子的一辆副车。秦始皇虽没被击中，但也受惊不小。侍从武士听到怪响，又听皇帝惊叫，纷纷上前护驾，顿时一片混乱，等到惊魂初定，弄清缘由，方想起捉拿凶手。

岂不想，腿脚敏捷的壮士早已逃之夭夭了。秦始皇进入县城，又下令封锁道路，严密搜查，结果也一无所获。

张良谋划多日，虽没将秦始皇刺死，但此举却名扬天下，万世传颂。唐代大诗人李白还写诗赞道：

> 子房未虎啸，破产不为家。
>
> 仓海得壮士，椎秦博浪沙。

1949年，阳武县与原武县合并为原阳县。如今，在原阳县还建有张良庙，立着纪念当年椎击秦始皇的博浪沙碑。

按下壮士返回仓海不提，且说张良告别了壮士，未敢返回阳武，而是沿着水朝东而去。路过大梁、陈留时，他看到城门处都竖着木牌，要缉拿谋刺皇帝的凶手，觉得风声仍然很紧，就花了些钱，置办了一套新装穿上。

大索天下十日，总算过去了。

当时，秦朝的法律相当严峻，为了搜捕这位天下第一刺客，秦始皇当然得动真格的，他下令所谓的“大索”，即是命令全体官兵在天底下寻找，用现在的话说，就是“全国通缉”。一般来说，搜捕行动，可以有“大索三日”“大索五日”之限，而对这次行刺之举，秦始皇竟发布了一道“大索十日”的命令，可见，事态是多么严重，他内心是多么震怒。

为了躲避秦朝官吏的追捕，张良沿着黄河边一直向东逃，一路尽走小道，最后他从河南逃到江苏，选择藏在下邳这个地方。

下邳，属东海郡（今江苏睢宁西北），过去是楚国的东边领土，远离秦的中心关中地区，但现在都是秦国的地盘了。

下邳，也许是世界上起源最早的城市之一，这是一座河流上的城市，水几乎无处不在。

"汴水流，泗水流，流到瓜州古渡头"，这是白居易的《长相思》，诗里的泗水，即从下邳城处流过。

张良从中原东行，走了多日，经过的县城也不算少，还没有见过下邳这样将繁华与幽静融为一体的城市。若再往前走，不知道能不能找到更为理想的落脚处，思考了一下，便决定先在这里住下再做打算。

时间一天天过去，张良对下邳城内城外的环境已经熟悉，就是每一条街、每一座桥，他都能叫得上名字；对下邳的风俗人情已有所了解，发现这里的人们直率、豪爽、热情，但有着很强的个性，常为一些寻常小事争个不休，大街上斗殴的事时有发生；他特别对当时的时局有了底数，发现县吏们除了到富商巨贾们的家中吃喝以外，就是催税、抓丁，对皇帝被刺的事似乎毫无所闻。对缉捕凶手的事，张良不再担心，到户外的时间也就渐渐地多起来。

一天，太阳刚刚落下时，张良悠闲地来到城外，正站在一座桥上，欣赏那落日的余晖，突然见一老翁身穿粗布短衣，手拄一根拐杖而来。那老翁刚走到张良身边，却将一只鞋子掉到桥下。

一个人好好走路，如何能把鞋子掉下去呢？张良不免有些好笑、纳闷，不料那老翁却对张良不客气地说："小伙子，到桥下为我把鞋子拾上来！"

张良听了这话，不由一愣，心想，这老者怎么如此无礼，是不是要找茬？他真想挥拳揍他一顿，可是见他老态龙钟，真经不起自己一拳。

运筹帷幄

张良

况且真要挥拳揍了，不正好中了圈套吗？于是强忍怒火，跑到桥下，把那只鞋子拾了上来。张良正要把鞋子交给老翁，老翁又毫不客气地说："小伙子，给我把鞋穿上！"话刚落地，他就把一只脚抬起，伸向张良。

"这简直是在奚落我！"张良怔怔地看着老翁，像是受到了莫大的侮辱，真想把鞋一扔，离此而去。又转念一想，父亲临终时，曾嘱咐他要尊敬长者，要对人谦和。如今既已从桥下把鞋子拾起，为他穿上又费什么劲？况且今天这事有些蹊跷，我倒要耐下性子，看看这老翁还提什么要求，做什么文章。这样一想，火气没有了，心情也平静了，不再有被奚落、受侮辱的感觉，便拿着鞋蹲下，顺从地为老翁穿上，看他还有什么话要说。不料老翁穿上鞋，一句话也没说，就拄着拐杖，头也不回地径直走了。

望着老翁渐渐远去的背影，张良心想："真是个怪老头！我有生以来还是头一次遇上。"他正这么想着，那老翁又像是想起了什么，蹒跚着返回桥头，重新来到张良的跟前说："小伙子，好样的，可以调教。第五天天亮时，仍来这座桥上，和我见面。"张良已经预感到这老翁非同一般，便恭恭敬敬地说："我记住了。"

张良回到住处，心情难以平静，刚才在桥头发生的事情，仍萦绕在他的心头。他曾听说，下邳位于昔日的宋、鲁、楚三国交界处，一些豪强侠士常来此处汇聚，一些失意士人也到下邳隐居，那老翁说不定真的是有些来头呢！他越想越兴奋，便暗暗叮嘱自己："第五天天亮时，记住！"

第五天天一亮，张良就披衣下床，去与老翁会面。可是等他急急忙忙来到桥头时，那位老翁已在那里等着他了。那老翁见张良来了，一脸怒气地指责："跟老人家约会，怎么能够迟到呢！"说完掉头就走，边走边说："五天后再来吧，要早点。记住！"

张良在桥头怔怔地站了半晌，才扫兴而归。他又叮嘱自己："下次一定要早一点！"

好不容易又等了五天。这天刚五更鸡叫，张良就起身前去，边走边想：这次他不能再说我迟到了吧。不料来到桥头时，那老翁又在那里等着他了。见张良来了，老翁仍像前次一样，告诫他和老人约会，不可迟到，并告诉他五天后再来，不能再迟到，说完又头也不回地走了。

张良简直有些生气了，心想，这不是在捉弄我吗？他悻悻地回到住处，在床上躺了一会儿，又自我安慰起来：那老翁三番五次地摆布我，说不定有什么用意。况且已经去了两次，索性再去一次，再早一点儿，看他还说些什么。再说与老人约会，确实不应迟到。他这样想了一会儿，气也就慢慢地消了。

等到第四天，他早早吃罢晚饭，就上床睡觉，可是翻来覆去，怎么也睡不着。他推开窗户，看到一轮明月高挂中天，估摸着快到半夜了，心想：横竖是睡不着了，索性现在就动身去桥头等着吧！

这次果然没有迟到，周围静静的，只有桥下哗哗的流水声。他刚想坐到桥头歇息，突然听到窸窸窣窣的脚步声。往远处一看，一个黑影正慢慢朝桥头移动。他借着月光看清了，果然是那老翁。

老翁来到桥头，见张良先在那里等着了，高兴地说："和老人约会，就应该这样。"说完，从怀中取出一卷书，说："这是我藏了多年的一部兵书，送给你吧。把它研究透了，将来可以做帝王之师。别看现在天下一统，其实隐藏着大乱。十年之后会有大的变动，你就到风雨中去闯吧，人称我黄石公。十三年后，你在济北的谷城山下，会见到一块黄色的石头，那便是我。"

张良闻听此言，慌忙跪下，双手把书接过，连声说："一定牢记先生教诲。"

老翁说完就掉头走了，再也没有回来。

运筹帷幄

张良

第 二 章

巧遇人生知己

由于秦二世的残暴统治，各地农民纷纷起义，张良也顺应时势，自己组织一支军队准备起义。但是由于种种阻碍，他遇到了对他的一生都影响深远的人物——沛公刘邦，从此他们一起在楚汉纷争的舞台上尽情发挥自己的聪明才智。

结交项伯　驰道狂言

　　张良目送着老翁远去，自己就抱着那卷书返回了住处，到灯下打开一看，原来是一部《太公兵法》。

　　其实，《太公兵法》的正式书名叫《六韬》。经后人考证，它并不是出自古代的姜太公之手，大概是与张良同时代的人写出来的，为了抬高它的身价，才特意起名叫《太公兵法》。张良过去在陈地时，他只是跟着那位先生读过《尚书》《诗经》《论语》等，对于兵书别说读，根本就没有见过。现在，神话般地得到一部兵书，真是如获至宝，激动万分。虽然一夜没有合眼，但他一点儿睡意也没有，他要看看《太公兵法》中究竟写的是什么。他先是粗略地翻了一下，发现其中有文师、盈虚、守土、举贤、赏罚、奇兵、三阵、疾战、绝粮、火战、林战、突战、分合、练士等，约有五六十篇，文章是一问一答，形式活泼。

　　当时的书籍都是写在竹片上的，称竹简。在翻阅时，张良突然看到一片特意在旁边画着红色标线的竹简，竹简上的文字是："天下非一人之天下，乃天下之天下。"他反复诵读了两遍，不禁慨叹："说得何等好啊！"张良想，听说秦王政一统天下后，自己就称作始皇帝，以后的子子孙孙就称作二世、三世，以至万世。过去的周天子就把天下都看成是他自己的，说什么"普天之下，莫非王土，率土之滨，莫非王臣"，到头来，还不是都被诸侯们瓜分了？难道今天的天下，就是皇帝一人的？今后的天下，就是皇帝一家的？那老翁一定不是个普通隐士，否则不会保存这样的奇书；那老翁一定有特殊的用意，否则不会把这样的奇

运筹帷幄

张良

书送给我，更不会特意将这一简用红线标出。那他的用意究竟是什么呢？莫非就是让我体会"天下非一人之天下"的道理吗？他嘱咐我对这部书要好好研究，研究透了可以做帝王之师，还说十年之后，时局一定有变动。看来那老翁对我是寄予厚望，要我立志改变这天下为皇帝一人之天下的局面。当然，要改变这种局面，不能靠个人蛮干，而应靠领兵打仗，靠熟读兵法。

张良陷入了沉思。从这天起，他确实按老翁嘱咐的，认真地研究起兵法来了。读书累了，就一个人来到城外，看着远处黑黝黝的山林，回味和消化他在书中读到的那些深奥的道理。他也常到桥头伫立，到街头漫步，面对南来北往的行人，观察他们的言谈举止，猜测每个人的性情与才能，想象着有朝一日对他们如何调动。

下邳城的十字街头熙熙攘攘，人马杂沓，有的在声嘶力竭地叫卖，有的在相互寒暄，也有的不知因为什么而在面红耳赤地争执。张良只要看到有争执的，就主动前去劝解。而只要他劝上几句，争执便立即停止，就这样张良的名声在下邳城渐渐传开了。人们都说他知情达理，处事公道；说他见识广，办法多。后来人们有什么难办的事，往往就主动去请他出主意，听到有什么消息，也愿意去告诉他。

近些天来，张良发现新来下邳谋生的人越来越多，有的是因为当地遇到了灾荒，有的是为了躲避徭役，还有的是因为在当地触犯了法律，当然，也有不少下邳人因触犯法律或躲避徭役而逃到了外地。张良想，莫非这就是那位老翁说的"天下局势大变"的征兆吗？识时务者为俊杰。这部兵法虽然很宝贵，但不能总在屋里死读了。

这天，张良来到大街上，忽见一大汉背着个小包，急匆匆向他走来，说："我从下相（今江苏宿迁县）到此投友，不巧朋友家门锁着。我走了一天的路，口渴难忍，身上的盘缠又在路上花光了，您能给我口水喝吗？"

张良见那人举止不凡，心想，说不定是个义士呢！于是把那人领进住处。

那人到此一看，见是个不大的小院，院中只有一间茅屋，屋中陈设也极其简陋。从那张窄小的床铺断定，院中只住着主人一人，而那还摊开着的竹简，说明主人还是个读书人。他好奇地翻了一下，竟是《太公兵法》！"他一定不是一般俗儒！"那人猜测。经过打问，知道主人是不久前才从外地来此落脚的。那人似乎心里有了底数，也没有再问张良来此落脚的原因，就直言不讳地自我介绍说："不瞒兄弟，我叫项伯，是下相人。因杀了仇人，才从家乡逃出。兄弟如不嫌弃，就留我躲避几天，如怕受到连累，我就另寻避身之地。"

张良一听这人姓项，便问："先生来自楚地，一定知道项将军吧？"

那人回答说："不瞒兄弟您，项将军乃在下家父。"

张良一下子拉住项伯的手说："兄长只要不嫌寒舍简陋，但住无妨，一切由我应付。"

张良说的项将军，就是楚国名将项燕。公元前224年，秦将王翦率六十万大军伐楚。项燕率领楚军，苦苦奋战两年，最后虽然兵败自杀，楚国也随即灭亡，但心怀亡国之恨的张良，对这位项将军却产生了深深的敬意。他想，当初如果韩国也有项燕那样的抗秦将领，绝不会那么快就亡国；各国都像项将军那样抗秦，秦王也不会那么快就一统天下。自己仰慕的项将军虽然长眠于九泉之下，但今天见到了将军之子，也算是一幸事。

再说项伯见张良如此仗义，又特意打问项将军，估计定有原因。交谈中方知张良是昔日韩国相国的公子、博浪沙谋划椎击始皇帝的勇士，于是便把自己为何从下相逃出，一五一十地说给张良。原来，项伯本来就性情暴烈，又仗着是将门之子，经常见义勇为，抱打不平，结果在家乡结下一些仇人。楚亡之后，那些仇人认为报仇的时机已到，就纷纷到

运筹帷幄

张良

官府诬告项伯谋反。项伯探得消息，一怒之下，杀死几个仇敌，便告别家人，一口气跑了七十多里，来到下邳。危难之中，竟结下了张良这个患难朋友，激动、兴奋的心情难以抑制，便对张良说："贤弟的救命之恩，愚兄永世不忘，有朝一日，定将报答！"

且说项伯杀了人，只身逃出下相，他的哥哥项梁却受到牵连，被关进栎阳监狱。项梁的好友靳县狱吏曹无咎得此消息，给栎阳狱吏司马欣写了一封求情信，才把项梁救出。不料项家的那些仇人并不罢休，硬说项伯杀人是由项梁指使，项伯逃跑也是项梁事先安排好的，坚持要求官府对项梁治罪。项梁看到难以再在下相生活下去，盛怒之下，像弟弟项伯那样，杀死几个仇人，逃出家乡。不过项梁没有逃到下邳，而是逃到了会稽郡的吴（今江苏苏州）地，逃走时，他还特意带上了侄子项羽。

自从项燕战死、楚国灭亡之后，项梁就下了洗雪国仇家恨的决心。哪知他过去的仇还没有报，弟弟项伯又遭人陷害，被逼出走，至今下落不明，于是就把希望寄托在侄子项羽的身上。项羽从小就死了父亲，是叔父项梁把他抚养大的。为了使他成为一个才能出众的人，项梁教他写字做文章，教他使枪弄棒。不料项羽对写字做文章懒得学习，对使枪弄棒也不肯用功。

"像你这样，既不学文，又不习武，到底想干什么？"项梁生气地训斥道。

项羽噘着嘴说："学几个字，会写个人名就够了，文章写那么好有什么用？我又不想给秦朝去当刀笔吏。至于枪技剑术，练好了也不过能抵挡几个人罢了，没有什么大用场。"

"那你觉得学什么用处大呢？"项梁问。

"我要学那能够横扫千军万马的大本事！"

项梁听了这话，心头的怒气一下子消了。因为他从这言谈话语中，看出了小项羽的远大志向，看到了项家的希望。从此，他不再让项羽学书法、练剑术，而是向他教起用兵布阵的兵法来，项羽也果然认真地学习起来。正因为如此，项梁逃往吴地时，特意带上了项羽。

吴地过去本属楚国地界，这里的人们对名将项燕一向景仰，而项梁又是名将后代，且举止非凡，所以不仅寻常百姓、地方豪强喜欢和他结交，就是郡县的官吏也敬他几分。时间不长，项梁就成了吴地的中心人物。每当吴地大兴土木、征派徭役，或办理重大的婚丧事务，官府总是请项梁来主持。项梁也是乐此不疲，并有意识地依照兵法，调遣手下的办事人员。一来，他可借此机会，让项羽实地观察兵法的具体运用；二来，他可了解和掌握手下办事人员的具体才能。

经过几年的锻炼，项羽成了个出类拔萃的小伙子。他刚刚二十出头，却身高八尺，膂力过人，力能扛鼎。由于他性格豪爽，乐于助人，吴中的不少青年自发地聚集在了他的周围。在比武角力中，他又身手不凡，更提高了他在年轻人中的威信。

二世暴政　纷纷起义

公元前120年，即始皇帝三十一年，秦始皇死于出巡途中。

不过他在死前留下了遗诏，要大儿子扶苏继承皇位。可是，还没有等诏书送出，他便病死了。

当时，李斯封锁了消息，将秦始皇的尸首放在车里，继续赶路，并在每辆车上都装了一石鲍鱼，目的是用鱼臭来掩盖尸体的腐臭。

诏书放在任中车府令的赵高那里，赵高正想自己专权，当然不希望扶苏继位，于是，他勾结了中间派李斯，两人搞起了小动作，一起篡改了诏

运筹帷幄

张良

书，让秦始皇的小儿子胡亥继承了皇位，同时假造圣旨让扶苏自尽。

胡亥即位后，也就是秦二世。

自然，在下邳，流传着关于胡亥的各种小道消息。凭着理性判断，张良认为，胡亥在位的时间，也不会太长。

果然，胡亥登上宝座之后，只不过短短两年，却干了一连串令人发指的事情。

他先后杀了一批大臣和皇室的公子，因为这些人竟然胆敢怀疑诏书，杀了他们，就可以堵住大家的嘴。然后，又以莫须有的罪名处死了蒙毅、右丞相冯去疾、将军冯劫等一大批功臣。大臣凡是敢于进谏的，不论轻重，均被安上诽谤的罪名，用刑法处治。

当然，这些事情，胡亥一个人干不了，全是和赵高勾结着才能完成。而赵高呢，自从秦始皇去世后，他始终没闲着。作为朝中的实权人物，他先是诬陷李斯想割地称王，将他腰斩于咸阳，接着，他又干了历史上臭名昭著的一件事，就是指鹿为马。

李斯死后，赵高自然升任宰相，但他又有所顾虑，担心大臣们对他不俯首听命，于是，为了证实自己的权威，顺便试探一下自己在群臣中的地位，赵高便在朝会时献上一只鹿。

赵高指着鹿，对胡亥说："皇上，你看，这匹马怎么样？"

胡亥一看，笑了，"丞相，你弄错了，这明明是鹿，你怎么说是马？这可是指鹿为马。"

但是，赵高就敢摆谱，他硬邦邦地说："皇上，确实是你错了，这明明是一匹马啊。"说完，他叫下面的大臣证明。

结果，大臣们有的回答是马，有的回答是鹿。事后，赵高将那些回答是鹿的大臣都杀了。

在这样一种状况之下，自然是人人自危，没有人敢说赵高有错。

秦二世对忠臣良将和自己的兄弟姐妹尚且如此残忍，对一般官吏和天下百姓就更是凶残。地方官员中，凡是秉公办事、奏报实情的，受到疏远；忧国忧民、敢于劝谏的，受到惩处。只有那些对下蛮横残暴、对上曲意逢迎的，才受到信任和重用。为了维持残暴的统治，秦二世又把深重的赋税和徭役加到老百姓的头上。人们为了求生，或拖儿带女，远走他乡；或抛子舍妻，铤而走险。为了镇压人民的反抗，秦二世又下令制定了比秦始皇时更为严酷的法律。一时间，贪官横行乡里，冤狱遍于国中，大片田园荒芜，市井百业凋零。

正当生灵涂炭、民怨沸腾之时，秦二世又发布了征调民夫戍守边塞的诏令，其中于二世元年（前209）七月，在阳城县（今河南方城）一次就征调了九百人，派往渔阳（今北京密云县西北）屯守，陈胜、吴广被任命为屯长，又有两名秦吏同行监督。

陈胜、吴广带领着九百名戍卒，走了多日，才来到大泽乡（今安徽宿县北）。大泽乡一带的地势本来低洼，又偏偏遇上了连日的大雨，河水四溢，一片汪洋，九百名戍卒寸步难行，只好在大泽乡住了下来。过了几日，看到天空仍是阴云密布，丝毫没有放晴的意思，他们屈指一算，到达渔阳的期限就要到了，可是距渔阳还有一千多里。依照秦法，逾期不到，就要判处死刑的。一天夜里，吴广找到陈胜，商量对策。

陈胜说："天下苦秦久矣，只恨无人带头起事。你我都是平民百姓，恐怕天下难以响应。我听说二世皇帝是始皇帝的幼子，不应即帝位，而长子扶苏，年长且贤，在外领兵，理当继位。二世篡位后，假传圣旨，赐死扶苏，但天下百姓未必尽知，还以为他仍在守卫边疆呢。还有楚将项燕，曾在反秦中立下赫赫战功，深受楚人敬仰。楚亡之后，有的说项将军已死，有的说项将军逃亡深山。如今我们以扶苏、项燕的名义，讨伐无道昏君，天下人必会闻风响应。"

吴广越听越兴奋，巴不得立刻就冒充扶苏、项燕，号召起兵。陈胜

运筹帷幄

张良

张良殿

说："如此大事，务必一举成功。当务之急，是想法先把这九百名戍卒发动起来。"

陈胜、吴广经过一番谋划，便分头行动起来。他们与戍卒们计算到渔阳的行程，议论逾期不到当斩的法律，戍卒们听了，都急得坐卧不安，吴广说："我们吃糠咽菜，穷苦一生。如今临近死期，换换肠胃，也算没有白活。"众人强颜欢笑，一致赞同，分头下河捕鱼。这些戍卒本是来自水乡，水性极佳，捞虾捕鱼更不外行，半天工夫，大鱼小鱼便捞了许多。不料在剥鱼时，竟在一条大鱼的鱼腹中，发现了一块素帛。展开一看，素帛上竟写着"陈胜王"三个大字。人们无不惊异，争相传看，纷纷议论。陈胜来到戍卒中，问他们议论什么。

人们说："我们有了王，不会死了。"陈胜说："那两个秦吏日夜盯着我们，休要胡说。"

出了这等奇事，人们的心情无论如何也难以平静下来，到了夜里，还在三五成群地议论。

外面黑得伸手不见五指，只听到树枝、野草在风雨中发出的怪声。这时，几声狐嗥一般的声音传来。戍卒们惊奇万分，侧耳细听，发现似是狐嗥，又似人语，虽在风雨之中，也能听得出说的是"大楚兴，陈胜王"。他们走出户外，发现声音是从西北的一座古祠处传出，伴随着声音，还有灯火隐约闪现。戍卒们本想去看个明白，无奈营中有令，夜间不准私自外出；另外那时的人们很迷信，认为白天发现的"鱼腹丹书"和夜间发生的"篝火狐鸣"，都是天神所为，冒犯不得，只好回营歇息，继续议论接连不断的奇事，屯长陈胜在戍卒的心目中一下子变成了救星。

那两个监押的秦吏却还蒙在鼓里，他们见大雨不止，难以启程，索性以酒为友，打发时日，将营中事务一概托付陈胜、吴广办理。陈胜、吴广与众戍卒本来就休戚与共，如今有了秦吏的托付，对戍卒们更是问寒问暖，百般体恤。

这天，吴广见两名秦吏正喝得酩酊大醉，便突然闯进营帐，大声说："连日的大雨，误了行程，必不能按时到达渔阳了。与其逾期就死，不如早日逃生。我今日就要走了，特来禀告。"

秦吏闻听怒道："你胆敢逃走？现在就将你斩首！"说着就将佩剑拔出。

吴广早有准备，飞起一脚，将秦吏手中的剑踢落地上，顺手捡起，将一秦吏刺死。另一秦吏正要反扑，却被陈胜从背后打了一闷棍，顿时脑浆迸出，倒死地上。

杀死了两个秦吏，陈胜出帐召集人们说："我们奉命戍边，可是为雨所阻，一住多日，待到天晴，就是日夜兼程，也不能如期赶到了。依照秦法，误期就要斩首。就是侥幸遇赦，在冰天雪地的北方，又有边寇的袭扰，我们也必不能生还。横竖是个死，大丈夫就应死得轰轰烈烈，冒死举事，也算不虚此一生。那些王侯将相难道是天生的不成？我们为什么就该受欺压呢？"

陈胜刚说完，吴广说："'大楚兴，陈胜王'，天神已经明明白白告诉我们，秦朝要完蛋，楚国要复兴，陈胜要当王！弟兄们，陈胜大哥

运筹帷幄

张良

遵奉天意，已将两个催命鬼斩首，我们一起跟着陈胜大哥干吧！"

大伙一听，齐声大呼："反啦！反啦！"那声音好似春雷，撼天动地。陈胜、吴广见一呼百应，便摆了张桌子，上面放上那两个秦吏的头颅，当作祭天的祭品。陈胜带领九百弟兄，一齐向天宣示：同生死，共患难，齐心合力，推翻暴秦！

宣誓完毕，九百人按照军制，编成数队。他们砍了些木棍做武器，在竹竿上绑块布片做旗帜，中国历史上第一次大规模农民起义的烈火，就这样在大泽乡熊熊燃烧起来了。

刘项发难　良伯起兵

陈胜、吴广在大泽乡起义的消息不胫而走，很快就传到了芒砀山（在今河南永城市东北），使潜伏在那里的一位豪杰大为振奋，这位豪杰就是后来建立起西汉王朝的刘邦。

刘邦字季，本是泗水郡沛县丰邑（今江苏省丰县）人，曾经任过泗水亭的亭长。依照秦制，十里一亭，十亭一乡，亭长不过是个小官，负责几个村落的治安和民事调解。但由于遇到大事就须往县衙呈报，所以刘邦和沛县的一些县吏经常有往来。时间长了，沛县功曹萧何、狱吏曹参、小吏夏侯婴等人，就成了刘邦的至交好友。

且说秦始皇吞灭六国之后，修陵墓，建宫殿，筑长城，全国被征发的徭役多达几百万。刘邦虽为小小亭长，也多次押送民夫前往北地服役。一次，途中偶见秦始皇巡游天下，威风凛凛，他不禁赞叹说："大丈夫活在世上，就应当这样啊！"秦始皇末年，刘邦又奉沛县县令之命，押送一批民夫前往都城咸阳。根据以往的经验，外出服徭役的，十有八九不能生还，再加上路途遥远，饥渴难忍，所以许多民夫中途就开了小差。

这天晚上，民夫们走了一天路，躺到地上就进入了梦乡，只有刘邦一个人喝着闷酒，心想：如今刚出了沛县就跑掉好几个人，照这样下去，等走到咸阳，就差不多跑光了。既然如此，何不现在就让他们各自逃生呢？想到这里，他撂下酒杯，把民夫们都招呼醒，对他们说："你们到咸阳去做苦工，不是累死，也得被打死，即使侥幸活下来，也不知道哪年哪月才能回家。干脆，我把你们都放了，各自寻找活路吧！"

民夫们一听这话，都不敢相信自己的耳朵了，后来见刘邦一片真心，便不由得感激涕零。这时一个人问刘邦："把我们都放了，您自己怎么交差呢？"

刘邦听了苦笑一下，说："还交什么差？咱们从此都一样了，我也要找个地方躲起来啦！"说罢，刘邦就催促大家趁着天黑赶快逃走，免得被官府抓捕。

有十几个壮健豪放的民夫看到刘邦这样豪爽大度，便不愿意离开他，说："亭长，我们回去也没有活路，您就做我们的头儿吧，您去哪儿，我们就跟您到哪儿！"

刘邦和这十几个人终于趁夜逃走了，天明时分，来到一片沼泽地中。这时探路的人突然跑了回来，气喘吁吁地说："前面有一条大白蛇挡住了去路。"

刘邦大声说："大丈夫走路，还怕什么虫豸！"说罢，便抽出佩剑，挺身沿小路向前走去，果然发现一条大白蛇横卧在路上。刘邦冲上一步，宝剑一挥，就把大蛇砍成两截。当时的人们都很迷信，白色的蛇谁都没见过，所以大家都认为一定是什么天降的妖物。现在刘邦根本不信这一套，竟把这妖物除掉了，所以大家都想：刘邦一定也不是凡夫俗子。为了逃避官府的追捕，刘邦带着这些人经过长途跋涉，来到芒砀

（即芒山、砀山一带，在今河南永城市东北）一带的山岭中潜伏下来。

陈胜、吴广在大泽乡揭竿起义的消息传开以后，许多郡县的老百姓纷纷起来，杀死县令、郡守，响应起义。沛县县令眼看着烽火遍地，唯恐自己也要变成秦朝的牺牲品，就想变守为攻，由自己挑头起义，响应陈胜，主意已定，便找县吏中声望较高的萧何、曹参商量。

萧何、曹参听了县令的打算，说："您是秦朝委派的官吏，吃着秦朝的俸禄，声明要背叛秦朝可以，但要想率领沛县子弟起兵，恐怕乡民们难以听命。"

"那可怎么办呢？"县令急切地问。

"我们有一个办法，就是把逃亡在外的本地豪杰请回来。他们在沛县平素就有声望，如果让他们拥戴您起兵反秦，那样老百姓就乐于俯首听命了。"接着萧、曹二人就提出：逃亡在芒砀山中的刘邦是最适当的人选。县令犹豫了半晌，只好同意。

刘邦的妻子吕雉有个妹妹叫吕媭，吕媭的丈夫樊哙是个以杀猪宰狗为业的屠夫，萧何就让樊哙去芒砀寻找刘邦。

这时刘邦在芒砀山中已经聚集了几百人，他听到了陈胜起义的消息，正筹划着攻打沛县县城的事，恰好这时樊哙赶来了。樊哙把情况一讲，刘邦觉得这是天赐良机，便马上率领这支队伍向沛县开来。

不料，沛县县令这时又后悔了。原来他也知道刘邦是当地一个有名望的人物，万一强龙压不住地头蛇，大权落到刘邦手里，自己还不成为案板上的肉？于是他改变主意，下令把城门紧闭，不放任何人进来。县令知道萧何、曹参是刘邦的好友，如果他们和城外的刘邦勾结起来，里应外合，事情就麻烦了，于是决定先把萧何、曹参除掉。可是县衙里不少人都是萧何的私交，所以县令的阴谋还没来得及实行，就传到了萧何、曹参耳朵里。他们二人连夜翻出城墙，投奔了刘邦。

刘邦得到了萧何和曹参，简直像是猛虎添翼。几个人商议了一番，决定一不做，二不休，趁热打铁，杀掉县令。刘邦找了几块白帛，写了几封书信，用箭射进城里。那信上说："天下百姓被暴秦折磨得太苦了，都想推翻昏暴的皇帝。如今诸位乡亲父老要是替县令守城，恐怕诸侯并起，沛县就要落个全城屠灭的下场；诸位如能协力杀死县令，选择贤能子弟，立为一县之长，响应陈王义军，方能保全家园！"

沛县父老见到这信，立刻互相串联起来，组织起一群青年，手执刀刃冲进县衙，县令猝不及防，顿时就做了刀下之鬼。百姓们接着打开城门，迎接刘邦进城，并推举他当沛县县令。刘邦心里当然愿意当这县令，嘴上却推辞说："当今天下大乱，诸侯并起，如果大家不能推举一个贤能之人做首领，恐怕就要一败涂地啦！我倒是不怕落个挑头反叛朝廷的罪，遭到什么灭族之祸，只是能力不足，担心辜负了父老乡亲的众望。"

县里较有威望的人就是萧何、曹参了，但这两位一直在衙门里做事，深知秦法的残酷，再加上他们家族庞大，万一大事不成，就会招致全族的覆灭，所以这两个谁都不愿冒那个风险。刘邦也看出他们的心思，便在众人的举荐下，做了沛县县令，按照楚国的旧称呼，叫"沛公"。

此后，刘邦在萧何、曹参、樊哙等人的协助下，召集沛县青壮年，共凑了两三千人，然后造旗帜，祭战神，誓师起兵。

陈胜、吴广在大泽乡起义的消息传到吴地后，在那里准备了多年的项梁，也立即筹划起起兵的事来，谁知他还没有来得及行动，就突然被郡守殷通叫了去。

项梁虽然无官无职，在吴地却是个举足轻重的人物，就是堂堂的郡守，也敬他几分。郡守见他来到府中，慌忙迎入堂上，悄声说："江西一带的郡县已经全造反了，秦朝的灭亡已在眼前。常言说：先发制人，后发受制于人，我们江东也不能单等着别人前来吞灭呀！所以我想赶快起兵，打下一块地盘。我当然是首领，可是打仗要有将军呀，所以我想

请您做我的助手，为我带兵。”

项梁一听这话，就觉得不是味，等郡守把话说完，他便说：“蒙您抬举，我哪能不效力呢！可是我只有将门之后的虚名，说起用兵打仗，却是个门外汉。所以您要起兵，最好把桓楚将军请来。我听说楚国灭亡之后，桓将军就逃亡到大泽之中，很少有人知道他的藏身之处。”

这桓楚本是过去楚国的一员大将军，曾与项燕一起率领楚军，抗击秦兵，深受楚人景仰。项梁提出去请桓楚，郡守只好说：“如果能把桓将军请来，那当然很好。如果找不到桓将军，那就只好请您带兵了。吴中的豪杰对您一向景仰，只要您一出面，这块地盘就稳住了。”

“不，桓将军是楚国大将，声望胜我十倍，我看还是设法把他找来，我的侄子项羽大概知道他的隐身之处。”

郡守听了，满口答应下来，只盼项羽立即领命而去。且说项梁出了官府，找到项羽说：“那殷通老儿一向鱼肉百姓，又惯于看风使舵。如今他见烽烟四起，又心怀鬼胎，想借助我们称霸一方。我们不妨将计就计，杀掉殷通，趁势起兵。”早就想一展雄才的项羽，听说就要起兵了，高兴得眉飞色舞，答应一定遵照叔父的嘱咐办理。

第二天早晨，一切准备就绪，项羽在郡衙门外等候，项梁一人径往大堂拜见郡守殷通。

“何故只先生一人前来？”郡守问。

“侄儿在门外等候，未得大人之命，不便进来。”

“这就见外了，快请进来。”

项羽听到招呼，便急步入门，直至郡守座前。郡守见项羽身材魁伟，双目有神，便对项梁说：“好一位壮士！真不愧将门之后！”然后又转向项羽说：“听说壮士知道桓楚将军的去处。你可带两名随从，速将桓楚将军找来，有要事相商。”

项梁朝项羽使了个眼色，说：“可以行动了。”

项梁的话音刚落，项羽就抽出佩剑，朝郡守砍去。郡守还没有反应过来，脑袋已经滚落下来。项梁上前一把提起郡守的头，一手摘下郡守的官印，佩到了自己的腰间。这时官府里已经乱成一团，郡守的部下卫士手持武器，蜂拥而上。项羽奋起神威，舞动着宝剑，一口气砍倒了几十个人。剩下的那些见项羽简直如下山猛虎，吓得丢魂落魄，赶忙扔下武器，跪地求饶。

官府里本来就有一些与项梁交往密切的官吏，这时项梁便把他们召集在一起，宣布了自己起兵反秦的决定。大家对项梁一向尊重，再加上旁边还立着个横眉怒目、手持利剑的项羽，所以都一致拥戴项梁为会稽郡守，举兵讨伐暴秦，复兴楚国。

项梁拿到了会稽郡的兵权，首先到附近属县选拔了八千名精兵，然后安排手下的宾客和吴中的豪杰充任校尉、侯、司马等各级武官，并任命项羽做裨将（副将），协助自己统率八千子弟兵，征略各县。这一年，项羽才二十四岁。

陈胜的这把火烧着了整个秦朝大地，接着，各地农民群众就像一股股洪流，纷纷起兵响应陈胜。陈胜的举动，当然也震动了张良。于是，张良在下邳也积极行动，举起起义的旗帜招兵，一天工夫，就招了两百多人。

当时，距离下邳不远，在留地（今江苏省沛县东南）有个叫秦嘉的人，他是陈胜的部下，领着一支军队驻扎在那儿。秦嘉拥立原先楚国王室的后代景驹为楚王，打着楚国的旗号反秦，招兵买马，很有一些声势，张良决定率领义军前去投奔景驹。

从藏匿下邳，到反秦起义，算起来，正好十年，张良想起，当初黄石老人说"你要出山，总要十年之后"的话，原来竟真的应验了。张良怎么也想不到，就在去投奔景驹的途中，他和未来的人生知己刘邦相遇了。

运筹帷幄

张良

初会沛公　辅佐韩成

在张良带领队伍，沿着弯弯曲曲的泗水，朝西北方的留地投奔景驹时，不料半途之中，遇到了正要前往薛县投奔项梁的刘邦。

且说刘邦自从在沛县起兵之后，让雍齿留守丰邑，自己带兵攻略附近县城。谁知刘邦不但没有攻下多少地盘，留守的雍齿却背叛了他。原来雍齿是个反复无常、见风使舵的人，他当初归附刘邦就不是很情愿。后来刘邦让他留守丰邑时，魏人周市派人威胁雍齿说："丰邑过去本属魏国地盘。如今魏地的数十城已被攻占，宁陵君咎已做了魏王。你若归魏，魏王将封你为侯，否则，就把丰邑夷为平地。"雍齿禁不住魏人的利诱和恫吓，便改弦更张，归附了魏王咎，并宣布为魏王守丰邑。刘邦闻讯，气得火冒三丈，立刻回兵收复丰邑。但由于兵力不足，连攻了几天，丰邑也没有攻下。刘邦万万没有料到雍齿会背叛他，更没有料到当初一起宣誓起兵的丰邑子弟也心甘情愿地追随了雍齿。他连累带气，竟病倒了，只好率领几十名子弟，回到沛地老家，但这口闷气实在难以咽下去。过了一个多月，刘邦完全康复，这时又听说东阳宁君、秦嘉驻军留县，把景驹拥立为代理楚王了，于是前往留县，请求秦嘉援助。但一来秦嘉正热心于保存实力，扩大地盘，刘邦前来投奔，他自然欢迎，但若是帮助兵微将寡的刘邦去收复失地，他就不热心了；二来正赶上秦军南下，对秦嘉造成了威胁。刘邦白白跟随秦嘉四处转战了几个月，也没有收回丰邑。这时，刘邦又听说在会稽起兵的项梁渡江北上，已驻扎到了薛地，队伍已经发展到六七万人，心想，依靠实力雄厚的项梁的帮

助，说不定会收回丰邑。主意已定，他便带领一百多子弟直奔薛地。果然不出刘邦所料，项梁慷慨地借给他十员将领和五千兵士，刘邦终于收复了丰邑，队伍又迅速增到几千人。恰在这时，遇到了来留县投奔秦嘉的张良和项伯。

"秦嘉不过鼠辈小人，万不可交。"刘邦劝张良道。

"你怎么知道的？"张良问。

刘邦说："如今反秦的烈火遍地燃烧，但谁不知道，这把火是人家陈胜在大泽乡点燃的！所以有良心的人，对陈王都很尊敬，为了实现推翻秦王朝这个共同目标，都愿意听从陈王的指挥。秦嘉却不然，他起兵之后，一心搞个人的山头。陈王曾派武平君前去与他联系，希望统一行动，共同抗秦，他竟杀死武平君，自立为大司马。后来为了欺骗世人，他又立景驹为楚王。前些日子，忘恩负义的雍齿挟持着我的子弟，在我的地盘丰邑，换上了魏国的旗帜。江湖好汉对雍齿的这种无耻行径，无不痛恨至极，而秦嘉却不以为然。我请他协助收复丰邑，他表面答应，实际并未真心支持。最后还是从江东来的项梁，借给我五千人马，我才收回丰邑。"

项伯闻听刘邦提到了项梁，为之一振，赶忙问："沛公所言可是真的？"

刘邦笑笑说："我曾亲自前去拜访过，还能是假？项梁手下还有一位年轻英武的将军，叫项羽，也是一条好汉。"

项伯紧紧拉住刘邦的手，激动地说："不瞒沛公，那项梁是我兄长，你说的那个项羽，是我的一个侄儿。"

张良似乎也受了感染，格外兴奋，便向刘邦介绍说："听说陈胜造了反，我和弟兄们也在下邳举义，在山中转战一年有余，势孤力单，无所作为，甚至几次被秦军所围，险些丧命。愚弟觉得，我们为反秦而举义，还要为反秦而联合，否则就一事无成，我就是为此目的，才准备去

运筹帷幄

张良

投奔秦嘉的。我们一年多来，处在深山之中，孤陋寡闻，不知道他竟是这等小人。"

刘邦说："我的人马虽说不多，也已有数千，先生如不嫌弃，就留在我的帐下吧！"

张良听后，转身对项伯说："暂且与沛公合兵也好，以后再找机会与项梁、项羽两位将军联系。"项伯听了，表示赞同。

于是，张良做了刘邦的厩将，负责兵马事宜。

且说项梁响应陈胜号召，率兵驻军薛地，正秣马厉兵，准备大举西进时，却听到陈胜西进失利、生死不明的消息，又听说秦嘉拥立景驹做了楚王，活动于彭城一带，力图阻止项梁西进，便召集众将领说："陈王首举义旗，为天下唱。如今生死不明，秦嘉就擅自立王，这是对反秦大业的无耻背叛。秦嘉不除，大业难成！"

众将领一听，一致拥护。于是项梁率军，进攻秦嘉。秦嘉哪里是项梁的对手，只好慌忙逃窜。项梁又乘胜追击，终于在胡陵将秦嘉刺死，收编了秦嘉的部队。被秦嘉拥立为楚王的景驹仓皇逃走，不久也死在了梁地。

项梁终于得到可靠消息：陈胜在与秦军作战失利的情况下，被他的车夫庄贾杀害；赵歇、韩广、田儋、宁陵君咎相继脱离起义军，分别自立为赵王、燕王、齐王、魏王；南方的起义队伍分散各处，秦军正各个击破。项梁深感重任在肩，便把楚地的各路义军将领召集到薛县，商讨对策。

项梁万万没有想到，与刘邦、张良一起前来的，竟有很久不见的弟弟项伯。兄弟二人相见，真是悲喜交集。项梁述说了弟弟走后，他又如何遭人陷害，叔侄二人如何隐居会稽，后又如何起兵造反。项伯则述说了他如何逃到下邳，如何受到张良的仗义保护。他又把张良如何正直、知识如何渊博、才思如何敏捷，以及如何在博浪沙椎击秦始皇讲了一通。项梁听了无比感动，命项羽叩拜恩人张良。

兄弟、叔侄相互述说几年来的艰辛与思念之情，直到深夜。第二天，项梁见义军首领来了不少，便召集大家到一起，沉痛地说："我们分兵各地，如一盘散沙，正被秦将章邯一个个击破，形势万分危急，难道我们就这样坐以待毙吗？"

项梁刚说完，就有人站起来说："北方的齐、赵、魏、燕已经指望不上，推翻暴秦的重任，只有我们楚地的各路义军来肩负了。常言说：'人无头不走，鸟无头不飞。'陈王已死，我们得尽快选出个头领，统一指挥。项将军出身将门，多年来又威震江淮，众望所归，我看就立项将军为楚王吧！"

这个建议一提出，立即得到很多人的赞同，这时一个老者却表示反对。此人姓范，名增，虽年近七旬，却头脑清醒，且多智善谋。他多年来隐居民间，一直等待反秦的时机。最近得知项梁率兵渡江西进，便徒步赶来，投到了项梁的帐下。这时他听了众人的议论，摇了摇花白的头，说："今天项将军所以能威震江淮，楚国人民争相趋附，依我看，是因为大家觉得项将军世代为楚将，相信他一定能拥立楚王后裔为王，重新振兴楚国的社稷。如若将军自立为王，恐怕会使楚人失望。"

说到这里，范增向项梁躬了躬身，项梁点了点头，说："请先生继续说下去！"

"秦灭六国，楚国遭受的苦难最深重。怀王被骗，死在秦国，楚国人民一直视为奇耻大辱。后来楚国又被六十万秦军吞灭，土地和人民惨遭蹂躏，百姓们一天也没有忘记这亡国之仇，所以人们常说：'楚虽三户，亡秦必楚！'我们现在如果立楚怀王的后人为王，就一定会使全楚百姓奋起响应，聚集在将军大旗之下，那时我们破章邯，入关中，灭秦复国就有把握啦！"

项梁听完范增的话，连声称赞，其他的将领自然也跟着附和，于是

运筹帷幄

张良

大家就决定在民间寻找楚怀王的后裔，立他为楚王，使他成为楚地各路义军共同尊奉的领袖。没过多久，大家找到了名叫心的楚怀王的孙子，这时他才十三岁，正替人家放羊，项梁带领大家把心立为楚王。为了顺应楚人怀念故国的心情，仍称他为"楚怀王"。接着，项梁就以这个小楚怀王的名义，封陈婴为上柱国，确定以盱眙（今江苏省盱眙县东北）为都城。项梁自号武信君，仍驻军薛地。

前来薛地会盟的刘邦，对拥立心为王没有过多地考虑，而跟随刘邦一起前来的张良却睡不着觉了。他想，在座的将领都是楚地人士，自己的父老却在韩国呀！虽说当前的大敌是秦军，最终的目标是推翻秦王朝，但作为一个有一定身份的韩国贵族后裔，却为楚国效命，心中总不是滋味。况且陈余、张耳、召骚、周市等人都依仗手中的军队，立王复国，我张良在外漂泊多年，甚至曾冒死椎击秦始皇，名扬海内，最后却做了"楚王"帐下的一名小卒，怎么去见自己的父老？自己已经有了一部分军队，何不趁此机会复立韩国呢？另外，他每天晚上只要一闭上眼睛，心爱的未婚妻就来到了他面前。他实在太想念她了，她也一定在想他。他要趁此机会复立韩国，他要趁复国之机与未婚妻完婚。不过在当前形势下，"复立韩国"的事需要委婉提出，要让项将军能够理解，能够接受。考虑到反抗暴秦的大局，复立的韩国，绝不能与已经复国的齐、燕、赵、魏混同。

他经过反复考虑，终于大着胆子，来到了项梁的帐中说："项将军已经拥立楚王的后裔为王，满足了各位将领忠君复国的心愿，而且有利于号召楚国百姓投身到抗秦洪流之中。我的祖父和父亲都是韩国的相国，世代受着韩王的恩惠，如今被秦国灭掉的六国，只有韩国还未复国，我想起来就食不甘味。况且韩国也有众多人口，韩国被秦灭亡最早，韩国人民被秦王朝统治时间最久，自然对暴秦也最恨。他们虽然都磨刀霍霍，想奋起反抗，却没有人去组织。我听说韩国王族的后裔中，数横阳君韩成贤能。若能把他立为韩王，树起一面大旗，韩国百姓必能群起响应，这无疑又为反抗暴秦增添一支力量。另外，这也算了却了我的一桩心愿，请项将军考虑。"

项梁见张良说得入情入理，他又是弟弟的救命恩人，再说在这紧急关头，内部团结是头等大事，如果拒绝了，反而会使张良成为内部的一股异己力量。经过考虑，便畅快地答应了张良的请求。

张良很快就寻来了韩成，项梁立韩成为韩王，封张良为韩国司徒。张良对项伯说："愚弟在下邳结识贤兄，也是天意。我们相处多日，情投意合，特别是贤兄对愚弟多有教诲。今奉项将军之命，要陪韩王到韩国去，切盼贤兄一同前往，以便对弟时时指点。"

项伯想了想说："其实我也很想与贤弟一起共事，只是我们项家兄弟久别重逢，不便再次分离。另外余兄项将军身负重任，正需帮手；侄儿项羽虽为将军，却是谨慎不足，鲁莽有余，我走了实在放心不下。贤弟智谋超群，定能辅佐韩王成就大业。况且我们今后虽天各一方，但共反暴秦，必后会有期，让我们在咸阳相见吧！"

张良听了，不好再强求。过了几天，就带着项梁拨给他的一千多人马，拥戴着韩王成，向旧时韩国的地界挺进了。

项梁战死　北上救赵

且说当初陈胜占领陈地后，曾派出的三支西征大军都取得了辉煌战果：吴广率领的西征主力数战数捷，直攻秦三川郡，准备通过这里，直捣秦王朝的巢穴；周文率领的西征军几乎没有遇到大的抵抗，就顺利地进抵关中，驻扎在戏亭（今陕西临潼东），直接威胁着秦都咸阳；宋留

运筹帷幄

张良

一军则攻占南阳，秦都的重要门户武关眼看就要被打开了。

昏庸的秦二世原来并没有把陈胜、吴广的造反放在心上，只顾在后宫取乐，待到起义军威胁到了咸阳，他才慌了手脚，急忙召集群臣商量对策，并下了一道诏书，将在骊山做苦工的几十万罪犯全部赦免，发放给他们武器，由大将章邯率领，迎战周文，同时又将防御匈奴的边防军调回，作为援军。周文率领起义军一路破关斩将，进展神速，因此滋长了轻敌思想，认为秦军不堪一击；加之他孤军深入，后继无援，结果在章邯的疯狂反扑面前，惨遭失败。周文兵败后，率军退出关中，后来在渑池之役中又遭失败，含恨自杀。吴广率领的起义军主力，进展得本来很顺利，可是在进入荥阳时，却遇到了郡守李由（李斯之子）的顽强抵抗。部将田臧见荥阳久攻不下，就把主帅吴广杀死，将兵权夺了过来，结果又受到秦军的夹击，田臧兵败身死。宋留一军在攻占南阳后，也因孤军深入而遭挫败，宋留降秦被杀。

秦将章邯越发疯狂，开始向起义军的中心——陈县进攻了。早先加入起义队伍的陈余、张耳、周市等人，本是原来的六国旧贵族，这时都热衷于拥君复国，早不听陈胜的调遣了。陈胜被迫撤出陈县，向东退却，结果在城父被义军中的败类、自己的车夫杀害。接着，章邯、李由率领秦军攻魏破齐，魏王咎被迫自杀，齐王田儋阵亡。危急之中，田儋的弟弟田荣收拾残兵，逃到了东阿（今山东聊城东南）。一帮齐国贵族见刚被拥立的齐王田儋战死了，就把前齐王田建的弟弟田假抬出来，拥立为齐王，并以田角为齐相国、田间为齐将军，继续支撑齐国的门面。可是章邯却不罢休，又率领大军将东阿团团围住。

就在起义军连遭惨败、不少起义军将领相继阵亡的时候，项梁通过薛地会盟，使原来分兵独立的楚地各路义军联合了起来，一跃而成为反抗暴秦的中坚力量。

在这样严峻的形势下，项梁已有两天没有合眼了。对目前楚军的状况，他自然满意，可是一想到气焰嚣张的秦军，他就有些担心，特别是想到相继拥君复国的田荣、陈余等人，他就恨得咬牙切齿：都是这些家伙只顾称王割据，对困境中的陈王见死不救，才助长了秦的气焰，也使他们自己吃尽了苦头。目前，田荣的齐军又被围困在东阿，这真是报应，是咎由自取。他真不想前去援救。他担心，即使将田荣救出，他也不会真心实意地与楚军联合。可是他又想，自己的对手到底不是田荣，而是章邯。待章邯打败了田荣，还不是要移兵来攻打楚军吗？到那时，我也会照样品尝见死不救、自讨苦吃的恶果。想到这里，他召集诸将，宣布立即率军北上，解东阿之围。

果然不出项梁所料，田荣从秦军的围困中被解救出来后，首先想到的是继续在齐地割据称雄，并不想与项梁合兵西进。

他听说田儋死后，田假被拥立为齐王，怒不可遏，立即回兵攻击田假。田假哪里是田荣的对手，只好逃到楚军之中，田角、田间逃到魏国。于是，田荣又立田儋的儿子田市为齐王，自任齐相国。

"该死的田荣，果然是个不讲信义的家伙！"项梁愤愤地说，"我们强大起来的楚军，完全可以把秦军打败，用不着你齐军帮忙！"说罢，他便分出一部分军队，让刘邦和项羽率领着，去攻取城阳（在今山东鄄城东南），他自己则率领楚军主力，向濮阳开进。

的确，经过东阿一战，楚军士气大振，而秦军的锐气严重受挫。当项梁率领大军向濮阳开进时，还没有来得及布防的章邯，急命一部分军队出城迎战，大部军队则留在城中修治城防。结果出城迎战的军队被打得落花流水，掉头逃往城中，城中的军队闻知此讯，也顿时丧失了斗志，弃城而逃，使楚军很容易地就占领了濮阳。接着，项梁又回兵定陶，在城外扎下营寨，令军士休息几天，择日攻城。

"项将军，"部将宋义对项梁说，"定陶不比濮阳。这里驻守着大批秦军，且城高池深，防守严密。前些天项羽、沛公两位将军就曾攻打

过，结果久攻不下，才转而西进，奔向雍丘。将军今日即使决意攻打定陶，也应该让军士们有充分准备，万不可松懈呀！"

项梁挥挥手说："区区小城，何足挂齿！现在让军士们休整几天，以便攻破定陶后，全力西征，攻取咸阳。"

恰在这时，又从西线传来捷报：项羽、刘邦率领的部队大破秦军，攻占了雍丘，斩杀了秦将李由。项梁兴奋不已，对宋义说："灭秦指日可待，你现在就去齐国告诉田荣将军，齐地已经平定，还是合兵西进吧。"

宋义犹豫了一下说："联合齐军倒是可以，只是秦军正向定陶集结，我很为项将军担心。"

"放心去吧。不等你到齐国，楚军的旗帜就插到定陶城头了。"

宋义知道项梁此时已被胜利冲昏了头脑，而且是嫌他啰唆，才找了个借口把他支走的，因此也就没有再说什么，收拾了一下行囊，就朝北方的齐国去了。刚走到半路，恰好遇到齐国的使者高陵君。

"你要去见我们的项将军吗？"宋义问。

"是的。我们田将军说，只要项将军肯把逃到楚军中的田假杀死，就答应合兵西进，共抗暴秦。"

"项将军是个讲义气的人。田假做齐王时，与项将军无冤无仇，危难之中又投奔项将军，项将军怎么会忍心杀死他呢？徒劳无功，你还是不去的好。"

"没有亲自见到项将军，回去也不好向田将军交差啊！"高陵君为难地说。

宋义思忖片刻，说："那你就去吧！不过要走慢些，万万不可早到。"他见高陵君显出疑惑不解的样子，便又接着说："定陶的秦军运粮草，修城池，早就做好了迎战的准备，另外章邯又在大规模地向定陶调集军队，而我们的项将军对此却视而不见，仍沉浸在东阿、濮阳的胜利之中，军士们也明显懈怠了。常言说，王者之兵，胜而不骄，败而不怨。项将军现在如此轻敌，只怕失败就在眼前了。你若走得快了，说不定还会身遭不测呢！"

对宋义的话，高陵君将信将疑。不过告别宋义、在朝楚军营寨走去时，仍是不由自主地放松了马缰。

果然不出宋义所料，齐使高陵君还没有赶到楚军营地，就听到消息说：在一个风雨之夜，秦军内外夹攻，偷袭了定陶城外的楚军大营。睡梦中的楚军一败涂地，武信君项梁也死在乱军之中。

项羽、刘邦率领的西征部队，进展本来很顺利：他们首先攻占了城阳，又绕过定陶，往西南突袭雍丘，斩杀三川郡守李由，然后又回兵转攻外黄、陈留。正当此时，从定陶传来楚军失利、项梁阵亡的消息。

"该死的章邯，我不把你碎尸万段，誓不为人！"悲愤欲绝的项羽双目圆睁，一边发誓，一边随手抽出佩剑，只一下，便将路边的一块巨石砍为两段，然后传令全军撤离陈留，向定陶进发。

范增劝说："武信君是将军的叔父，更是全楚的支柱。如今不幸捐躯，将军悲痛，立誓报仇，难道楚国军民就无动于衷、不想报仇吗？当此之时，最要紧的是稳定军心，保住实力，万不可意气用事啊！"

刘邦也趁势劝说："范先生所言极是。想当初雍齿背信弃义，骗走我数千子弟，还霸占了我的丰邑。在我危难之时，是武信君慷慨援救，拨将调兵，才使我收复丰邑，又有了立足之地。武信君是我的再生父母，如今不幸阵亡，我的悲痛，并不亚于将军啊。君子报仇，十年不晚。当此楚军兵败、军心不稳之际，不如暂且东撤，稳住阵势，选准时机，再为武信君报仇。"

项羽觉得范增、刘邦的话讲得有理，特别是想到叔父在世时，曾多次批评他冷静不足，鲁莽有余，为人处事远不及刘邦，为此特意让年老持重的范增做他的谋士，还一再叮嘱：紧急关头，不可意气用事，不可

运筹帷幄

张良

蛮干，要多听范老先生的意见。而现在就接受范增、刘邦的建议，也算是对叔父在天之灵的慰悼吧。

范增、刘邦见项羽冷静下来，不再坚持向定陶用兵，都长长地舒了一口气，便下令全军拔营起寨，返回楚军的大本营彭城。

正在盱眙的楚怀王心看到西征大军大败而归，也慌忙来到彭城，与诸将帅商讨下一步的计划。大家一致认为，当务之急，就是整顿队伍，使慌乱中的楚军将士尽快稳定下来。

项梁已死，当时楚军中的主要将领就是项羽、刘邦和过去陈胜的老部将吕臣了。他们在楚军中都有一定威望，但谁也担当不起当初项梁那个全军主帅的角色。年幼的楚怀王心首先听了听谋士范增的意见，又和诸将领商议了一番，只好分兵而治：封项羽为长安侯，号鲁公，率领一部分军队驻扎在彭城以西；封刘邦为武安侯，任砀郡守，率领一部分军队驻扎在砀郡；封吕臣为司徒，率领一部分军队驻扎在彭城以东。怀王心又正式决定将都城从盱眙迁到彭城，任命吕臣的父亲吕青做令尹。过了不久，怀王心又对内部组织做了些调整：刘邦继续驻砀郡，而将项羽、吕臣两部合并，由他亲任统帅，镇守彭城。

楚军在作战不利的形势下，及时收缩、撤军，又进行了必要的整顿，终于又稳住了阵脚。而楚军的撤退，却使秦将章邯产生了错觉：他认为楚军主力兵败，元气大伤，用不着再担心了，便锋芒一转，北渡黄河，直捣赵国。

这赵国可不是战国时的赵国，而是由陈胜的部将武臣重新建立的。原来陈胜起义之后，曾命他的好友武臣为将军，邵骚为护军，张耳、陈余为左右校尉，率三千军队北攻赵地。武臣在赵地取得一连串胜利后，便在张耳、陈余的怂恿下，在邯郸自立为赵王，以陈余为大将军，张耳为右丞相，邵骚为左丞相，并逼着陈胜承认既成事实。接着，他又命韩广进攻燕地，命李良进攻常山、太原。后来李良中了秦军的反间计，叛赵降秦，回攻邯郸。邯郸城中大乱，赵王武臣、左丞相邵骚被杀，陈余、张耳率领残部逃往信都（今河北邢台市），把以前赵王的一个后裔赵歇找来，立为赵王。陈余为将军，张耳为相国。

章邯指挥秦军在定陶取得重大胜利后，便北渡黄河，一举攻占邯郸。章邯下令把邯郸一带的百姓迁往河内（今河南郑州西北），然后将邯郸城夷为平地。

信都距邯郸也不过一百多里，且一马平川，无险可守，张耳、陈余感到形势严峻，只好决定放弃信都，退守巨鹿。赵王歇和相国张耳首先驻守城中，而赵将陈余为了壮大力量，又到巨鹿以北收编常山一带的残部去了。

气势正盛的章邯夷平邯郸城后，立即命令大将王离和涉间追击赵军，将巨鹿城团团围住，他自己则率主力驻守在巨鹿南边的棘原，修筑道路，运送粮草，供应围城之军。陈余收编了常山一带的残部几万人返回时，巨鹿城已被秦军铁桶般围住，他只好在巨鹿城北扎下营寨。

被围困在巨鹿城中的赵王歇和赵相张耳急得心急火燎，派人乔装打扮，逃出城去，传令陈余解围，请求燕、齐、楚诸国火速援救。

被挡在城北的陈余自知不是章邯的对手，迫于与张耳的情义，只派五千人马解围，结果前去解围的人全部被歼，于是任凭赵王歇、张耳再三催促，也不再贸然出兵了。燕、齐两国的援军赶到后，看到那阵势，深知打破秦军对巨鹿的包围，无异于以卵击石，也就在陈余营垒的旁边驻扎下来。

且说楚怀王心接到赵国的求援信后，立即召集臣僚们商议。

范增说："赵国终究是我们反秦的盟友，如今危在旦夕，无论是从道义上说，还是从抗秦的大局说，都应该火速援救。否则，赵国灭亡，楚国势必难保。"

项羽、刘邦等将领听了，都一致赞同，怀王心又对范增说："先生

言之有理，只是不知派出多少军队援救合适。"

范增想了想说："秦军主力目前集结在赵地，正好后方关中空虚。如果我们前去救赵，势必将秦主力牵制住，使其不得回返。依臣之见，将楚军分作两部，一部北上救赵，牵制章邯；一部西进关中，捣其腹心。"

范增的提议，又一次得到诸将领的一致赞同。但分别由谁率领呢？怀王心原想让项羽西征，因为项羽一向作战勇敢，进兵神速，适宜突袭。可是又觉得项羽这人打起仗来太残忍，过去他攻破襄城时，就把城中守兵全部活埋了。如今他还怀着项梁被杀的一腔仇恨，他要是打进关中，还不把秦人杀光？砀阳郡守沛公宽厚大度，若让他西征，会有助于收揽民心。而作战勇猛的项羽，倒是适宜去援救赵国，抵挡秦军主力。经过这样一番考虑，便命沛公刘邦为西征关中的统帅。项羽本想进军关中，可是又想到杀死自己叔父的章邯正在赵地，自己早就发誓要亲自擒拿章邯，把他碎尸万段，今日能领兵救赵，大战章邯，正是为叔父报仇的大好机会，所以对让刘邦西征关中，也没有表示异议。

不料怀王心沉思了一会儿，又任命宋义为上将军，做北上救赵之军的主帅，项羽为次将，范增为末将。原来，宋义本是楚军中的一员老将，随项梁征战多年，而且怀王心早就听齐国使者高陵君说，当初项梁就是不听宋义的劝告，才导致兵败身亡的。如此看来，宋义还是有一定谋略的，而项羽虽然作战勇敢，但终究过于感情用事，让他做统帅，总有些不大放心。正因为如此，才让宋义做了救赵的主帅。

项羽此时正急着出战章邯，为叔父报仇，虽然对怀王心的安排窝着一肚子火，也没有多说什么。

最后，怀王心又向诸将宣布：各路人马完成指定军事任务后，均可向关中进发，谁先攻进关中，推翻暴秦，谁就可以为关中王。

刘邦、宋义领命之后，就分别率领所部，离开彭城，踏上了征程。

刘邦西征　张良献策

　　沛公刘邦接受了怀王心入关破秦的命令后，就率领近万人的队伍，离开彭城，浩浩荡荡朝西而去，沿途收编了陈胜、项梁的残部，合并了其他一些反秦武装，队伍逐渐壮大起来。秦二世三年（前207）二月，刘邦乘巨鹿决战之机，由砀（在今河南夏邑东）率军北上。在攻打昌邑（在今山东成武东北）时，刘邦又遇到了坚持抗秦的起义军领袖彭越。

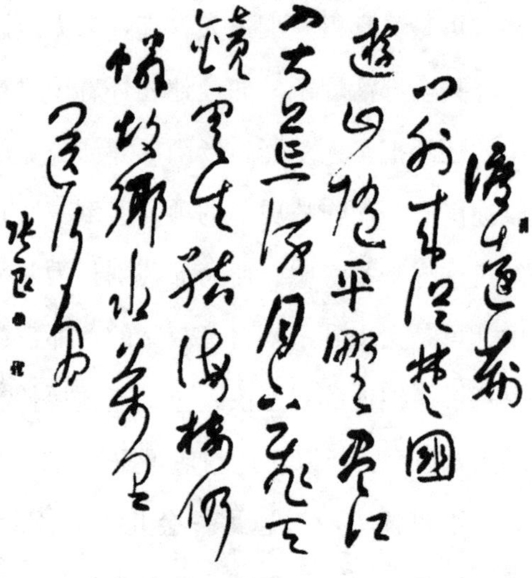

张良书法

　　彭越见刘邦率领着大部队来到此地，喜出望外，答应愿做前导，攻打昌邑城。

　　这昌邑在荷水之滨，北边就是港汊纵横、水波连天的钜野泽，也是彭越起义军的根据地。所以昌邑城虽然不大，但出于对起义军的防范，城墙筑得相当坚固；城中的秦军在连遭起义军袭击的过程中，也得到了锻炼，有着严密的组织。彭越满以为这次借助刘邦大军的力量，能攻破昌邑，使自己有一块稳固的地盘，不料连攻了几次，城中的秦军却只是顽强固守，坚决不出战，使起义军占领昌邑的计划未能实现。

运筹帷幄

张良

刘邦见昌邑难以攻破，便对彭越说："我的任务是入关破秦，昌邑城虽然没有攻破，但遭此打击，守军只能龟缩在城中，对我的西征不再构成威胁，现在我就要启程了。"

彭越含着热泪，依依不舍地说："昌邑的秦军有我监视，将军只管放心西去，后会有期。"后来彭越的队伍发展到一万多人，在楚汉战争中，成为汉王刘邦的重要盟友，特别是在垓下之战中，配合刘邦，大破楚军，迫使项羽自杀。刘邦称帝后，封彭越为梁王，以定陶为都城——此是后话不提。

且说刘邦辞别了彭越，向西攻打陈留时，遇到了一位六十多岁的书生郦食其。

郦食其是陈留高阳人，虽家境贫穷，仍嗜酒如命，人称高阳酒徒；他喜读书，性豁达，又被称作狂生。其实，郦食其是个很有心计的人，他对残暴的秦王朝恨之入骨，对奋起抗秦的陈胜、项梁寄予很大期望，可是当陈胜、项梁率领部队先后路过高阳时，郦食其发现他们心胸狭窄，不足为交，因此隐居未出。如今刘邦为攻打陈留，驻在了高阳，他要了解一下刘邦是怎样一个人。恰好刘邦的马夫是郦食其的同乡，于是郦食其便问那马夫说："沛公那人怎样？"

那马夫答说："沛公抱负大，胸襟宽，智谋广，喜结交。每到一地，他总爱打听那里有什么豪杰贤士。"

郦食其一听，高兴地说："我就喜欢这样的人。你快去告诉他，就说本地有位先生，六十多岁，身长八尺，很愿意见他一面。"

那马夫说："沛公虽喜结交，但态度傲慢，尤其看不起读书人。以往有些儒生戴着帽子来拜见他，他就把人家的帽子摘下来，当便盆用。跟人谈话时，他也是出言粗鲁，骂骂咧咧，如想见面，最好不说你是读书人。"

郦食其说："没关系，你只管照直说就是了。"

果然不出马夫所料，刘邦听说一个六十多岁的老书生要见他，便摇摇头说："告诉那老头子，老子现正忙于打仗，不见儒生！"

郦食其一听，气得火冒三丈，又对那马夫说："你再回去告诉他，就说那老头子不是儒生，是高阳酒徒。"这一着还真灵，那马夫这么一说，刘邦果然让他进去了。

郦食其来到军帐，见刘邦正高傲地坐着，让两个年轻女子给他洗脚。他看见郦食其进来后，只欠了欠身子，连站也没站起来迎接。郦食其见刘邦如此傲慢，便故意问："你是打算帮助暴秦攻打诸侯呢，还是打算率领诸侯攻打暴秦？"

刘邦听了反口大骂："你这个书呆子，真是岂有此理！全国百姓不堪忍受暴秦的残酷统治，早就想推翻它，各地诸侯才相继起兵，你怎么敢胡诌，说我想帮助暴秦打诸侯呢？"

郦食其说："既然你想推翻暴秦，夺取天下，就不应该这样对待长者。"

刘邦一听，感到这位老先生是个有作为的人，就赶快穿上鞋，把衣服整理好，恭恭敬敬地请郦食其坐到上座，虚心地向他请教。

郦食其看到刘邦挺能接受意见，就劝告刘邦说："将军带的这支队伍，是从四面八方凑起来的，而且总共也不过一万多人。用这样的队伍去攻打强大的秦王朝，不是等于拿鸡蛋去碰石头吗？"

刘邦忙问："那该怎么办呢？"

郦食其想了想，说："陈留这个地方，四通八达，是交通要道，城里又有许多粮食。我和陈留县令有交情，可去劝他投降；他如果不听，将军就从外面攻，我在里面做内应，占了陈留，就可有个立足之地了。"

刘邦采纳了郦食其的建议，果然没费一兵一卒就占领了陈留，得到了很多粮食。刘邦对郦食其很感激，就给了他一个"旷野君"的称号。

郦食其的弟弟郦商，在当地有一支四千人的队伍，经郦食其说服，也投奔了刘邦，刘邦委派他做副将，统领陈留兵马。

郦食其就留在刘邦身边，出谋划策。

刘邦占领了陈留以后，正向开封进发，张良突然率部赶来，二人久别重逢格外高兴。

原来，张良自从征得楚将项梁的同意，拥立了韩王成，带领一千多人马离开楚军大本营后，就来到旧时的韩国地界，转战于颍川一带。时间不长，张良的队伍就发展到一万多人，有力地牵制着韩地的秦军，使东边的楚军得以发展壮大。张良早就想入关破秦，只是考虑到自己兵力不足，地盘有限，就是在韩地，虽然他攻破过不少城池，但常常是得而复失，所以至今仍没有一块稳固的根据地。如今老友刘邦率领大军来到韩地，他怎能不高兴呢？

"沛公今日准备如何用兵？"张良问。

刘邦想了想说："先拿下开封，然后挥兵西进。"

张良说："开封墙高池深，难以攻破。再说目前应以消灭秦军为主，不必把攻城略地放在心上。依我之见，可派少量军队，将开封包围，虚张声势，并不强攻。西部的秦军见开封被围，必来援救。我们事先将主力部署在开封西边，届时发起攻击，必能成功。"

刘邦听了觉得有理，欣然同意，便下令在开封四周扎下营寨，做出强攻的架势，而将主力部署在了白马（在今河南滑县南）。

果然不出张良所料，秦将杨熊接到开封守军的告急后，立即率兵东进，当行至白马时，突遭袭击，只好向曲遇（今河南中牟）仓皇逃窜。起义军紧追不舍，又在曲遇将秦军打得大败，杨熊只好率领残部退守荥阳。秦二世得知杨熊损兵折将，一气之下，派遣使者将他杀了。

这时，奉命北上救赵的次将项羽，斩杀了畏缩不前的主帅宋义，又破釜沉舟，打败了围困巨鹿的秦军。正当秦军势力骤减、刘邦入关指

日可待之时，突然得到情报：赵国将军司马卬要南渡黄河，向关中挺进，夺取咸阳。刘邦闻讯，立即率军北上，抢先攻占阴平（今河南孟津北），控制了黄河渡口，断了司马卬先行入关的念头。

刘邦本想沿黄河一直西进，通过函谷关进入关中，不料在洛阳东一战中，惨遭失败。张良说："函谷关是关中最重要的关塞，秦军的防守也最严密，不如向南迂回，通过辕辕关、武关和峣关进入关中。"

刘邦听了觉得有理，便放弃从洛阳、函谷关入关的打算。

从近日一连串的战斗中，刘邦深深认识到，张良实在是个难得的谋士，便与张良商量说："关中情况复杂，我又缺少帮手，你就和我一同入关吧！"

张良与刘邦本来就是老相识，如今对刘邦更增加了几分好感，听刘邦如此一说，欣然同意。于是将原有部队留给韩王成，继续在颍川一带转战，他自己告别了结婚不久的王氏，加入到了刘邦队伍中，成了刘邦的谋士。

这时，已经是六月（公元前207年），天气也热了起来。

刘邦率领着军队北上，直奔平阴县，切断了赵军大将司马卬南渡的渡口，迫使司马卬放弃了渡河入关的打算。然后，他又与秦军在洛阳的东部作战，没能取胜，于是，他领兵从轩辕到阳城，夺得了一部分秦军的战马。

接着，刘邦南下与南阳郡守打了一场硬仗，结果大败秦军，南阳郡守被刘邦手下的精兵强将杀得狼狈逃窜，一直逃到宛城（今河南南阳）才停下来，摆出一副死死困守的架势。

刘邦陷在宛城外，进退两难，西进入关受阻，而在这时，他又听说章邯已经和项羽在进行和平谈判，一旦双方达成停火协议，项羽就会带部队南下，直逼关中。这对刘邦来说，真是雪上加霜。

刘邦急着向关中进军，又着急宛城久攻不下，拖延了他入关的时

运筹帷幄

张良

间，为此，他整天忧心忡忡。

最后，刘邦决定放弃攻坚战，先把宛城撤下，直接向武关进发，这样，进军关中的时间就大大减少了。

天还没亮，各队人马已经集合完毕，黑压压地站在原野上，静静等候出发的命令。

张良一看情形不对，立刻站出来对刘邦说："沛公，可千万不能这样进军。现在，秦军力量还比较强大，如果不攻下宛城，就匆忙向关中进发，这是十分危险的。"

刘邦虽然不恼怒，但对张良的建议显然也不能理解。

接着，张良开始慢慢陈述这种进军的后果："沛公想尽快地入关，我非常能理解，但是，南阳的秦军虽然败了，可主力还在，因此必然会据关死守，不会轻易放弃。这样，在你身后的宛城就会乘势攻打你。如果陷入秦军的前后夹击之中，到那时，我军进退两难就危险了。我看，还是先攻下宛城为好。"

刘邦一想，的确如此，欲速则不达。对这位具有很高军事才能的大谋臣，刘邦向来言听计从，于是便改变主张，连夜折回来，把宛城团团围困。

秦军猝不及防，宛城岌岌可危。

天刚亮时，只听宛城外响起了千军万马的吼声，这吼声把南阳郡守从梦中惊醒。昨天他才听到有消息说，刘邦见宛城一时难以攻下，已有西去攻打武关的意向，他心中一阵暗喜，以为可以就此高枕无忧了，谁知，转眼之间，刘邦又突然兵临城下，自然让他大吃一惊。他连衣冠都来不及穿戴好，抓起佩剑就往城楼上跑。来到城楼矮墙边往下一望，只见刘邦的千军万马如洪水怒潮涌向孤城，宛城已是朝不保夕了。

这时，南阳郡守要摆大丈夫引颈自刎的姿态，后来，经过部下的劝说，才决定修书一封，射往刘邦阵中。刘邦下令停止进攻宛城，让郡守的使者前来谈判。

郡守的部下陈恢，拜见了刘邦后，直接向刘邦陈述南阳郡守的要求："我听说，楚王曾经和众位将领有约，先入关中者便可以为王。如今足下围攻宛城，而与宛城相连的县一共有好几十座，拥有很多官吏和百姓。如果他们知道投降后也不能保全性命，就一定会拼命死守。即使沛公有精兵猛将，也未必就能一下子攻下这些地方。强攻硬打，损兵折将，时间一长，白白浪费人力物力。如果舍下宛城西去，那么宛城一定会发兵追击，这样沛公前有秦兵，后有宛卒，腹背受敌，胜负难以预料，又如何能顺利入关？岂不妨碍了沛公的大计？我认为最好的办法，是劝降南阳郡守，给他封爵，命他仍守宛城，沛公率宛城士卒一同西行，沿途县城就会效法宛城，开门迎降。这样，沛公就可以长驱直入，顺利入关了。"

刘邦听他这么一说，有这等好事当然高兴，但是，表面工作还是要做一做的。

于是，他立刻表现出果断英勇的一面，他不但深明大义地接受了，而且还用很真诚的语气郑重宣布："允许南阳守军归顺，并保证他们的人身和财产的安全。"

这便是"所过毋得掠掳"的高级招降政策，这一政策被刘邦演绎得精妙绝伦，他政治表演才华也展现得淋漓尽致。果然，一时之间，来投降的人络绎不绝。

这个政策的出台，很大程度上归功于陈恢的"提醒"，于是他被刘邦封为千户之食。同时，为了稳定人心，刘邦又封宛城郡守为殷侯，继续守宛城。

连宛城都被攻下了，秦军那边得知后，显然像发生了一场小型的隐形地震。

招了那么多俘房，刘邦毫不客气，立刻将宛城的军马和自己的并为一处，然后挥师向西进发。

一路上，他听从张良的建议，严格约束自己的队伍，不骚扰百姓，使秦地的百姓得以安宁。一路望风而下，刘邦又攻下几座城池，很快，南阳郡也落入刘邦手中了。

于是，刘邦乘胜西进，八月便攻入武关（今陕西省商县东）。

这武关在今陕西省丹凤县东二十公里的谷涧之间，它和潼关、萧关、大散关合称为秦之四塞。破了武关，就打开了关中南部的第一道门户，接着就沿丹水而上，向峣关进发。

峣关在今陕西省蓝田县东南二十公里处。它前据峣岭，后枕黄山，是从荆州和南阳盆地通往关中的交通要隘，而且是咸阳的最后一道屏障。听说刘邦的大军正向峣关进发，咸阳城里人心惶惶，朝廷内部一片混乱。丞相赵高惊恐万分，为了缓和起义军的攻势，他杀了秦二世，拥立二世的侄儿子婴为秦王。

他想与刘邦立约，平分关中土地，以便保存实力，东山再起，结果遭到刘邦的拒绝。这时秦朝内部的矛盾更加激化，新上台的子婴又杀掉了赵高，然后增强峣关防务，企图阻止起义军前进。

刘邦探知峣关有兵把守，便想立即攻关。张良建议说："峣关天险，不宜强攻。听说峣关守将是屠夫的儿子，非常贪财，可用重金利诱，再布疑兵，峣关便唾手可得。"

刘邦依计在山头遍插旌旗，迷惑秦军，同时让郦生携带重金前去诱降。守关的秦将见到重金，果然动了心，又看到漫山遍野尽是起义军的旗帜，自知抵抗也是徒劳，只好乖乖投降，并答应与刘邦联兵西袭咸阳。

刘邦听到报告，万分喜悦，准备答应其要求，张良又劝阻说："不可把事情看得如此简单。如今想投降我们的，只不过那几个贪财好利的将官而已，恐怕守关的兵士们不会轻易顺从。不如乘其松懈之机，发起进攻，将守军彻底歼灭。”

刘邦听后，摇了摇头，说：“守将既已投降，兵士岂有抗拒之理？再说攻打已降之军，也不合情理。”

站在一旁的周勃听了，说：“沛公此言差矣。这些守关士卒，都是关中子弟，他们也可能对暴秦的统治不满，但对我们这些远道而来的江淮部队，也未必欢迎。我们眼看就要攻进咸阳了，当此之时，不将这股守军打败，不将他们手中的兵器收缴，还要和他们联兵进击，必给将来驻守关中带来许多麻烦。”

张良庙

这周勃本是沛县人，刘邦的同乡。起初在家乡以编织养蚕的器具为业，后来跟随刘邦起兵。他智勇双全，曾协助刘邦收复丰邑，攻破砀县。攻占下邑时，周勃第一个登上城墙，刘邦还特意赐给他五大夫的爵禄。在攻打东阿、濮阳、定陶、临济、寿张等战斗中，他又多次立功。刘邦奉怀王之命，率军西征，破关灭秦，任命周勃为虎贲令，主管宿卫。他一路与刘邦同行，经常与刘邦一起商讨作战方案，因此深得刘邦信任。现在，刘邦见周勃也赞同张良的意见，便改变了与秦军联合的打算。

周勃见刘邦采纳了他们的意见，便自告奋勇，带领一部人马，乘守军不备，绕过峣关，翻越黄山，从后路将守关主力击溃。

咸阳南边的最后一道门户终于被打开了，刘邦率军顺利地通过峣关，占领了咸阳之南的重镇蓝田，敲响了秦王朝的丧钟。

运筹帷幄

张良

攻入咸阳　还军霸上

占领蓝田之后，刘邦传令全速向秦都咸阳进发。

刚走到霸上，张良来到刘邦面前说："前面一马平川，再没有关隘阻挡，进入咸阳，已是弹指之间的事了。但咸阳终究是暴秦的都城，有众多守卫王宫的兵士。万一他们抵抗起来，难免要使都城中宫殿楼阁受损、城中的百姓受伤。不如遣使送去一信，让守城兵士都放下武器，让秦王子婴乖乖投降。我们兵不血刃，平平安安地进入咸阳，岂不更好？"

刘邦听后，连声称赞："好主意！"当即下令就地安营扎寨，驻军霸上，然后命萧何起草招降文告。

且说咸阳城中的秦王子婴听说刘邦的大军破了峣关，已进至蓝田，正惊慌失措，忽传刘邦派人送来文书，吓得手脚不由颤抖起来。他哆哆嗦嗦地打开文书一看，原来是一封招降书，只见书中写道："……始皇帝以来，强迫百姓建宫殿，修陵墓，筑长城；增加赋税，敲骨吸髓……百姓不堪重负，无以为生，拖儿带女，四处飘零，搞得十室九空，田园荒芜。为救万民于水火，豪杰相聚，揭竿举义，杀富济贫，惩治贪官，本军奉楚王命西征，一路破关斩将，所向披靡，万民欢呼。暴秦丧钟已经敲响，本军进驻咸阳指日可待。然念及城中百姓和殿堂建筑，子婴及宫中官吏，要打开城门，俯首听命。倘若照此办理，将予以宽待；若拒不投降，甚至负隅顽抗，必将诛灭三族，勿谓言之不预。"

子婴读罢，已出了一身冷汗，心想，刘邦既已破关，咸阳如何保得住？固守城池也是徒劳，到头来还得被灭三族。另外听说刘邦待人一向宽厚，还是献城投降为是。子婴把自己的想法向众大臣一说，众大臣一致赞同。于是子婴含泪乘上用白布包裹的车辇，并用白马拉着，带着众臣，来到城外，手捧传国玉玺，站在道旁，恭候刘邦的到来。

刘邦听说子婴已经出城投降，不由称赞张良的高明。于是乘上高头大马，率部从霸上启程。刘邦率军来到咸阳城郊时，子婴正手捧玉玺，垂首恭候；秦朝文武大臣，都分列于子婴身后。刘邦接过玉玺，让子婴跟随自己一起进了咸阳。

樊哙看到子婴，怒火就涌上心头，来到刘邦面前说："暴秦涂炭生灵，残害百姓；还派兵据城守关，夺去我无数将士的生命，真是罪恶滔天，趁早把他们杀掉，祭奠亡灵。"

"休要多言！"刘邦说，"自古以来，两国交兵，不斩来使，不杀降卒。怀王命我入秦，正因为我宽容大度。子婴既已献出城池，交出玉玺，俯首称臣，若再将他杀死，岂不残忍，且也败坏了我的名声。"樊哙听了，只好悻悻而去。

刘邦坐在子婴为他备好的车子上，来到了咸阳城。在我们中国，山之南为阳，山之北为阴；水之北为阳，水之南为阴。因为这咸阳坐落在九嵕山之南、渭水之北，无论是以山，还是以水，皆为阳，故取名咸阳。春秋战国时这里原是一般都邑，公元前350年，秦孝公将国都从栎阳迁到这里，就逐渐繁华起来。秦始皇统一六国时，每征服一国，就依照该国王宫的样式，在咸阳建造一座宫殿。秦始皇统一了天下，将咸阳定为都城，又拓宽街道，建造起更大的宫殿，并将天下豪富十二万户迁来，使咸阳成为当时中国首屈一指的大都市。刘邦过去因公差曾几次到咸阳，但那时他只是个押送囚徒的秦吏，看到的是纵横交错的街道、道旁鳞次栉比的店铺，以及川流不息的车马行人。如今，他是作为一个征服者，一个胜利者，而来到咸阳的。他坐在乘辇上，昂首挺胸，看着道旁欢呼的人群，感慨万千。

乘辇终于驶进了秦宫。刘邦还是第一次来到这里，只见四周有高高的宫墙，好似森严壁垒的城堡；一座座宫殿巍峨矗立在城堡中，气势雄伟，殿顶的琉璃瓦，在太阳的照射下，闪闪发光；每座宫殿外廊庑环绕，雄伟中又显出几分秀气。殿堂内雕梁画栋，金碧辉煌；殿中的雕龙宝座以及宝座两旁摆放的铜灯漆器，更使殿堂显得豪华壮丽。

刘邦的随从们更是第一次来到这森严的王宫，第一次进入这豪华的宫殿，他们一个个都被这精巧的设计和装饰惊得目瞪口呆。本来只有王侯将相进出的王宫，骤然来了这么多"泥腿子"，顿时变得乱哄哄的，不少人也就趁这乱劲儿，打开府库，拣些便于携带的金银珠宝，装入腰包。这样一来自然免不了吵闹，使这乱哄哄的气氛更增加了几分火药味。

正当众人在宫殿、府库中争抢、吵闹的时候，有一个人却来到丞相府，认真地翻阅起地图典册来，这人就是当初与刘邦一同起兵的萧何。

几年来，萧何跟随刘邦转战南北，制定方策，为刘邦的顺利入关作出了特殊贡献。他每到一地，总要寻访当地贤士，了解当地的民风物产，绘制山川图形。人们说他行军打仗尽做些无用之事，萧何笑笑说："休要小瞧，将来这些都是用得着的。"如今已经破关灭秦，刘邦就要称王，他预感到自己肩上的担子必将加重，而愈加感到掌握的知识不足，所以在众人忙着争抢金银珠宝的时候，他便来到丞相府，寻找起有用的文书资料来。

此时的刘邦先是来到秦宫正殿，好奇地坐到雕龙宝座上，将手一扬，高声喊："朕宣布……"然后哈哈一笑，问左右随从："你们看我像不像皇帝？"

随从们赶忙说："主公不是像不像，而是要成真皇帝了。"

刘邦听了，好像想起了什么，立刻询问秦宫旧吏："皇帝的后宫在哪里？"

秦宫旧吏们见这位义军头领询问后宫，哪敢怠慢，慌忙指点和引路。

刘邦正走之时，一股微风吹过，清香扑鼻而来。刘邦早就听人说，秦宫中的宫女有数千。秦始皇死后，那些没有生过男孩的全被殉葬，二世又下令从全国选美，充实后宫。座座后宫的建筑都极为精巧、讲究，就是后宫的四壁中，都掺有上等香料。人未进宫，便已心旷神怡。刘邦知道面前就是后宫了，便命随从止步，只留下了一个秦宫旧吏带路。

刘邦走进一座宫殿，只见宫内长廊回绕，弯曲幽深，好似迷宫；廊内画着山水、花鸟、白云、人物，又似仙界。回廊两侧，是一间间寝室。每间寝室的面积虽然不大，但都极为整洁，内中陈列着稀奇古怪的珍玩，吊着颜色各异的华丽帷帐，帷帐后边，便是描龙画凤的床笫。那些宫女，有的垂首侍立，以手遮面，显出无限的羞涩；有的目光呆滞，面无表情，木偶似的站着；有的手扶几案，双腿颤抖，全是一副窘态；有的则是双目圆睁，满面怒容，表现出一种凛然不可侵犯的样子。宫女们虽然表情各异，但都处于妙龄之年，白白净净，或俊俏，或丰腴，可爱动人，脸上又似乎都留着泪痕。刘邦每进一室，总要对侍立的宫女痴痴地端详一番，然后说："不要害怕。暴秦亡了，你们不会亡，我会很好地关照你们的。"

刘邦在后宫中晕晕乎乎，转来转去，不知道光顾了多少个寝室，端详了多少个嫔妃，只觉得她们个个花枝招展，娇柔妩媚，百看不厌。且不说他早已忘记了宫门在哪里，就是知道，也不想出去了。

在外面等候的樊哙见刘邦进了后宫，迟迟不出，担心发生了意外，急忙进去，沿着回廊逐室寻找，好不容易才在一间寝室中找到，只见刘邦正眯着眼睛，半卧在床上，说："沛公原来在此，好难找啊！"

刘邦见是樊将军，只嘿嘿一笑，便又眯上眼睛。

樊哙又说："众将领一起商议了一下，认为这秦宫不是久留之地，

运筹帷幄

张良

须尽快还军霸上。"

刘邦有气无力地说:"今日累了,暂且留住宫中,还军霸上的事,日后再议。"

樊哙自知再规劝下去也无用,只好满含怒气,走出后宫,找到张良说:"沛公在家乡时就是个好色之徒,如今又迷上了宫中美女,不肯离开,你快去把他叫出来吧!"

张良来到后宫,见到刘邦后,深深鞠了一躬,说:"恭贺沛公此时能有如此闲情,由美女陪伴着,安歇于后宫之中。"

刘邦赶快解释说:"我实在疲倦,只是想歇息片刻而已。"

张良说:"沛公起兵之时,人不过一百,地不过一邑,还时时受着秦军威胁。今日队伍发展到几万,且占领了秦都咸阳。不知沛公知道不知道主要靠着什么,才取得今日的胜利?"

"主要靠萧何、曹参等人的运筹、谋划。"

"不对。"

"主要靠樊哙、周勃等将领的出色指挥。"

"不对。"

"主要靠沛地子弟的出生入死、冲锋陷阵。"

"不对。"

"主要靠包括韩军在内的诸多友军的配合,以及沿途百姓的支援。"

"也不对。"

提出这种问题的,要是换成樊哙、周勃等一帮原先的穷哥们儿,刘邦早就生气了,甚至会大骂一通。可如今是智谋过人的张良,所以刘邦不仅没有生气,反而怀着好奇的心理,想从张良那里得到个满意的答案,因此笑笑说:"我自起兵以来,由小变大,由弱变强,所依靠的都说到了,不知先生指的是谁?"

"暴秦！"张良脱口而出。

刘邦立刻显出惊愕的神色，说："暴秦是我不共戴天之敌，我怎么会依靠它而取得今日的胜利呢？"

张良说："暴秦对天下百姓残酷压榨，敲骨吸髓，才逼得主公造反，天下一呼百应。如果当初始皇帝统一天下后，政治清明，体恤百姓，主公怎么会奋起造反，还不是老老实实当你的泗水亭长？即使造反，岂不遭众人反对，落个身败名裂的下场？"

"对，是这个理儿。"刘邦点了点头。

"还有，"张良接着说，"常言道，'耽于女乐，亡国之祸'。当反秦烈火遍地燃起之时，二世皇帝仍只顾在后宫中长夜宴饮，醉生梦死。凡是指出形势严峻、劝他关心国事的，他都视为异己；有个叫叔孙通的儒生在朝堂对答时，说造反的农民只是打家劫舍的盗贼而已，不足为患，二世听了就满心欢喜，照常过他花天酒地的生活。奸贼赵高更是乘机指鹿为马，结党营私，左右朝政，结果使刚刚建立起来的秦王朝江河日下。倘若二世皇帝及早悔悟，励精图治，改革弊政，清除奸佞，富国强兵，主公能够顺利打进关中吗？"

"不能，的确是荒淫的二世帮了我的大忙。"

张良又接着说："主公沛地起兵，出生入死，征战几载，不知是图一时之欢，享几天清福，还是想据有天下，建万世功业？"

"当然是想建万世功业。"刘邦说。

张良说："当初始皇帝吞并了六国，一统天下后，贪图享乐，故只有十五年而亡。今诸侯遍地，争相入关，主公若贪图起享乐，则亡在旦夕。古人有言，'良药苦口利于病，忠言逆耳利于行'。愿主公听樊哙之言，速离秦宫，还军霸上，以图后事。"

刘邦听了，腾地站起，拉住张良的手说："先生所言，推心置腹，我已领悟。传我的命令：封府库，闭宫室，立刻还军霸上！"

运筹帷幄

张良

项羽入关　司马告密

刘邦采纳了张良、樊哙的建议，下令闭了宫门，封了府库，率军出了咸阳，重新驻到咸阳之南、灞水之滨的霸上，然后又将关中父老、知名贤士召来，说："你们受暴秦的统治实在太苦了，谁敢议论一下朝政，就被定罪斩首，甚至诛灭三族，这样的日子再也不能继续下去了。我奉怀王心之命，进驻关中，就是来解除你们痛苦的。当初怀王心曾说，先入关者王之。如今我已先行入关，当为关中之王。现在，我就与父老、贤达约法三章：杀人者处死，伤人和盗窃者严惩，其余亡秦苛法，一概废除。不论官员百姓，皆可安枕度日，不必惊慌。"

吃尽了苦头的关中父老们听了刘邦的话，无不感激涕零，纷纷馈牛羊，送酒食，犒劳义军。刘邦说："我军中尚有粮草，众父老不必破费。另外我已传令三军将士，不得敲诈勒索，扰害百姓，违令者斩，父老尽可放心。"

众父老听了，更是把刘邦看成救命恩人，庆幸关中来了这样一位体恤百姓的贤王。这时一个叫鳏生的儒生劝刘邦说："秦地沃野千里，财富十倍于天下，四周又有险要的关隘，一夫当关，万夫莫开。听说秦将章邯已投降项羽，项羽还封章邯为雍王，占据关中，近日正要来此就职。要是章邯真的入了关，主公可就当不成关中王了。为主公之计，应迅速派兵把守关塞，防止诸侯兵进入。"

刘邦听了，连称好主意，立即下令加强各关塞，特别是函谷关的守卫，并增加了兵力。

"沛公欲王关中，使子婴为相，珍宝尽有之。"

这话让人一听，就像是一位密告者压低嗓音所说的。的确如此，这位密告者放在刘邦留里，名为曹无伤。他是项羽入关后第一个向项羽密告刘邦之人，也是一个刚一登场就立即谢幕的人物，但是，历史却永远地记住了他。

当初，为了能先入关中，刘邦耍了点儿小聪明，他专选秦国兵力较弱的路线进攻，于是能够如愿以偿，抢先进入关中。

而项羽呢，自恃兵力强大，一路只拣大道走。同时，项羽还让人们领教了他暴烈不驯的性情。巨鹿一战后，除了章邯和两个秦国降将之外，一夜之间，他竟把二十多万秦兵全部活埋。打那以后，在百姓心目中，项羽也成了残暴的代名词。

当项羽率领大军来到函谷关时，看见关上有士兵守警，不让进去。守关的将士说："我们是奉沛公的命令，不论哪一路军队，都不准进关。"他这才明白，原来刘邦队伍已经攻破咸阳，立刻气得暴跳如雷，命令大将英布强行攻关，并一把火烧了关楼，然后，他领着四十万大军进入函谷关，气势汹汹地驻兵在鸿门戏下（今陕西临潼以东）。

形势骤然紧张起来，刘邦知道不能贸然与项羽大军为敌，于是，就牢牢守在霸上。古代打仗讲究地势，从高往低打，常常占便宜，霸上当时地处东边灞河旁的高原上，进可攻，退可守，是一个作战的好地方。

"戏下"与"霸上"，项羽的军队与刘邦的军队遥遥相对，在默默地较着劲。这两个地方，相距仅四十里，中间没有高山险阻。项羽拥有四十万军队，而刘邦只有十万。两军对峙，兵力悬殊。从今天的角度来看，项羽和刘邦形成的这份对峙局面，好像一盘棋。现在，这盘棋中的一些主要角色都在蠢蠢欲动，各有行动。

最先出场的就是曹无伤，他在汉军里担任左司马（相当于军中的执法官）一职，正当项羽对刘邦耿耿于怀时，他很会审时度势，立刻充当

运筹帷幄

张良

了小人的角色，派人向项羽密告刘邦想称王关中，目的当然是想从项羽那讨到点儿赏赐。

曹无伤通风报信的内容，主要有三点：一是刘邦想做关中王，二是刘邦想让秦降王子婴为相，三是刘邦想独占秦宫珍宝。

可以说，这三点内容一下就击中要害，深深刺激了项羽的敏感神经。

其实，无论有没有曹无伤的密报，实际上，项羽都不会让刘邦称王关中的野心得逞，只是有了这份密报，加大了他打击刘邦的决心与力度。

现在问题是，以项羽的实力，想要消灭刘邦不费吹灰之力，但在各路诸侯面前，毕竟名不正，言不顺，气也不壮，而且，那个名存实亡的楚怀王还在。

再来看项羽的谋士范增。自从项梁死后，范增就死心塌地跟在项羽身边，为项氏家族出谋划策。也只有范增，既看出刘邦的野心，又深知项羽的性格。范增听了曹无伤的密告后，也觉察到了项羽微妙的心理变化，就跟在项羽一边，煽风点火："哎呀，刘邦本来只是沛县的一个小吏，一向贪财好色，这次侥幸先入了关，却不近女色，不贪钱财，而且与民约法三章，分明是在笼络人心，前后判若两人，一定是心藏大志，想和将军您夺天下。现在，您有四十万大军，刘邦的兵力远弱于您，不如乘机消灭他。如果失掉这次机会，以后一定是个祸患。"

为了坚定项羽的进攻决心，范增拼着老命，努力证明着自己的才华和能力，又说："我已经派人观察过刘邦所在方位的云气了，都现出龙虎形状，五彩缤纷，是天子气象。趁刘邦现在还处在弱势，最好赶快攻打他，不要失去这样的好机会。"

当项梁牺牲之后，范增就填补了项梁留下来的"父亲角色"的空白，项羽也就顺理成章地将范增奉若神明，称他为"亚父"。所以，亚父范增的话，项羽一般都言听计从。

其实，范增的一番话，和曹无伤的密告内容有截然不同之处，尽管项羽外表孔武有力，才气过人，但是，还是头脑简单。这样一来，项羽的火爆脾气一下就被点着了，不免对刘邦又添了三分怒气，立刻拍案而起，大骂："刘邦这小子，目中无人，立刻传令三军，连夜准备，我要前去袭击刘邦大营。"

鸿门涉险　应对自如

项羽宣布翌日进军霸上，在楚军中引起一片欢呼，不少将领还自告奋勇，请缨挂帅。这时，席中的项伯却犯起愁来。

当年项伯因逃罪躲至下邳，受到张良搭救，二人志趣相投，结为至交，一起指点江山，研读兵书。共谋举义之后，转战山林，友情愈加深厚。项伯多次表示："贤弟的救命之恩，为兄永世不忘，有朝一日，定要报答。"他们率部投奔项梁后，张良征得项梁的允许，拥立了韩王，并带了一千多人马到颍川一带抗击秦军，而项伯则留在项梁帐下，做了个谋士。二人分别时，依依不舍，互道珍重，答应日后相见。刚才来使突然提到张良，使他大惊失色。他真不想在这种情况下与张良见面。他怀疑自己没有听准，又希望是另一个人与他的挚友同名同姓。趁着没人注意，他悄声向来使询问，那来使说："那张良是个韩国人，是沛公在途中遇到的，听说他还椎击过秦始皇呢！"

"啊，果然是他！明日就要降祸于他，这可怎么办呢？"项伯想，"他对我有救命之恩。在他危难之际，我应该设法搭救。"主意拿定，在宴罢席散、诸将回帐后，他便趁着夜色掩护，溜出营帐，直奔霸上。

虽已深夜，刘邦帐中仍是灯火通明。原来，刘邦、萧何、张良等人看到项羽的大军驻在了鸿门，预感到形势严峻，正在商讨对策。项伯来

运筹帷幄

张良

到帐前，将张良呼出。

张良出帐一看，见是项伯，惊喜万分，要拉他进帐拜见沛公。项伯却伫立不动，也没有寒暄，而是带着慌张的神色看了一下四周，见无外人，便悄声说："贤弟快跟我走，否则明日将大祸临头。"

张良听了一愣，项伯静了一下，又将原委细说了一遍。张良沉吟片刻，说："我奉韩王之托，送沛公入关。沛公遇到危险，我却避险私逃，实为不义之举。兄且稍等，待我报知沛公，再定行止。"说罢，回身进了营帐。

"主公，项羽明日就要来攻营了。"张良急切地说。

刘邦说："我与项羽并无怨仇，他为何来攻我呢？"

张良说："主公是否在函谷关派了守兵？"

"对。"刘邦说，"是鲰生让我派兵守关的。他说只要把好关口，不让诸侯兵进来，我就可以安安稳稳地在关中称王。"

张良长叹一声，说："事就坏在这里。刚才楚左尹项伯从鸿门赶来，也提到了这点。他听说项羽明日就来攻营，特意来劝我躲避。"

张良见刘邦低头不语，便问："依主公看，我们能抗得住项羽吗？"

刘邦沉思良久，低声说："恐怕不能。项羽现在拥兵四十万，而我才有十万。"

张良说："解铃还须系铃人。既然抗不过项羽，只得由主公亲自向项羽赔礼谢罪了。"

刘邦一听此话，立刻慌了手脚，哆哆嗦嗦地说："项羽性暴如火，勇猛如虎，又正在气头上，我去了，还能活着回来吗？"

张良宽慰说："主公尽可放心，我也随同前去，见机行事并请项伯关照。项伯是项羽的叔父，在项羽军中说话办事还是有不小作用的，现在就先将计划向项伯讲清。"

刘邦别无他法，只好将项伯请进帐中，设酒款待，先是叙说家常，愿将女儿许配项伯之子结为姻亲。项伯听后，连忙回绝。张良乘机劝说："刘、项二家，情同兄弟。当初相约伐秦，今殊途同归，皆入关中，正好以联姻庆贺成功。"

项伯推辞不过，只好应承下来。

刘邦又接着说："烦请项公转告项将军，我入关后，闭宫室，封府库，秋毫不敢取，专待项将军到来。因暴秦新亡，山林寇盗纷纷而出，趁机抢劫，我为使关中安定，特派吏卒守关，并非阻挡项将军。我素闻项将军义气大度，是贤明之人。人贤而不敬，禽兽也。明日我就亲往项将军营中，说明原委，赔礼谢罪，项将军必会原谅，届时也请项公多多关照。"

项伯见刘邦情真意切，态度诚恳，又碍在老朋友张良的面子上，只好答应下来。

项伯急急忙忙赶回鸿门，已接近拂晓。虽然他一夜未睡，但身系两军战与不战的大事，心急如焚；又兼空气格外清凉，使他没有丝毫倦意。到了鸿门，项伯径直进入项羽的军帐。

"叔父何故这么早就起来？"项羽睁开惺忪的双眼，问道。

"我还没有睡，刚从刘邦的军营回来。"项伯回答说。

项羽一听这话，有些惊愕。项伯赶忙解释道："张良是我的故友，现在刘邦帐下做事。他对我有救命之恩，我曾许诺，有朝一日，定将报答。昨夜将军曾说今日进军霸上，我自思这是报恩之机，特前往刘邦营中，邀他来降，以保性命。"

项羽的精神为之一振，立刻睁大眼睛问："已把张良接来了？"

项伯说："他原本想来，后来他说，沛公入关以后，财物不敢取，宫女不敢近，而且将府库宫室一律封锁，专等将军入关，商讨处置，就是降王子婴，也未敢擅自发落。沛公派兵守函谷，只是为防寇盗而已，并非为了阻挡将军。况且若沛公不先入关，推翻暴秦，将军进关也不会如此顺利。沛公灭秦有功，且对将军怀有厚意，而将军却要攻伐，这是不仁。他对我的一片好心表示感谢，但又说，为了自己苟且偷生，而背叛明主，这是不义，因此坚决表示，宁可与刘邦一起战死，舍生取义，也不愿做不义之人、投不仁之主。"

"莫非他说的是实情？"项羽本能地抬手摸了摸头，显出懊悔的样子。

项伯说："我看全是实情，刘邦今天还要亲自来向将军说明原委、赔礼道歉呢！"

项羽一听刘邦要亲自来赔礼道歉，心想，他可能真的没有二心，是我冤枉他了；也可能是听说我要进军霸上，害怕了，主动来向我投降的。不管是何原因，来后再说吧。项伯这时却乘机嘱咐道："刘邦来后，将军切记要以礼相待。"说完，便退出帐去。

且说营中将士清晨起来，用罢早饭，穿好甲胄，正等待项羽下达进军命令，巡营兵士突然传报："沛公乘车前来拜见项将军，已到营寨之前。"

项羽闻报，传令引入。好奇的士卒们也都争相观看。刘邦来时，带着张良、樊哙、夏侯婴、靳强、纪信等谋士、战将，还有一百多强壮士卒。他命夏侯婴、纪信及众士卒在营外等候，只带张良、樊哙进入。进入营中，只见道路两旁站满顶盔披甲的武士，手中的戈、矛闪着寒光，腾腾杀气，令人毛骨悚然。行至项羽的帐前，只听守帐武士说："项将军有令，只许沛公携一人进入。"刘邦此时早吓得两腿发软，魂出七窍，对武士的话怎敢不听？便把樊哙留在帐外，只带了张良进入帐中。

此时项羽正坐在大帐正中，左有项伯，右有范增，还有一班全副武装的兵士，凶神恶煞般地侍立两侧。

刘邦本来就是因惧怕项羽进军而来，如今又身入虎口，所以他依照张良的嘱咐，表现得格外谦恭。他没有像以往那样，向项羽行拱手平辈礼，而是深深鞠了一躬，毕恭毕敬地说：

"刘邦拜见将军！"

项羽将身子向前稍稍一倾，算是回了礼，然后示意刘邦、张良就座。

刘邦说："在下知将军入关，没能前去恭迎，今特来谢罪。"

项羽冷笑说："沛公先行入关，收下了亡秦子婴的玉玺，掌管了宫室府库的锁钥，又派兵守住了关塞隘口，宣布了治国章法，俨然关中之王了，我正准备前去恭贺呢！"

刘邦赶忙解释说："将军误会了。在下与将军同约攻秦，将军战河北，我战河南，虽兵分两路，但矛头所指，皆为暴秦。在下得先入关破秦，还不是遥仗将军虎威？我入关之后，念秦法严酷，百姓不堪忍受，不得不立即废除，只与民约法三章，其他一概未敢擅动，专等将军主持，说在下俨然关中之王，实在冤枉。况且将军在河北取胜，率军入关，也不事先通报在下一句，好让守关防盗的吏卒届时为将军打开关门，我等也亲自前去迎接，怎么反怪罪起在下了呢？我素闻将军胸怀博大，深明大义，如今定是听信了小人谗言，才使将军产生了误会。在下昭昭之心，有如日月。今日幸见将军，得明心迹，还望将军明察。"

刘邦的这一通话，项羽觉得全是肺腑之言，句句有理，的确是自己对刘邦误会了，便苦笑了一下说："沛公休要生气，全是因你那个左司马曹无伤派人来乱说一通，才使我错怪将军。"说罢，命人上酒款待。

酒席排定，项羽面南，刘邦面东，范增、项伯面西，张良陪坐在刘邦一侧。各人位次坐定，帐外奏起军乐，项羽举杯祝酒，帐内的气氛顿时热烈起来。此时的范增却心事重重，如坐针毡，屡举身上所佩玉玦，并向项羽使眼色，示意乘机把刘邦杀掉。项羽却只顾举杯畅饮，对范增的举动全然不理。

运筹帷幄

张良

　　范增实在忍不住了，就托词离席，到帐外找到了项羽的堂弟项庄，说：“将军实在太仁慈了。刘邦自来送死，却不忍亲自动手把他杀了，这个机会一失，后悔就来不及了。你快进去，佯装舞剑助兴，伺机杀死刘邦，若不然，我们这些人将来都要做他的阶下囚的。”

　　项庄听了，立刻来到席间，首先给刘邦斟酒祝寿，然后说：“军中没有什么娱乐，让我来舞剑助兴吧！”项羽不知其中用意，便欣然同意。于是项庄拔剑起舞，往来盘旋，舞着舞着，就把寒光闪闪的宝剑舞到刘邦近前来了。张良见状，急用目光示意项伯，项伯也看出项庄舞剑，意在沛公，马上站起来对项羽说：“一人舞剑，不如二人对舞，让我来伴舞吧！”说完即拔剑出鞘，和项庄对舞起来。

　　一个要刺杀，一个要保护，刘邦全看在眼里，他惊慌万分，面色如土，不由得冒出一身冷汗。

　　在这危急时刻，张良瞅了个机会，离开宴席，来到军帐外找到樊哙。樊哙问：“里边情况怎么样？”张良说：“十分紧急，项庄舞剑，目的是要杀沛公。”

　　樊哙一听，焦急地说：“太危险了，我得赶快进去，死也要死在一起！”他一手持剑，一手拿盾，直往军帐中冲去。卫士们挡住他的去路，他侧起盾牌，使劲一撞，把守门卫兵撞倒在地，冲了进去。樊哙急步走近宴席，站到刘邦身边，圆睁双目，怒发冲冠，气呼呼地盯着项羽。

　　项庄、项伯一看都惊呆了，急忙收住了剑。

　　项羽一见这样一个凶神似的勇士，也不由暗自吃惊，便问：“你是什么人？”

　　还没等樊哙开口，张良抢先答说：“他是为沛公驾车的樊哙，前来讨赏。”

　　项羽随口称赞说：“好一个壮士！赏他一海碗好酒。”

　　侍从把酒拿来，樊哙拜谢了项羽的赏赐，抱盾接酒，一饮而尽。

项羽又说："赏他一只猪肘子下酒。"

侍从有意刁难，给他拿来了一只生猪腿。樊哙把盾牌放在地上，用剑切肉，随切随吃，一会儿就吃完了。

项羽说："壮士，还能饮吗？"

樊哙说："臣死且不避，饮酒何难？"

项羽说："好好的，怎么说起死来了呢？"

樊哙说："秦朝像虎狼一样凶暴，杀人唯恐不多，刑罚唯恐不重，才逼得天下人起来造反。当初怀王心跟各路义军将领约定：'先攻破秦关、入咸阳者为关中王。'沛公首先攻破秦关，进入咸阳，不但没有称王，而且一丝一毫的东西都不敢动，查封了府库，关闭了宫室，把军队撤回到霸上，风餐露宿，日夜等待将军到来，至于派兵去守关，只是为了防备盗贼和秦兵残部作乱。沛公劳苦功高，你不但不封赏，反而听信小人挑拨，谋害有功之人，这不是走亡秦的老路吗？我倒要为将军担心哩。我没有受到将军的传呼，就这样冒失地来晋见，申明大义，这样做是违反禁令的，所以我说'死且不避'。我的话完了，请将军明察。"

樊哙的话铿锵有力，掷地有声，把个项羽说得羞愧难当，无言答对。项羽沉默了一会儿，说："请坐吧！"

大家喝了一会儿酒，刘邦见项羽有点醉了，就借口去厕所，并且假意斥责樊哙，要他不要在这里讨嫌。樊哙会意，便随着刘邦一同出来了。张良也伺机跟出，劝刘邦赶快回到霸上去。

刘邦说："我没有辞行，怎么好马上就走呢？"

樊哙说："干大事业的人不拘小节，现在是什么时候，还讲礼让？人家好比刀子，我们好像鱼肉，现在要去告别，不是留着让人家宰割吗？趁早快走吧！"

刘邦思忖片刻，便采纳了樊哙的意见，命张良留下向项羽辞谢，临走前，他把两件礼物交给张良，说："这是一双白璧，献给项将军；这

是一对玉斗，献给亚父范增。”

鸿门与霸上相距四十里，如从骊山脚下抄小路走，只不过二十里。刘邦单人独骑，快马加鞭，抄小道走了，并让樊哙、夏侯婴、靳强、纪信四人跟从。

张良估计刘邦已经到达霸上军营，才迟迟地进入帐中去见项羽。这时项羽醉眼蒙眬，似睡非睡，见张良只一人进来，就问："沛公哪里去了？"张良说："沛公不胜酒力，怕酒醉失礼，不能当面辞行，特让我代他答谢，并奉上白璧一双，献给将军，玉斗一对，献给亚父。"

项羽看着那晶莹夺目的白璧，很是喜爱，随手接过来，放在席上，顺口说："沛公也太多心了。"

张良说："沛公与将军交情甚深，亲如兄弟，对将军非常信得过，他只是怕将军部下跟他过不去，嫁祸将军，使将军坐受恶名，遭天下人耻笑，为人为己，只好提前离去。将军英明豪爽，想不至于怪罪他吧！"

项羽听了张良这番话，也说不出什么话来了，而范增却因为自己的计谋没能实现，又见项羽这种神情，恼上加怒，把玉斗扔在地上，拔剑砍碎，痛心地说："唉，跟幼稚的人没法共谋大事。将来和将军争夺天下的，一定是刘邦，我们都等着当他的俘虏吧！"

项羽一向很敬重范增，知道他这是气话，虽然不中听，可也是为自己好，所以也没表示不满，而刘邦回到霸上，立即杀了卖主求荣的曹无伤。

楚王分封　子房谋汉

鸿门宴上，刘邦承认了项羽的霸主地位。于是过了几日，项羽就率领大军离开鸿门，浩浩荡荡地进入咸阳。跟随项羽的几十万士卒，谁没受过暴秦的压迫？府库中的绫罗绸缎、金银财宝，哪一样不是从他们身上榨取的？就是那巍峨豪华的宫殿，还不都是靠穷苦百姓的血汗垒起的？所以他们进入咸阳之后，怀着对秦王朝的无比仇恨，首先杀死了降王子婴。他们每进入一个宫殿，就把宫殿中的财宝抢个精光，然后放火将宫殿烧毁。今日烧这处，明日烧那处，这个宫殿的大火还没有熄灭，那个宫殿又被点燃。咸阳城连日烟雾弥漫，火光冲天，每到夜晚，整个咸阳城被大火照得通明。大火一连着了三个月，咸阳城的所有宫殿以及附近的房舍，全部化为了灰烬。

细想起来，秦朝统治者荼毒百姓，残暴无比，落到今日下场，也是罪有应得。起义的农民对残暴的秦王朝恨之入骨，也在情理之中，然而将自己流血流汗建造起来的殿堂宫室付之一炬，却是愚蠢举动。

项羽的部卒多是江东子弟，如今推翻了暴秦，便想东归。项羽也眼看着一座好好的都城变成了一片废墟，无意在此久留。这时关中一贤士却来劝项羽说："咸阳虽已被毁，然关中之地辽阔，土地肥沃，物产丰富，四周又有关塞阻隔，是成就霸业的天府之国，将军不可放弃。"项羽摇摇头说："富贵不归故乡，好似穿着锦缎夜行，谁人知晓？我已决计东归。"那贤士悻悻退出，对人说："我曾听人说，楚人目光短浅，好似猴子戴王冠，成不了大事。今日见了项羽，果然如此。"项羽听到这话大怒，竟将那贤士杀死。

项羽决计返回江东，但既已打进关中，许多事还未安排就绪，如何动身？特别是那个在鸿门宴上被他放走的刘邦，依据原来的约定，他应该做关中王。如果那样的话，岂不是一大后患？他思来想去，还是派人去报知怀王心，通过怀王心之口，改变前约，名正言顺地把刘邦挤走。不料使者日夜兼程，到彭城走了一趟，带回怀王心的答复是：一切皆如前约。项羽听后，便召集众将说："怀王心也太不知趣了。当初天下大乱，四方兵起，还不是我项家叔侄会集群雄，仗义伐秦，才把他拥立为

运筹帷幄

张良

王？叔父战死，我与诸将披坚执锐，风餐露宿，攻城略地，收降秦军，他有何功劳？有什么资格裂土封侯？既然他不识抬举，那就送他个帝号，到一边歇着去算了。"说罢，遥尊怀王心为义帝，而一切划地封侯之事，皆由自己做主。

天下如此之大，拥兵将领如此之多，如何封赏，项羽着实作了难。谋士范增进言说："天下之大，最紧要的是关中之地；拥兵之人固多，最应留心的是刘邦。将军若不封刘邦于关中，有背约之嫌，恐失民心；若封于关中，又无异于放虎归山，后患无穷。这几日我反复考虑，八百里秦川，属关中；南山（今秦岭）以南的汉中，地处偏远，道路险恶，但自古以来也属关中，秦时的许多囚徒就被流放到那里。将刘邦封到汉中，既应了前约，刘邦在那里也难以形成气候。另外将关中腹地的八百里秦川，分赏给几个王，使之互相牵制，这样将军就可以放心地东归了。"

项羽听了，连称好主意。于是封沛公刘邦为汉王，占有巴、蜀、汉中之地，以南郑（今陕西汉中）为都。将关中腹地一分为三：封秦降将章邯为雍王，占咸阳以西之地，建都废丘（今陕西兴平）；司马欣在秦朝时做过栎阳狱椽，项梁当时因事下狱，还是经他周旋获释的，所以封司马欣为塞王，占咸阳以东至黄河之地，建都栎阳（今陕西富平东南）；都尉董翳因劝章邯投降有功，因此封为翟王，占上郡之地，建都高奴（今陕西延安）。

分完了关中之地，对刘邦有了个妥善的安置，项羽好似去了一大块心病。接着他又对其他反秦将领进行了分封：徙封魏王豹为西魏王，称王于河东，建都平阳（今山西临汾西）；瑕丘申阳是张耳的宠臣，先攻下河南，在黄河岸边迎接楚军，所以封申阳为河南王，建都洛阳；韩王成仍以旧都为都，建都阳翟（今河南禹县）；赵将司马卬平定河内，屡立战功，所以封司马卬为殷王，称王于河内，建都朝歌（今河南淇

县）；原赵王歇改为代王，建都代（今河北蔚县）；赵相张耳一向贤能，又随从项羽入关，所以封张耳为常山王，称王于赵地，建都襄国（今河北邢台）；当阳君英布为楚军将领，一向勇冠全军，所以封英布为九江王，建都于六县（今安徽六安）；鄱君吴芮曾率百越兵协助诸侯军，又随从入关，所以封吴芮为衡山王，建都于邾县（今湖北黄冈）；共敖曾率兵攻打南郡，功劳很大，于是封共敖为临江王，建都江陵（今属湖北）；原燕王韩广改为辽东王，建都无终（今天津蓟县）；燕将臧荼曾随楚军救赵，后跟从入关，所以封臧荼为燕王，建都于蓟（今北京）；原来的齐王田市改为胶东王，建都即墨（今山东平度东）；齐将田都曾随从项羽共同救赵，以后又跟着入关，于是封田都为齐王，建都临淄（今山东淄博东）；原来被秦朝灭亡的齐王建的孙子田安，在项羽渡河救赵时，攻下济水北边的几座城邑，率领他的军队投降了项羽，所以项羽封田安为济北王，建都博阳（今山东泰安东南）。

此外，赵国大将陈余因为巨鹿大战后与张耳决裂，没有随同诸侯联军入关，然而一向听说他贤能，有功于赵，又知道他正在南皮（在今河北南部），因此把环绕南皮的三个县封给了他；番君的将领梅锏战功很多，所以封为十万户侯。

尽管项羽自恃实力最雄厚，在与秦军作战中功劳最卓著，但暴秦既然是各地诸侯军协同作战推翻的，如今又是裂土分封，所以他也不便做全国统一的王，而只能是占据一块地盘，像其他诸王一样，也做一个地方王侯。其他诸王基本上是封到了他们的原籍或发迹地，项羽想，自己是楚国人，拥立过楚王，自己的部卒多是江东子弟，一直称作楚军，所以自己做个楚王，是顺理成章的，可是一想到那个如今的义帝，就对"楚王"这个称号有些反感。况且楚地幅员辽阔，分为三楚：北起淮、汉，南包江南的楚地，以江陵为中心，称作南楚；跨江逾淮，东至大海的楚地，以吴地为中心，称作东楚；淮水以北、泗水、沂水以西的楚

运筹帷幄

张良

地，以彭城为中心，称作西楚。自己的部队虽然称作楚军，但根据地实际在彭城一带的西楚，况且已封的衡山王、临江王、九江王，所占的全是楚地，如今再做个"楚王"，早已名不副实了，以西楚之地命名，倒是名副其实。但又要与所封诸王有区别，考虑再三，便自封为"西楚霸王"，占有今浙江、江苏、山东西部、河南东部，建都彭城（今江苏徐州）。

项羽的分封，的确费了许多心思，自以为很得意。其实有许多漏洞，也造成了不少矛盾。原有各国国土大都缩小了地盘，或失掉了有利地区；把刘邦封到秦朝流放罪囚的巴、蜀、汉中，等于是公开贬黜；把三个秦降将封在关中腹地，为的是让他们遏阻刘邦，没有想到他们是关中人民最痛恨的人，在那里根本站不住脚，恰好为刘邦向关中腹地发展准备了条件；田荣本来就在齐国占着地盘，手中掌握着军队，许多远不及他的都封王了，唯独不封他，他岂肯罢休？所以分封不久，中原大地又开始了长期的战乱。

有不少史家称，推翻秦王朝后，项羽复辟倒退，大搞分封，才又引起战乱，其实，并非如此。项羽其人，正如韩信所说，平时对人看起来很亲近，但当别人真正立了功劳、应当封侯拜爵时，刻好的印玺在他手里摆弄旧了，也不愿送人。灭秦之后，他何尝不想自己为天下之王？所封诸王，真正属于项羽部将的，仅九江王英布一人，他又何尝不想把他的部将都封为王呢？形势所迫，不得已也。因为在反秦斗争中，六国旧贵族已经拥有了相当的实力，占领了相当的地盘，恢复了各自的统治，项羽分封，不过是对既定事实的承认而已，而且多有削弱，况且反秦各部是在反对秦始皇吞并六国的旗号下联合起来推翻秦王朝的。如今秦王朝被推翻了，大家可以名正言顺、堂而皇之地复国称王了，谁敢冒天下之大不韪，继续推行秦始皇的"废分封立郡县"呢？那不是明摆着要遭天下背叛吗？所以项羽分封是形势所迫，分封后的战乱，也是历史之必然。

当年刘邦在沛县起兵，被部众推为首领，自此部下言谈话语，便不再直呼其名，而称"沛公"。而刘邦被项羽封为汉王之后，对他的"沛公"称呼也便成为历史，改成"汉王"了。

且说刘邦被封为汉王，心中老大不快，心想：怀王心是全体楚人的共主，你项羽不过是受命于怀心的众将领中的一个，有什么资格将怀王心废除？有什么权力号令天下，擅自分封？当初约定"先入关者王之"，你项羽也是同意了的，如今为何背信弃义呢？你若怕我称王于关中，让我仍回丰、沛也可以啊，齐王田都、济北王田安、胶东王田市，都是齐人，他们不是都封到齐地了吗？燕王臧荼、辽东王韩广，都是燕人，不是都封到燕地了吗？韩王成不是又封到韩地了吗？就是你的部将英布，还有项羽你自己，不是都回到你们的老根据地了吗？为什么不让我回到丰、沛，而发配到偏远的巴、蜀、汉之地呢？难道你不知道那是过去流放囚徒的地方吗？你知道自己的士卒们思乡心切，你自己也说："富贵不归故乡，好似衣锦夜行。"难道我的部下们家中没有妻儿老小？难道他们都是铁石心肠？

汉王刘邦越想越生气，偏偏樊哙又涨红着脸，气咻咻地来到汉王的帐中，生气地说："项羽也太霸道了！把我们发配到人迹罕至的汉中，这明明是在欺负我们，干脆宣布起兵，和楚军拼了！"

在一旁的张良说："项羽的确是在欺负汉王，不过以将军之见，现在起兵，能够打得过楚军吗？项羽现在之所以如此霸道，还不是仗着他兵多将广？之所以敢于欺负汉王，还不是看到汉王兵微将寡，敌不过他？古人说：'量力而动，其过鲜矣。不量力而动，必自取灭亡。'"

汉王刘邦胸中的怒火刚被樊哙浇了点儿油，又被张良的一瓢水泼了下去。张良见刘邦冷静了许多，便又接着说："常言道：'君子报仇，十年不晚。''大丈夫能伸能屈。'切不可贸然行事。士卒们抛妻舍子，背井离乡，在外风餐露宿，转战几载，暴秦既已推翻，便急切地想回乡度日。目前形势下，重要的是要稳住军心。'留得青山在，不怕没柴烧'，只要汉王手中有这支队伍，将来就好办。"

汉王刘邦的心情完全平静下来了，叹了口气说："我担心将来的事不好办。你想，那汉中、巴、蜀之地四周有高山阻挡，到了那里，简直是与世隔绝。而项羽占据了江淮之间的梁楚九郡，那里土地肥沃，物产丰富，人口稠密，恐怕越来越不能和他抗衡。"

"大王此言差矣！"张良说，"暴秦当初拥有天下，最后还不是被推翻？项羽仅有梁楚九郡，推翻他有何难处？只不过目前时机还未成熟而已。所封各王都得了点儿小利，谁也不愿丢失，所以都急着到各地就封去了。但他们有的是被改封，有的是缩小了地盘，所以谁也不满意，都对楚霸王怀着一肚子怨气，没有被封的齐相田荣，就更不用说了。另外，各王之间，由于利害关系，也是矛盾重重。自古成大事者，不恤小耻；立大功者，不计小怨，所以孔子说：'小不忍，则乱大谋。'大王现在不要对霸王表现出怨气，而应高兴地前往汉中，治国安民，静观时局，等待时机。'塞翁失马，焉知祸福。'大王在汉中蟄伏几载，只要上不失天时，下不失地利，中不失人和，不用说关中王，说不定还会成为天下王呢！"

听了张良这一席话，原来急于要反的樊哙也哈哈笑道："张先生谈古论今，高瞻远瞩，我好像明天就要成为统领天下之兵的大将军了。"

此时的汉王刘邦也转怒为喜，笑道："要不是先生指教，我真不知下步该怎么走了。"

刘邦对张良的智慧、才华，更是佩服得五体投地，又念及他献计破武、峣二关的功劳和在鸿门宴中表现出的大智大勇，使自己大难不死，脱离险境，便赐金百镒、珠二斗。接着，又遣使转告楚霸王，感谢他的封赏之恩，明日就要离开霸上，率军南下，赴汉中就封，日后定将酬谢霸王的封赏之恩。

惜别故友　远送汉王

根据诸军首领在反秦斗争中功劳的大小、与自己关系的亲疏，以及为了日后天下的安定，项羽以霸王自居，进行了一次大分封。对这次分封，他基本满意，唯一不放心的是，具有相当实力的刘邦是否接受汉王封号？是否顺从地到南郑就封？会不会拒绝封号，愤而起兵？对此他不得不防，所以虽然他自封为西楚霸王，将士们也都归心似箭，但他仍然按兵不动，观察汉王的动静。万一刘邦胆敢冒天下之大不韪，他就一举歼灭，也借机给所封各王点儿颜色看看。项羽正在如此筹划，刘邦的使者前来报告说，汉王明日就要启程前往南郑。项羽听后，心中石头终于落了地，一时高兴，还拨给汉王三万人马。

已至中午时分，刘邦和诸将领还在忙于组编队伍，新被任命为丞相的萧何，在忙于整理他在咸阳城中搜罗到的图书典册，唯有张良坐卧不安，心事重重。因为原来的韩王成又被封为韩王了，他提出要到韩王成那里。汉王虽然很不情愿，但出于道义，仍答应了他的要求。汉王不愿让张良离开，张良又何尝愿意离开汉王呢？

另外，他在下邳结识了项伯，又一同起兵反秦，朝夕相处。彭城分别后，竟在关中得以相见，而且是项伯为搭救自己而相见的，这是多么深的情谊啊！可是项伯要跟随霸王到西楚，自己要跟随韩王到阳翟，这一别不知又要多少年，也可能终生不能再相见。他真想能与项伯一起共事，他总觉得心中有许多话要对项伯说。于是吃罢午饭，便带上汉王赠给的财物，来到了鸿门。见到项伯后，张良说："项兄时时将弟挂在

运筹帷幄

张良

心上，鸿门宴上，又鼎力相助，感激之情，一言难尽。现将手中一点薄财，送给恩人，略表寸心。"

项伯笑笑说："古人说：'君子之交淡若水，小人之交甘若醋。'你我之间的情谊，如果以钱物计算，贤弟在下邳的救命之恩，只怕愚兄今生今世也难以还清了。"

其实张良此时来见项伯，也并不是专来赠送礼物的，于是便又说："虽说大丈夫处世，当交四海朋友。可是人海茫茫，知己者几何？当初我们为反暴秦，不得已而分头转战，如今暴秦被推翻，兄弟刚相逢，又要各奔东西，心里真不是滋味。"他一边说着，眼里还含着泪花。

项伯安慰说："相知无远近，万里尚为邻。这两年我们没在一处，心不是照样连在一起吗？贤弟将才华全部施展出来，辅佐韩王，重建国家，也就遂了为兄的心愿。"

张良见项伯提起辅佐韩王的事，便乘机说："弟才疏学浅，担心不能胜任，今日来此，是想请兄长到韩国住些年，帮助弟将国事理出个头绪。"

"不行啊！"项伯叹口气说，"我那侄子项羽虽自封为霸王，大封天下，依你看，所封诸王能俯首听命吗？田荣手据重兵，却没有得到一寸封地，他会善罢甘休吗？特别是汉王……"说到这里，项伯突然停了下来。

"请说下去，"张良催促，"我今后就是韩王的人了。"

项伯难以推辞，只好继续说："汉王本应留在关中，可是被封到了汉中，他能安心待在那里吗？人心难测啊！有关汉王的许多传说，什么他母亲白日在野外树下睡觉时，梦中与蛟龙交合怀了孕而生下汉王；什么汉王起兵夜行时，曾把挡道的大蛇斩为两截，那大蛇是白帝子变的，汉王则是赤帝子……什么与蛟龙交合，什么白帝子、赤帝子，全是无稽之谈，但这足以说明，汉王定有远大抱负，并常将自己的抱负讲给部下听，部下也乐意他成就大业，才编出这些离奇的故事来。如今，这些故事在楚军中也传开了，而我那当了霸王的侄子还蒙在鼓里呢！"

张良见项伯对自己如此信任，也便将自己心中的话和盘托出："对今后天下的局势，弟也有同感，而且担心楚军会成为众矢之的。弟今日前来，就是想……"

项伯立即将张良的话截住说："不必往下说了，贤弟的一片情谊，兄已领了。唉，谁让我是楚国人呢？谁让我是霸王的叔父呢？今后多留些心就是了。"

对这样的结果，张良早有所料。但作为挚友，把自己该说的话说了出来，该提醒的提醒到了，心里也就轻松了许多。经过一番推辞，把带去的礼物留下，张良就返回了汉营。

一向重情义的张良，告别了项伯，如今又要告别汉王了。汉王并不想让张良离开，只是想到他出生入死，苦苦奋斗了多年，才有了自己的祖国，实在不忍心再把他留在自己的身边，只好设宴告别。汉王本想高高兴兴地与张良告别，谁料酒宴摆好，张良及诸将相继就席，一个个竟相对无语。汉王也难以抑制自己的感情，端起酒杯，一句话还未说，一颗颗泪珠已顺着面颊滚下。

是因为与张良依依不舍，是因为后悔接受了楚霸王的分封，还是因为对今后的前程感到担忧，汉王自己也说不清楚，他只觉得心中难受。他很想改变一下眼下的气氛，但总是哽哽噎噎地说不出话来。在汉王感染下，在座的也都不知道说什么好了。倒是张良首先开口，打破了这尴尬的场面："韩国既已恢复，良回国效劳，并非急事。只是今后与诸位天各一方，难再相见；且通往汉中的沿途，是古代周人的发祥之地，有不少名胜古迹。所以汉王虽置酒设宴，然而良却不想急切告别，而要送诸位一程，也顺便遂了凭吊古迹名胜的心愿。"

汉王一听这话，满心欢喜，宴席上的气氛也顿时变得轻松起来。

且说汉王赴南郑就封，一切准备就绪，就带着楚霸王拨给的人马

运筹帷幄

张良

出征了。项羽拨给刘邦的人数虽然不多，但过去曾跟随过刘邦的不少士卒，这时也自愿投奔汉王，使他的队伍一下子变成了十几万人。

汉王率领大军离开霸上，沿着渭水西行。只见河水滔滔，原野舒展，不禁产生出无限的留恋之情。而向南边远望，巍峨雄伟的南山（今秦岭）似一道长墙，高接云天，想到过两天就须穿越此山，又不觉有些发怵。

队伍走了几日，忽见路边有一片高地，高地之上又有一高台，高台上有参天古木，有正在祭祀的人群。汉王觉得稀罕，便问左右侍从，侍从哪里知道，只好请教当地百姓，方知此台叫作"教稼台"，是后稷教民稼穑之地。听百姓这么一说，不用说侍从们，就连汉王也糊涂了。他哈哈笑道："种庄稼有什么可教的？那后稷可是秦国的祖先？"张良过来，问明情况，解释说："远古时候，民知其母，不知其父，而且以采摘野果和捕鱼狩猎为生，不懂得种植五谷。有个叫姜嫄的女子，踩天神脚印而生弃，弃长大以后，教会人民种植五谷，使人民的生活有了保障，人口也迅速增加，成为后来的周族。自古以来，周人等奉弃为始祖，并称他为后稷，这高台大概就是他当年教人们种植五谷的地方。"

"看来后稷的功劳还不小啊！"汉王说。

张良说："自古道，'国以民为本，民以食为天'。若周先民当初没有五谷的种植，恐怕也不会有后来的八百年基业。"

汉王听后，心有所悟，又问："那汉中地方不知适宜不适宜种植五谷？"

张良说："汉中为一盆地，沔水（今汉水）长年不断，有灌溉之利，北有高山阻隔，寒气难侵，所以五谷的生长胜于关中。"

汉王听了这话，心里又宽慰了许多，便说："先生博古通今，就与我随走随讲吧。"

队伍又走了几日，来到岐山脚下。山脚下建有一庙，庙中有神像一尊，上写"周公"二字。汉王看了，不觉有些疑惑："我破秦路过洛邑时，曾见过一座周公庙，怎么这里也建有一座？"

张良说："周族的先人最早生活在岐山这一带，后来才逐步东迁，建都丰镐。为了控制东方，周公又在洛邑营建成周，作为陪都。周公亲自坐镇洛邑，一直到死。周人祖居地的人们看到自己的民族日益强盛，心里自然高兴。看到民族中出了周公那样的伟人，自然感到骄傲，所以他们才在这里也建庙祭祀。"

汉王听后说："照此说来，富贵人必非归故里了。"

队伍又往前走了一程，忽见一湾清水自南而北，缓缓流来，注入渭水，一打问，原来这就是斜水。张良说："再往前走几十里就到潘溪了，那里一定有姜太公的垂钓台，有文王访太公的遗迹。我本想与汉王一起前去凭吊，可是队伍须在这里顺斜水进山了。"

汉王说："先生的意思我领会了，我不敢自比文王，但文王之举我定效仿。现几万军队行军要紧，就不必绕路了。只是不知这斜水有多长，前边的路是什么样子？"

张良说："其实我也没有从这里走过，只是听人说，沿着这斜水南行，不远处就是斜谷关。过了此关，就是深山峡谷了。中间是湍急的斜水，两侧是斧削般的峭壁，因为无路可走，人们便在峭壁山崖上凿石洞，架木板，建起道路，称作栈道。人行其上，真是俯看一线水，仰看一线天。"

汉王听了，不禁打了个寒噤。张良说："说来危险，其实也并不可怕。自古以来，这条路上商旅不绝，关中、汉中两地的货物，都是通过这条路运输的。"

"斜谷有多长呢？"

"大概一百来里吧。"

汉王听了，又倒吸了一口凉气，随即又强打精神说："一百里，按

运筹帷幄

张良

日行五十里计，两天就可到达南郑了。"

张良说："斜谷的南端在南山之巅，要到达南郑，仅是一半的路程。这斜水是从山顶由南向北流的，翻过山后，有一褒水，则由北向南流。沿河而下，又是一条长约百里的峡谷，称作褒谷，斜、褒二谷合称褒斜谷道。褒谷南端有个鸡头关，关下的崖壁上有一大石悬空伸向谷心，好似一扇大门的门槛，人称石门坎。又因那里阴森潮湿，万木葱茏，色如翠屏，因此又名翠云屏。石门坎上面，山石嵯峨，奇峰耸立，称作万笏朝天，其下的褒水，骤然跌下，形成一大深潭，从石门坎下面看去，好似明镜一般，因此称作石镜台。出了石门坎，谷道就算到了头，以后的路也就渐趋平缓了。"

汉王揪着心，一直听到张良说到整个谷道的南口，才长长舒了一口气。

张良见汉王对他的介绍很有兴致，听得认真，又说："出鸡头关南行不远，就是古代的褒国。"

"褒国有什么遗迹吗？"汉王不解地问。

张良说："那里应该有褒姒故里。"

汉王听了，越发糊涂了。

张良说："西周末年，周幽王重用奸佞，不务政事，国势日衰，偏又遇上地震，岐山崩裂，三川枯竭，百姓怨声载道。褒国国君褒珦直言进谏，反遭拘捕。褒国大臣们从国中找了个叫褒姒的美女送往周都，才把国君救出。幽王自从得了褒姒，如获至宝，倍加宠爱，不久就废了原来的申后，改立褒姒为王后，并用点燃烽火戏弄诸侯的办法，来讨褒姒的欢心。申后的父亲是申国的申君，他乘机联合犬戎，攻入镐京。幽王逃到骊山，被犬戎杀死，褒姒也被犬戎掳走。公子宜臼即位后，看到镐京已成一片废墟，只好将国都迁到东边的洛邑，所以《诗经》中说：'赫赫宗周，褒姒灭之。'你想，褒国出了那样一位有名的女子，能不保留她的故里吗？"

汉王笑笑说："先生讲此故事，是怕我重蹈幽王的覆辙吧？"

张良说："岂敢如此。只是谷道南口就是褒国，不过顺便说说而已。出褒国不远，就到达南郑了。"

汉王说："从霸上出发，先生陪了几百里路，我已感激不尽。前面幽高谷深，道路崎岖，先生就不要再送了。"

张良想到所封诸王都相继就封去了，自己也该赶赴韩国，协助韩王料理国事，便答应了汉王的要求，临别时，又嘱咐："据我所知，大王虽率军前往汉中就封，项王仍不十分放心，担心大王重返关中。所以大军过后，务将栈道烧毁，一来可使楚王消除顾虑，二来可使汉中免受侵扰，大王也好安心治国，积蓄力量，待时而用。"

汉王听了，觉得有理，慨然采纳，随后便与张良洒泪而别，约定日后再见。

运筹帷幄

张良

第 三 章

帮助汉王得天下

　　楚霸王项羽杀害了韩王成后，张良为了报仇，告别了家人，重归汉营。汉王刘邦见到张良，不胜欣喜，立即封他为成信侯，把他留在身边，出谋划策，运筹帷幄。这样，楚汉之争已经到最后关头了。刘邦在张良等一些文臣武将的辅佐下，终于取得了这场战争的最后胜利。

霸王弑帝　汉中拜将

张良告别了汉王，便匆匆赶往鸿门，去拜见韩王。

原来当初项羽率军入关时，韩王成并未与楚军同行，只是项羽分封时，才特意把韩王成叫来，分封后，又让他暂留在楚军营中。张良赶往鸿门，就是准备陪韩王成赴韩地就封。不料他来到鸿门一看，原来的营地竟变成一片旷野，只有那拴马的石桩、用过的炉灶，还零乱地散落在原地，给旷野增添了几分凄凉。张良到附近村落一打听，方知几天前，项羽已带领楚军往东去了。张良想，关中已有了安置，项羽一定是急着往他的封地彭城去了。张良又想，现在楚军大概出了函谷关，出函谷关前往彭城，韩国是必经之地，韩王成一定是等不及他，与楚军同行了。

张良顾不得歇息，沿着渭水东行，边走边打听楚军的行踪。一连走了几日，终于来到了洛阳。他向当地百姓一问，得知楚军在洛阳住了两天，前天又沿河东去了。张良想，从洛阳往东，是去彭城的方向，看来自己的估计没有错。不过要到韩国国都阳翟，应该朝东南方去，韩王成不会跟着楚军去彭城吧？他在洛阳过了一夜，就沿着小路，翻越嵩山，向东南方的阳翟（今河南禹县）行去。

张良万万没有想到，古老的阳翟仍如几年前一般，没有任何变化，也没有任何动静，就是岳父家养的那只猫、那条狗，仍是老样子，不同的是，他的岳父不久前去世了，而他朝思暮想的妻子迎接他时，怀中却抱了个婴儿。张良顿时一愣，惊喜异常，想到自己离家将近两年了，让妻子吃了不少苦头，感到无限内疚。不料妻子看到他这种异常的表情，

运筹帷幄

张良

却产生了误会，连忙解释说："您走之后，我才知道怀了孕……"

张良坦然地笑笑说："都怪我走得匆忙。"于是高兴地把孩子接过，边端详边说："像我，像我，确是我的儿子，起名了没有？"

"没有，还等着您呢！"妻子答道。

张良想了想说："那就叫不疑吧！"

连日来，张良向心爱的妻子，向至朋好友，介绍天下的形势，纵谈复兴韩国的志向，这些人听了竟皆感新奇，根本不知道项羽分封的事，更没见到韩王成回韩国来。

莫非韩王成因为等我而仍留在关中？莫非韩王成在途中有了闪失？莫非被项羽带到了彭城……张良做着各种猜测。另外，他还从逃亡的兵士中了解韩王成的消息，派人到楚军的行军路上打听韩王成的下落，最后他终于得到确实的消息：韩王成被项羽带到彭城了。张良感到事态严重，便告别家人，告别亲友，亲自赶赴彭城，打算尽快把韩王成接回。不料他还没有赶到彭城，一条消息便如晴天霹雳朝他袭来：项羽已将韩王成杀死了！

原来当初楚军入关路过韩地时，韩王成以韩地形势不稳为由，没有跟随楚军一起入关，项羽对此耿耿于怀。项羽分封时，考虑到韩王成终究是六国旧贵族后裔，而且是叔父项梁任命的，所以也就勉强把他重封为韩王，可是当他得知韩国谋士张良是与刘邦一起入的关，而且至今仍在刘邦手下时，心中的怒气便无法压抑了，大声说："让这种人去韩国做王，岂不是为大楚建立起一个敌国！"于是下令把韩王成带往彭城。韩王成身边既无强兵，又无谋士，孤身一人，怎敢违抗？到彭城不久，项羽就撤去他韩王的封号，改封为侯，但项羽对此仍觉不解心头之恨。另外他想，把这个"韩侯"放回韩国，仍不免是一后患，总是留在身边，又是个累赘，考虑再三，最后还是把他杀了。

在斩杀韩王成的同时，项羽还把那个徒有虚名的"义帝"从彭城赶到了偏僻的长沙彬县。

且说张良得知韩王成被杀，悲痛不已，便在馆舍中暗自设下韩王的灵位，哭祭：“有韩以来，屡遭强邻侵扰，百姓无一日安宁，后更遇暴秦，国土被踏，社稷被毁。为恢复故土，良结交豪杰，椎击始皇，下邳起兵，共伐暴秦。原想暴秦既灭，大王受封，良也一展宏图，助王重建社稷，不料项贼心肠，毒于蛇蝎，甚于秦帝；也怪良不才，未把项贼的歹毒看透，使大王遭此惨祸。今既至此，良将与楚势不两立，为大王报仇，赴汤蹈火，在所不辞。”祭毕，便收拾行装，要进入彭城，找项羽算账。刚要启程，张良又问自己：“我怎样为韩王成报仇呢？难道要重演博浪沙的旧戏吗？那场戏本来就没有成功，就是成功了，又会怎么样呢？自己是个手无缚鸡之力的文弱书生，怎么能凭一时意气而贸然行动呢？常言道，‘小不忍则乱大谋。’自己在世上也闯荡了这么多年，结识了不少豪杰，包括刘邦那样的一国之王；另外这些年来，也读了些兵书，积累了一些征战的经验，时至今日，何不乘机摸一下楚军的底细，以图大计呢？”经过一番考虑，张良强将怒火压下，像一个忠实的使臣，前往彭城拜见霸王项羽。

那项羽杀了韩王成，图了个清静，可是过后一想，又不免有些后悔。一则韩王成并没有犯下当斩的罪过，二则他终究是一国之主，有他自己的臣民，那些臣民如今是何想法呢？所以项羽听说张良来到了彭城，首先想到的便是数日前斩杀韩王成那桩事。不料张良来到项羽的王宫，对韩王成的被杀只表示出片刻的惊讶，然后就好似将此事完全抛到脑后一般，讲起汉王就封的事来：“汉王现在的日子很难过啊！”

项羽见张良讲起汉王的事来，立刻来了兴趣。

张良说：“汉王的士卒们起初还以为汉中在东方，离老家不远。后来见队伍一直朝西走，就犹豫了，等到翻越南山时，又见沿途全是行走艰难的栈道，担心进去后，终生再难以返回，所以纷纷逃跑。汉王感到

运筹帷幄

张良

形势严重，只好派亲信部队压阵，大军过后，又将栈道全部烧毁了。"

项羽听着张良的介绍，脸上露出了一丝微笑。他越发感到当初把刘邦封到汉中是个英明的决策；他嘲笑刘邦烧毁栈道，断了重返关中的回路，不必再担心汉王与自己争夺天下；庆幸张良没有对他斩杀韩王成过多责备，而且如实介绍汉王的情况。因为张良介绍的，与他从其他渠道了解到的情况完全相符，于是便将张良留在彭城，热情款待。数月之后，张良才又回到韩地。

此时汉王的日子的确很不好过，在前往南郑的途中，他的兵士们跑了许多，就是到了南郑，思乡心切的兵士们仍是三五成群地不断逃跑。

这天，汉王刘邦正闷闷不乐地待在新设的王宫中，突然有人来报，丞相萧何也跑了。刘邦闻听，大惊失色，心想，连丞相都跑了，我这汉王还当个什么劲？不料过了两天，萧何又回来了。刘邦怒气冲冲地指责道："别人逃走倒也罢了。我们一同起兵，自觉待你不薄，为何你也逃跑呢？"

萧何笑笑说："大王误会了，我哪里是逃跑，是追赶韩信去了。"

刘邦听了，更加生气，骂道："逃走的士卒不计其数，逃走的将领也已有十多个，你从来没有去追过，怎么偏偏要追什么韩信，分明是在骗我！"

萧何说："以往逃走的那些士卒、将领，都是些平庸之辈，随时都可找到，而韩信却是天下奇才，盖世无双，实在难得。如果你觉得做个汉王就满足了，不想再谋取天下，那么韩信跑掉倒也无关紧要；如果你想谋取天下，却非有韩信不可；我们共事多年，深知你并不甘心做个汉王，所以才把韩信追回。"

汉王听了这话，才转怒为喜，对萧何说："看来丞相对韩信有所了解，你好不容易把他追回，看在你的面子上，就让他当个将军吧。"

萧何笑笑说："一个普通的'将军'头衔，恐怕难以把他留住。"

汉王为难了，说："难道要让他当大将军吗？"

萧何说："对，封他个大将军。他有了真正的用武之地，就不会再跑了。"

汉王说："韩信刚来不久，又无战功，封他大将军，只怕那些随我征战多年的将军们心中不服。"

萧何说："古人说：'相马以舆，相士以居。'让有才之士担当重任，是天经地义，至于众将服不服，全在大王了。只要大王态度坚决，谁敢不服？"

汉王想了想，把手一扬，说："那就听你的，让他当个大将军。不过得先把他召来谈谈，我要看看他有没有大将之才。"

萧何说："万万使不得。古人说：'待士不敬，举士不信，则善士不在焉。'你平时不拘礼节，傲慢待人，这也是韩信逃走的一个原因。既然要拜他为大将军，召见他就不能像招呼小孩子一样轻率，而应该郑重其事地搭起坛场，选择良辰吉日，更衣斋戒，还要召集群臣参加，由大王你亲自拜将授印；这样既能表现出你的诚意，使韩信安心于汉军，又能在众将中树立起韩信的威望。"

刘邦听了，觉得合理，一概采纳，韩信得知要被拜为大将军了，自然满意。

这韩信本是东海郡淮阴（今属江苏）人，自幼丧父，与母亲相依为命。大约十五六岁时，母亲又不幸去世。韩信虽然自幼贫寒，生活艰难，但抱负远大，立志成名。他不屑于务农、做工、经商，而醉心于学武习兵，舞枪弄棒，期望有朝一日成为叱咤风云、匡扶天下的英雄，不过幻想成为英雄，终究是日后的事，眼下总需要吃饭，所以那时他过的是流浪、乞讨的生活。他遭过人们的白眼，受过纨绔子弟的胯下之辱，饱尝了世态炎凉。后来他饿着肚子，常常到淮水边钓鱼，希望重温"姜太公垂钓遇文王"的美梦。一位在水边漂洗棉絮的老太婆见他饿得可

运筹帷幄

张良

怜，就经常送些食物给他吃。韩信感激涕零，对那老太婆说："老人家的救命之恩我永世不忘，将来定将报答。"不料那老太婆听了，生气地说："我是看你可怜，才送你吃的，谁指望你将来报答。况且一个堂堂男子汉大丈夫，长年靠别人施舍，有什么出息！"韩信听了这话，羞愧难当，决心不再坐等，而要外出闯荡，谋求出路。大约二十岁时，韩信加入了项梁领导的起义军，跟随项梁参加了东阿之战。项梁阵亡后，他又跟随项羽，曾参加过威震天下的巨鹿之战，又随楚军一起入关。虽然他智勇双全，也有战功，项羽却只让他做了个地位低下的侍卫武官。他看到在项羽手下出头无望，毅然弃楚投汉。在刘邦那里，他先是当了个下级军官——连敖，后来在夏侯婴的举荐下，做了治粟都尉，主管粮草供应，韩信仍觉得英雄无用武之地。经常与他接触的丞相萧何，也看出韩信确有奇才，而目前这个"治粟都尉"也难以使他的才华施展出来，几次提议再加重用，刘邦却拒不采纳。韩信一气之下，便加入到了叛逃者的行列，另寻出路，不料半途之中，又被萧何追回。如今他得知汉王要正式拜他为大将军，多年的夙愿终于实现，他可以大显身手了，心情格外激动。

汉王要拜大将的消息传出以后，全军上下，精神振奋，但究竟要拜谁为大将军，却又不大清楚。到了拜将这天，见汉王以隆重的仪式，手捧大将之印，交给了初来乍到的韩信，许多人都惊呆了。那些跟随刘邦多年、出生入死、立下过赫赫战功的老将，心中更觉不是滋味。

其实刘邦、萧何早就料到了这点，所以拜将的仪式一完，刘邦便把韩信让到上座，当着众将士的面问韩信："今日拜你为大将军，不知你对天下形势有何看法。"韩信从容回答说："依我看，大王来南郑就封，其实并不想安于此地，而是要夺取天下，而实现这一宏图的主要敌手，就是西楚霸王。"

汉王连声说："你说得很对。"

张良雕像

运筹帷幄

张良

韩信反问："请大王想一想，在个人的英勇善战、对部下的恩德仁义和兵力的众寡强弱这三方面，大王与霸王相比，谁优谁劣呢？"

刘邦立刻如实说："我不如霸王。"

韩信见刘邦态度诚恳，且有自知之明，便离席向汉王跪拜。汉王连忙扶起，请他继续说下去。韩信说："霸王的确英勇无敌，一声怒吼，千百人都吓得胆战腿软，然而他不能任用有才能的人，所以他的勇猛，不过是匹夫之勇罢了；霸王平素待人恭敬慈爱，言语温和，士卒生了病，他能够同情地流下泪来，并把自己的食物给他们吃，但到了别人有了功劳而应当加赏封爵时，他又是那么吝啬，这不过是妇人之仁。项羽虽然称霸于天下，表面上诸侯都臣服于他，但他不据守关中，却以彭城为都，而且违背了事先的约定，把义帝驱赶到彬县，这就是违背民意的倒行逆施。如果大王反其道而行之，任用天下勇敢善战的人，什么样的强敌不能够战胜呢？大王把天下的城池封给确有功劳的大臣，还会有谁不服从大王呢？大王率领正义的军队，顺从思乡东归将士的心愿，大举东征，岂不如摧枯拉朽一般？况且分封在关中的三个王，全是过去秦王朝的将领。他们过去率领关中子弟出关征战，死亡的不计其数，关中父老对他们早就恨之入骨。而大王入关后，秋毫无犯，还约法三章，深得民心。所以大王只要发一道檄文，关中就可重新占领；只要占领了关中，再联合天下诸侯，何愁打不败项王？打败了项王，天下不就到手了吗？"

刘邦听了，紧锁的眉头打开，连声称赞萧何说："你真是当今伯乐，为我举荐了一位稀世奇才。有大将军做统帅，汉军夺取天下有望了！"

在场的将士们听了新任大将军的宏论，无不佩服，又明白了这位大将军原来是德高望重的萧丞相举荐的。他们见到汉王对大将军那样毕恭毕敬，心中也就渐渐没了怨气。

计定三秦　隐士出山

且说项羽大封天下之后，就率军东归，满打算衣锦还乡，坐镇彭城，号令天下。不料，到彭城后还没有喘口气，各地反叛的消息就频频传来。

项羽分封时，把随从楚军入关的燕将臧荼封为燕王，以蓟为都，而把原来的燕王韩广改封为辽东王，以无终为都。韩广满肚子怨气，不肯就封。燕王臧荼觉得有项羽做后盾，便率兵斩杀了韩广，吞并了他的封地。

齐将田荣手中掌握着众多军队，只因过去没与项梁合作，后来又没有随同项羽入关，所以项羽就没有封他为王，而封随楚军入关的齐将田都为齐王，以临淄为都；原来的齐王田市改封为胶东王，以即墨为都。正屯兵齐地的田荣听说田都要到临淄就封，立即派军拦截。田都哪里是田荣的对手，只好慌忙逃到项羽那里。田荣赶跑了齐王田都，又派兵前往即墨，杀了胶东王田市，然后就自立为齐王，在齐地树起了反楚的旗帜。

彭越本是活动在今山东巨野一带的一支反秦武装首领，队伍发展到万余人，也因没有受封，正窝着一肚子火。恰在这时，田荣自立为齐王，并派人给他送来将军印，希望他参加反楚同盟。彭越的满肚子火正没处发泄，便立即答应了田荣的要求，并遵照齐王田荣的命令，率兵北伐，打败了济北王田安。

这样，三齐（齐、胶东、济北）的土地就尽归齐王田荣了。接着，彭越又率军大破楚将萧公角，在魏地树起了反楚旗帜。

赵国大将陈余因在巨鹿大战中与张耳决裂，没有随楚军入关，所以只得了个区区二县的小侯，而本来同他不相上下的张耳却被封为常山王，拥有了赵国大部分土地，使陈余愤愤不平。他看到田荣已经挑头反楚，便派人前去联络，提出只要田荣肯于出兵，与他一起驱逐张耳、拥戴赵歇为赵王，赵国就与齐联合反楚。田荣闻听，正中下怀，立即发兵攻击张耳，陈余也尽发南皮等三县兵力配合。兵力有限的常山王张耳哪能抵挡得住陈余、田荣的联军，只好放弃封国，逃奔刘邦。陈余赶走了张耳，便从代地把赵歇迎回，复赵王位。赵歇为表示报答，立陈余为代王，共同占据赵地，与齐王田荣共同抗击项羽。

项羽见自己刚刚确立的秩序就被田荣打乱，大为震怒。他知道，如不迅速平定田荣，各地都效仿起来，天下就将大乱。于是他立即调动大军，前往齐地平叛。

在关东重起战火的时候，关中却显得格外平静。雍王章邯、塞王司马欣、翟王董翳都是秦朝降将，起初他们想，当初抗秦武装遍布全国，

抗秦将领比比皆是，差不多每个抗秦武装都遭到过他们的镇压，每个抗秦将领对他们都有着血海深仇。后来他们虽然叛秦降楚，但那不过是因为作战失败，迫不得已，根本谈不上有什么功劳，所以在项羽大封天下时，他们不敢有什么奢望，只要能允许他们解甲还乡以度天年，也就心满意足了。他们万万没有想到，项羽把他们全都封了王，所封之地又是号称"千里金城"的关中，竟超过了许多抗秦多年的将领，这是所有将领都垂涎欲得的地方啊。不过，他们也清楚，项羽把他们封到关中，是考虑到他们熟悉关中地形，便于阻挡汉王。为了报答项羽的恩德，他们都做了充分的思想准备，绝不让刘邦卷土重来，绝不辜负霸王项羽的厚望。后来他们听说汉王到南郑就封、穿越谷道时，把沿途的栈道全都烧毁，不免有些疑惑，派人前去实地察看了一下，果然属实，心中大为高兴。他们想，烧毁了栈道，断绝了通路，汉中与关中的物资虽然再难以交流，但汉军也没法再回关中了，他们可以在关中安安稳稳地做王了。

关中三王的美梦刚做了三四个月，突然听到消息说，汉军又开始修复栈道了。司马欣和董翳急得坐卧不安，章邯却笑笑说："谷道有几百里长，而且全是悬崖峭壁。栈道烧毁容易，修起来可就难了，少说也得几年工夫。"章邯口头虽这么说，实际上还是在谷道关口部署军队，整修工事，以防不测。

雍王章邯的防御一切就绪，正在为自己的高明做法得意之时，忽然闻报：汉军翻过南山、占领陈仓了！这可使他大吃一惊。

原来在褒斜谷道西边，还有一条山间小道，可从关中通往汉中，称作故道，又称陈仓道。它起自陈仓（今陕西宝鸡市东），向西南出散关，沿故道水峡谷，到达凤县，然后朝东南方向，进入褒水峡谷，与褒斜谷道会合。这条路虽然比较平缓，可是从咸阳到南郑，要比走褒斜谷道远数百里，所以人们并不常走，道路也没有开辟出来，自以为熟悉关中地形的雍王章邯，也就没有把这条通道放在心上。

韩信被任命为大将军后，立即给汉王献了一个声东击西之计：派兵修复烧毁的栈道，虚张声势，做出要从原路返回的样子，把章邯的军队引向那里，同时出动大军，秘密从西路小道偷袭，打他个出其不意，这就叫"明修栈道，暗度陈仓"。

汉王听后，又惊又喜，心想，没有大将之才，绝不会有这样的胆略，也不会献出这样的奇计。同时他又想，将士们越来越思乡心切，逃跑的也越来越多。只有尽快打回关中，方可鼓舞斗志，稳定军心，于是对韩信这一建议连声称赞，并当即召集文武大臣，进行了部署：

命修复栈道的兵士继续大造声势，但不可空耗物资；命萧何留守汉中，镇抚百姓，收取巴蜀租赋，以补给军队；命将军曹参、郎中樊哙领兵数万，作为先锋，开辟西路通道；刘邦亲率大将军韩信、将军周勃、太仆夏侯婴、中竭者灌婴等，统率约十万人续进。

汉王的部署一切就绪，回攻关中的汉军就分批出动了。这故道由于未经正式开辟，只是当地村野樵夫顺山走势踩出的羊肠小路，不少地方由于山水冲刷，形成沟壑。好在沿途没有险峰峻岭和深沟巨壑，山势比较平缓；另外那里实在偏僻，章邯没有派一兵一卒把守，所以汉军先锋部队靠着双脚双手，硬是将一条通路开辟出来，比较顺利地到达了南山北麓的陈仓。

雍王章邯听说汉军攻占了陈仓，大惊失色。因为陈仓就在渭水岸边，从陈仓沿渭水东行，再无关隘阻隔，用不了几天，就可到达他的都城废丘。于是章邯仓促率兵西进，阻挡汉军。汉军既已进入关中，士气正盛，更有勇将曹参、樊哙指挥，只一仗，就把章邯的军队打败。章邯见汉军来势凶猛，难以阻挡，只好引兵后撤，退回废丘，令其弟章平率兵一部，固守好畤（今陕西乾县东），保障侧后的安全。同时，在封国中加紧动员，扩充兵力，并请塞王司马欣、翟王董翳迅速派兵增援，以便组织起一支强大的联军，一举将汉军消灭。

运筹帷幄

张良

韩信虽然看到汉军在陈仓初战告捷，但深知三秦的主力并没有受创，章邯必定会孤注一掷，在废丘做最后决战。于是命曹参、樊哙率前锋军乘胜追击，并绕过废丘，深入到章邯主力军的侧后，包围好畤，待机而动。他则和刘邦率领汉王主力沿渭水河谷前进，在废丘城外扎下营寨，诱使章邯来攻。

果然不出韩信所料，章邯集中了三秦的大部兵力，亲自率领着迎击汉军，企图一举取胜。这时韩信在迎击章邯的同时，又命曹参、樊哙率前锋军自好畤南下，切断章邯主力的后路，与汉军主力形成对章邯军的夹击态势。章邯腹背受放，全军崩溃，只好率残兵退回废丘。

刘邦见汉军取得大胜，便欲一举攻下废丘，俘获章邯。韩信阻止说："常言说，困兽犹斗。现在若攻打废丘，必遭章邯拼死反抗，即使最后将废丘攻占，汉军也会有重大伤亡。不如暂且留一部分军队围住废丘，而将主力分成多路，攻击关中诸城。关中父老对章邯等人早就恨之入骨，只盼大王早日回来，所以汉军必能顺利推进。待关中各地城邑尽被我占领，废丘还不是囊中之物？"

刘邦采纳了韩信的建议，果然没用多长时间，汉军就攻占了咸阳及关中大部分城邑，塞王司马欣、翟王董翳乖乖投降，只剩下章邯、章平兄弟守着废丘、好畤两座孤城。刘邦看到关中虽然还没有全部占领，但大局已定，章邯及其残敌已不足为患，自己称霸关中已成事实，夺取天下也有了希望；特别是想到自己过去不过是个小小的亭长，如今成了拥有千军万马的统帅，身边有了一批谋臣勇将，心中无比兴奋。兴奋之余，不免想到仍在老家的父亲和妻子。刘邦心想，现在自己有了安身之地，何不把他们接来呢？况且自己今后的对手必是楚军，父亲、妻子身在楚地，凶多吉少，于是命将军薛欧、王吸率兵出武关，会合正在南阳的王陵，一起前往沛地，去迎接父亲太公、妻子吕雉及子女。

这王陵原是沛县的一个豪侠，与刘邦还是同乡呢。他没有多高的学

问，但性格直爽，为人处事很讲义气，刘邦任沛县小吏时，总把他当兄长对待。刘邦在沛县起兵不久，王陵也聚众举义。不过他没有率兵入关，而是停留在南阳一带，项羽分封时，根本没有把他放在心上，使王陵大为恼怒。后来他见田荣、陈余、彭越等人相继反楚，特别是汉王刘邦返回了关中，想到昔日与刘邦的交情，便毅然投靠了汉军，成了刘邦的部将。因此，汉王派人去家乡迎接父亲、妻子时，特意让王陵一同前往。

且说项羽回彭城不久，就听到田荣、陈余、彭越相继反叛的消息。他正要率兵讨伐，又听说汉王刘邦领兵占领了关中。如今又得到消息，王陵投靠了汉王，还亲自到沛县迎接汉王的家人，气得火冒三丈，立刻出兵到阳夏（今河南太康），将前往沛县的汉军拦住，同时派人将王陵的母亲抓到军中，想以此逼迫王陵背汉投楚。

王陵得知母亲被项羽抓去，急忙派遣使者前去看望，项羽闻报，传令要热情招待，并让王陵的母亲亲自接见，想以此感化王陵之母，招降王陵。不料王陵之母是个既有见识又有骨气的刚烈妇人，她既然得到了单独接待使者的机会，就直言不讳地对使者说："请你们为我这个老妇人带个口信儿，告诉我的儿子，让他谨慎地侍奉汉王，因为汉王是个值得敬重的长者，终会取得天下。自古忠孝难以两全，千万不要因为我被扣留在楚军，他就对汉王发生动摇。为了坚定他对汉王的忠心，我就用死把你们送走吧！"说罢，就拔剑自刎了。

项羽本想通过王陵之母来招降王陵，没想到她竟以自杀来激励儿子与自己作对，因此一气之下，下令将她的尸体扔进了沸腾的油锅。

项羽因韩地是从关中出兵东进的必经之地，便任命过去的吴县县令郑昌为韩王，并拨给他军队，用来阻挡汉军。他自己则秣马厉兵，准备杀入关中，将出尔反尔的汉王彻底除掉。

楚霸王的一系列举措，可把隐居韩地的张良急坏了。原来自项羽杀死韩王成后，张良就立下反楚之志。但在那乱世之秋，还一时找不到反

运筹帷幄

张良

楚的具体途径，所以只好隐居韩地，静观时局的变化。后来他听说汉王刘邦已打回关中，便看到了灭楚的希望，心情无比激动，同时也下了归汉的决心。不过他没有急于归汉，而是要利用现在这种"局外人"的地位，发挥一点儿特殊的作用。现在，他见项羽为对付汉军，又封了个新韩王，而且项羽本人要调回正在齐地作战的队伍，西征入关，便赶忙写了一封信，派人日夜兼程，送往彭城。

项羽听说是张良写来的信，赶忙打开，只见信中写道："大王奋勇破秦，匡扶天下，又论功封赏，安定黎民，功盖汤武。近闻汉王袭取关中，又起战火，实有暴秦之嫌。不过依臣之见，汉王重返关中，只是实现前约而已。其兵微将寡，必不敢东进。"

项羽读罢，不由想起当初"先入关者王之"的约定，悔恨自己违背诺言的不义之举，也痛恨那不争气的三秦之王。不过事已至此，悔恨、痛恨都无济于事，如何安定目前局势，才是当务之急。看了张良的信后，项羽对局势及对策进行了反复考虑。他一会儿觉得，张良说的有些道理，以汉王区区兵力，的确难以东进，况且还有韩王郑昌的阻挡，不必惊慌；一会儿又觉得，汉军若在关中站稳脚跟，得以壮大，就会酿成大患，应该西进讨伐；一会儿又觉得，齐地近在咫尺，那里的叛乱还没有平定，若将大军撤回，西讨汉军，叛贼田荣还不乘机偷袭彭城？他心里七上八下，几天过去了，也没有拿出个准主意来。恰在这时，张良又派人送来一封关于田荣、彭越秘密勾结、联合反楚的密件。项羽顿时蒙了，心想：一个田荣就够烦心了，又加上个彭越，这还了得！别说章邯还在废丘顶着，就是汉王占了关中全境，我也得先把身边的火扑灭啊！于是他不仅没将齐地的平叛大军调回，自己又亲率一部兵马，加紧了对田荣的讨伐。

张良看到调动楚军的目的已经达到，再在韩地待下去还会遇到危险，便想重归汉营，可是一看到文静的妻子，以及咿呀学语的幼儿，已到嘴边的话就又咽了下去。

"您有什么话要说吗？"机敏的妻子疑惑不解地问道。

张良深情地看了看妻子，犹豫了好一会儿才说："别看天下现在乱糟糟的，今后相争的必是楚汉两家。而且这个战争已经近在眼前了。当初我曾答应帮助汉王，现在正是归汉的极好时机。只是这一走，又要让你吃苦了。"

一听丈夫又要出走，妻子的眼圈立刻红了，两行泪水顺着脸颊滚落下来，张良的心又一下子乱了。是啊，他们结婚以后，恩恩爱爱，情投意合，可是真正在一起生活才几天啊！所以一种负债感时时压在他的心头。自从回到妻子身边，他总觉得有许多话想对妻子说，也需要对妻子说，诸如父亲的教导，世道的艰辛，平生的抱负，在外的坎坷；又如关中的风情，江淮的美景，别后的思念，梦中的欢会，真是滔滔不绝，说个没完。这既是他对妻子一往情深的自发流露，同时他也希望以此求得妻子的理解。每逢此时，妻子也总是依偎着他，津津有味地听着。当他讲到博浪沙的壮举、下邳的起兵时，她就眉飞色舞，激动不已；而当他讲到在外的艰辛与孤独时，她又露出无限的怜悯之情。他知道妻子也深深地爱着他，时刻把他记挂在心头。这些天来，他们两相倾慕，唱随和谐，妻子一扫初见面时的倦容与呆滞，变得精神焕发，充满青春活力，他知道这全是因为他又回到妻子身边的缘故。可是现在，他又要走了，而且这一走又不知要多长时间。

这天晚上，夜深人静，皓月当空，夫妻二人谁也没有睡意。张良正想再次安慰妻子几句，妻子却首先开口说："我已经想过了。人生在世，有几个英武之年。你放心地去吧。只是到了外边，要注意身体。"听了这话，张良紧紧地把妻子抱在了怀里。

张良终于告别了家人，重归汉营。汉王刘邦见到张良，不胜欣喜，立即封他为成信侯。因张良体弱多病，难以领兵作战，但才思敏捷，足

智多谋，刘邦便把他留在身边，出谋划策。

项羽中计　刘邦得势

楚霸王项羽接连得到张良两封密信，以为信中所言皆是实情，决计亲率大军北上，尽快平定齐地的叛乱。临行前，他又派使者前往六安，命九江王英布也率军北上。

英布起初本是一支独立的反秦武装首领，后来投靠了项梁，项梁死后，就一直跟随项羽，在巨鹿之战、入关破秦等战役中屡立战功，所以项羽大封天下时，特意封英布为九江王。项羽现在去平定叛乱，自然想到要英布协助。不料英布这时打起自己的小算盘来了，他想，过去我与你联合，为的是反抗共同的敌人暴秦。暴秦被推翻了，你成了霸主，但并不真正受天下拥护，再一味追随你，不会有好下场的。不过既然项羽传来命令，坚持一兵不出，英布又怕得罪不起。考虑再三，英布便推说有病，只派出九千兵马应付差事。项羽明知九江王有病是假，拒绝联合是真，无奈四处反叛，不能再过多树敌，只好将怒气压下，接收下英布派来的九千兵马。为了表示对英布的信任，又把击杀义帝的差事交给了英布。

当时与诸王相比，项羽的实力终究还是最为雄厚。他率兵攻入齐地，所向无敌，直接打到重镇城阳。田荣看到项羽兵多将广，又来势凶猛，慌忙逃到平原。项羽不肯放过，穷追猛打。受暴秦统治多年的平原百姓好不容易才等到了暴秦灭亡，以为可以过几天安稳日子了，不料田荣作乱，齐地战火再起，如今又把个项羽招引来，怒气难遏，手持锄头扁担，竟将田荣打死。项羽率追兵赶到，见田荣已死，使扶立田假为齐王，令其坐镇城阳（今山东城东南），自己又率领大军北进，一直打到北海一带，决心把齐地的叛军全部铲除。项羽大军所过，重演着当初入关时的暴行：纵兵焚烧房屋，毁坏城郭，坑杀降卒，掳掠妇女，抢夺财物，给本来遭受多年战乱之苦的齐地百姓，又增添了一份祸殃。

他们痛恨项羽，自然也痛恨项羽刚刚扶立起来的齐王田假，于是纷纷聚众举义。田荣的弟弟田横本来就想报仇，这时便立侄子田广（田荣之子）为齐王，并将各地举义的百姓联合到一起，又召集被楚军打败的散兵游勇，乘势攻击田假。那田假既无精兵强将，又不曾给过齐国人民好处，只不过是个傀儡，所以楚卒一离城阳，他先就慌了手脚。待各地兵起，特别是已故田荣的弟弟田横又组织队伍，举起反旗，便知道自己难以应付，只好弃城而逃，投奔楚军。

项羽本以为战败了田荣，扶立了新王，再将团众的余部铲除，自己就可放心地回彭城休整，以便再去平定其他地方的叛乱，没想到旧的叛乱还没有平息，新的叛乱又起来了，特别是齐王假不知道利用授予他的王权去维持秩序，只知道逃跑，向他乞怜，心想留着这样的废物已无用处，一气之下，便将田假杀了。项羽又想：田横刚把队伍组织起来，立足未稳，自己的队伍尚没有离开齐地，正可一鼓作气，将齐地叛军彻底铲除；若到了彭城再回兵，楚军师劳力竭，而田横羽翼已丰，到那时可就难对付了。于是斩了田假之后，立即前往城阳，去平田横。

此时田横的队伍，虽然多为散兵游勇，但其中的骨干，却是过去跟随田荣多年的将士。他们经验丰富，能征惯战，不仅为田荣报仇的决心坚决，更主要的是，他们认为齐地理应是他们的天下，岂容楚军在此横行。另外他们的反楚战争得到齐地百姓的拥护和支持，所以他们作战无比勇敢。城阳虽被项羽的大军围攻多日，却仍然稳如泰山，反使楚军的几千士兵白白送了性命。

正当骄横的项羽陷在齐地这个泥潭之中时，汉王刘邦拜张良为成信

运筹帷幄

张良

侯，留在身边做谋士，开始谋取整个天下了。

汉王发出命令：凡拥有一郡的土地，并率领万人前来投诚的，封为万户侯。命令一发布，一些郡守纷纷降汉。与此同时，汉王又命周勃率骑都尉等北定关中北地郡，西平陇西六县，守备崤关、武关，修缮关塞；下令把原来秦王朝的苑囿、猎场辟为农田，分给百姓耕种；规定巴蜀、汉中百姓服军役的，免租税二年，关中百姓从军，再免一年。为了体察民情，联系百姓，下令每乡选一名五十岁以上、有德行、能带领百姓做好事的人为乡三老，每县从乡三老中选拔一人为县三老，与县令、廷尉共同执掌本县的教化。汉王的这一系列措施深得民心，使仍在废丘负隅顽抗的章邯进一步陷于孤立。

汉王觉得已在关中站稳脚跟，便亲自率军出函谷关进至陕县（今属河南）。这可是个大胆举措，既可安抚关外父老，扩大汉军在关外的影响，又可试探楚军的反应。其实，项羽此时正在齐地被田横拖着，哪里顾得了汉军！河南王申阳感到再追随项羽没有出路，于是乖乖投降了汉王。

这时，随侍在汉王身边的张良，心中时时惦记着家乡父老，便对汉王说："项王把郑昌封到韩地，成为汉军出关的首要障碍，现在到了除掉他的时候了。当年秦始皇吞并关东六国，就是首先从灭亡韩国开始的。如今汉军只要打败郑昌，占领韩地，就可顺河而下，长驱直入，直捣彭城。"

刘邦沉思一下说："你说的有理，只是我们初到关中，将士们连日作战，未得休整，况且关东的形势也还不大清楚。"

张良说："杀鸡何需宰牛刀。攻击郑昌，根本不需出动大军，只要拨给韩王信一支队伍，就可将韩地占领。至于关东形势，其实也是明摆着的：没有被封王的，对项羽怀恨在心；封了王的，对项王也是貌合神离。况且现在让韩王信出兵韩地，正可试探一下关东各王的态度。"

这韩王信可不是年轻时受过胯下之辱，后来被刘邦拜为大将军的韩信，而是已故韩襄王的孙子。他名信，而且是韩国王室之后，所以也叫韩信。由于他后来被刘邦封为韩王，为了与大将军韩信相区别，历史上便一般称其为韩王信。

韩王信身高八尺五寸，膀大腰圆，喜兵好武。当初刘邦率兵西征时，为了扫清障碍，曾命张良以韩国司徒的身份前往故土韩国，打击驻守韩国的秦兵。在作战中，张良发现了韩王信，并让他做了韩国的将军，后来韩王信就与张良一起，随着刘邦的军队入关破秦，立下不少战功。

刘邦被封为汉王后，韩王信也跟随刘邦到了南郑。那时，汉军将士一心东归，无意久驻汉中，逃跑者日夜不断，搞得汉王一筹莫展。韩王信乘机劝汉王说："将士急盼东归，其实是一股难得的锐气。大王正可利用这股锐气，夺取天下。"恰在这时，丞相萧何举荐了大将军韩信，拜将坛上，大将军韩信评说项王的为人，纵谈天下形势，力主重返关中。汉王听了，暗暗思忖：两个韩信的看法，何其相似乃尔！这大概既是巧合，也是天意。于是采纳了大将军韩信"明修栈道，暗度陈仓"的奇计，终于返回了关中。韩王信跟随汉王入关，在平定三秦的战斗中立下不少战功。现在张良提议让韩王信率军出击韩地，汉王也觉得确是上策。一来韩王信是已故韩王后裔，能得到韩地百姓的拥护；二来让这样一个人去攻击韩地，会使项王觉得那不过是复国而已，无夺取天下之嫌；当然更主要的，还是韩王信随汉王出生入死，屡立战功，是汉军中信得过的将领，而张良出兵韩地的分析句句在理。刘邦稍加考虑，就欣然同意，并把韩王信召来说："项王诛杀韩王成，把郑昌立为韩王，真是倒行逆施，天理难容。今封将军为韩国太尉，前去讨伐，一旦韩地收复，再封将军为韩王。"

韩王信见汉王让他带兵攻取韩地，还答应将来封他为王，满心欢喜，立即去见张良，请教攻打郑昌的方略，然后就率领汉王拨给的军队，出了函谷关，立奔韩地。

自从张良在汉王身边出谋划策后，汉军万事顺利，士气高昂。汉王看到形势喜人，便于汉王二年（前205年）冬十一月，将都城从汉中的南郑迁到关中的栎阳。栎阳在今陕西临潼北、渭水的北岸，是当初塞王司马欣的都城。都城设在这里，既便于控制关中，又便于大军出关东进。随着都城的迁移，原来在南郑负责粮草供应的萧何等人，也就来到了关中。

刘邦将关中军政事务安排就绪，就于这年三月，与将军曹参、周勃、灌婴等率领汉军主力出关了。出乎预料的是，刘邦这次没有走函谷关，而是自临晋关（今陕西朝邑东、黄河西岸，也叫蒲津关）渡过黄河，直插魏地。为了集中力量与楚军作战，刘邦一过黄河，便分别遣使致书西魏王豹、赵将陈余和殷王司马卬，希望他们与汉军联合伐楚。

魏豹原是六国时魏国的公子，他曾奉楚怀王之命，率领几千兵马，一举战败驻守魏地的秦军，因此被怀王心封为魏王，占有整个魏地。秦朝灭亡后，项羽为了占有魏国黄河以东的梁地，仅把河西的魏地封给了魏豹，改称西魏王，魏豹对此非常不满。现在见汉王突然从临晋关过河，又亲自致书，便欣然答应，归附了汉王。

名为代王、实为赵国大将的陈余虽然早就举旗反楚，此时却因张耳被他打败后投汉的原因，没有爽快答应汉王的要求，而是回复汉王说："张耳投机钻营，朝秦暮楚，先是追随项王，还被项王封为常山王，占有赵国大片土地，而将原来的赵王歇逼到偏远的代地。待赵地军民群起攻之，他不是俯首谢罪，而是投奔大王，分明是想借大王之力，卷土重来，赵国百姓恨不能将张耳千刀万剐。大王若将张耳斩首，赵军方可与汉军联合。"

刘邦接到陈余的回复，犯起难来。他心想：陈余是一支反楚的重要

力量，万万舍弃不得；若依从陈余，杀死已经投奔自己的张耳，也实在是不仁不义。思虑再三，便从罪囚中找出一个与张耳外貌相似的人，将其首级割下，派人送给陈余。陈余接过血肉模糊的首级大致一看，认为张耳的确被杀，便当即答应与汉军联合伐楚。

殷王司马卬接到汉王的书信后，自觉靠近楚地，有恃无恐，另外他刚尝到过背叛项羽的苦头，所以没有答应汉王的要求。可是当他得知汉王收降了西魏王豹，联合了赵将陈余，又率军逼近朝歌，就慌了手脚，急忙请求楚军援救。项王闻听后大惊，他暂时既不能从齐地脱身，又不能不救殷王，在左右为难的情况下，只好先派去几千兵马，安慰殷王，声称主力随后即到。司马卬信以为真，精神又振作起来，率军冲出朝歌，企图与楚军主力前后夹击，消灭汉军。不料冲了一阵，却不见援兵的到来，自感孤军深入，形势不妙，于是就急忙后退。这一退可就乱了阵势，而汉军将领樊哙、周勃、灌婴等则乘势追杀。殷王司马卬还没有进入朝歌，就被汉军包围。司马卬走投无路，只好改旗易帜，背楚归汉。

且说奉命攻打郑昌的韩王信，进入韩地之后，如入无人之境，几天之中，就连取数城。郑昌节节败退，最后躲到阳城中，闭门固守。原来郑昌虽被项羽封为韩王，但手中并没有多少军队，况且韩国百姓对项羽杀死无辜韩王成记忆犹新，心中更是痛恨不已，郑昌到韩国就封后，韩国百姓自然就把这种仇恨迁到他身上，只是因为无人组织，满腔怒火只能装在心中。如今见韩王信率兵打了回来，真如见了救星一般，纷纷参加战斗，使韩王信的队伍迅速壮大，所以没过多久，就把郑昌逼到阳城。

韩王信见得到家乡百姓的全力支持，将士斗志高昂，又听说汉王率大军过了河，感到彻底打败郑昌的时机已到，便组织兵力，对阳城发起攻击。郑昌孤立无援，终于献城投降。

汉王自过河以来，收降了西魏王豹，俘获了殷王司马卬，还与赵国的陈余建立了反楚同盟，正喜不自胜，又得到韩王信战败郑昌、占领了整个韩国的捷报，立即遣使传命，正式封韩王信为韩王，并命其率领韩军，与汉军主力会合，进攻西楚霸王的都城彭城。

陈平降汉　楚汉交兵

刘邦见汉军出关之后，取得一连串胜利，便要率军队直捣彭城，此时侍从魏无知突然禀报："有个叫陈平的，刚从楚军中逃来，要拜见大王。"然而这次，刘邦没有像以往那样怠慢，而是当即下令设宴，热情招待陈平。刘邦这样做是有原因的：一是他过去因怠慢儒士，多次受到萧何等人的批评；二来他现在心情正好，又听说这人是从楚军中逃来的。

陈平是个什么人呢？他为何此时叛楚投汉呢？话还得从头说起。

陈平是阳武户牖乡（今河南省陈留县一带）人，他家本不富裕，又遇上暴秦的统治和秦末的战乱，生活过得捉襟见肘。

陈平的哥哥陈伯虽是个耕田种地的庄稼人，但思想开通，为人也正直。他自己大字不识，吃尽苦头，见弟弟聪明过人，便心甘情愿地忍受风吹日晒，辛苦耕耘，将家中劳作承担下来，而让弟弟去读书，平时他粗茶淡饭，省下钱为弟弟买学习用具。陈平十分理解哥哥的心意，也就不把农田活计放在心上，只管埋头攻读。

兄弟两个，一个长年餐风饮露，日晒雨淋，皮肤黝黑、粗糙；一个整日憋在家中，埋头苦读，又兼青春年少，成了个地道的白面书生。若是在热闹繁华的都市，或官宦富豪之家，这种强烈的反差并不引起人们注意，但这里是僻远落后的村庄，他家又是日子紧巴的农户，村中知情

达理、有些远见的人，自然称赞陈伯的为人；而那些见短识浅的，则对陈伯表现出无限的同情，责怪陈平"不通事理""好吃懒做"。偏偏陈平的嫂子心胸狭窄，整日唠唠叨叨，说丈夫是个只顾弟弟、不顾自己妻儿老小的大傻瓜，说陈平是个竖草不拔、横柴不拿的大懒虫；陈伯不能忍受妻子的唠叨，夫妻间的争吵也便经常发生。已经长大懂事的陈平，每见哥嫂争吵，总要劝说哥哥，让他放弃读书、下田为农，谁知一心想让弟弟出人头地的陈伯，竟生出休妻的念头。

这一下可使陈平为难了。为了使哥嫂和好，为了维护这个家庭，他极力为嫂子辩解，甚至埋怨哥哥对自己过于宠爱。万万没有想到，自己的态度又在村中引起了许多闲话，说陈伯夫妻的不和，是由陈平与嫂子关系暧昧引起的。待到陈平后来成了远近知名的文人，他的所谓"风流韵事"也便随之传播出去。

经过多年的苦读，陈平将诗书背得滚瓜烂熟，后来又对老子的道家学说产生了兴趣。为了探讨其中的奥妙，他经常外出游学，找有学问的人请教。渐渐地，陈平成了家乡一带很有名气的人物。

陈平不仅学识渊博，办事的能力也很强。乡里遇到祭祀、婚丧一类的大事，总要请他去操办。随着年龄的增长和办事能力的增强，他不再甘心只做一个乡间事务的操办人，而要在政治上做出一番业绩。

那时，在陈胜起义的影响下，全国各地迅速掀起反秦浪潮。陈胜派兵平定了魏地，拥立战国时期魏国贵族的后裔魏咎为魏王。陈平看到建功立业的时机到了，便离开家乡，投奔了魏王咎。

魏王咎让陈平做了个掌管王宫车马的太仆，可是陈平的心思并不在车马的管理上，而是一心想着天下政局的变化，想着如何让魏王联合天下豪杰，尽快将暴秦推翻。为此，他还通过多种渠道，亲自拜见魏王，献上他的灭秦良策。魏王咎是个胸无大志的庸人，根本没把才智过人的陈平放在心上，对陈平献上的那些灭秦计策，也都当成了耳旁风。陈平看到在魏王咎手下不会有什么作为，于是投奔了项羽。

　　秦王朝被推翻后，项羽以天子自居，大封天下，号令诸侯。他满以为从此可以天下太平了，不料齐将田荣首先反叛，赵王张耳继而响应，特别是殷王司马卬也参加到了反叛的行列中。楚霸王项羽怒火万丈，立即任命陈平为信武君，让他率兵讨伐。殷王司马卬本来没有多大实力，看到陈平率领楚军来了，又赶快收起叛旗，宣布继续追随楚霸王。项羽为了稳定殷地，就继续让司马卬为殷王；而陈平因平定殷地有功，被加封为都尉。

　　殷王司马卬实际上是个朝秦暮楚、见风使舵的人。起初他见田荣、张耳等人奋起反楚，他也就树起反旗；当陈平率楚军前来讨伐，他自知难以抵挡时，又急忙宣布重新归楚；过不久，汉王刘邦率兵出关，势不可当，他又宣布背楚归汉。楚霸王项羽听说殷王司马卬又投降汉王了，气得暴跳如雷，大骂："这都是当初讨伐殷王的那些人给我留下的祸害，不杀掉他们，还不知给我留下多少祸害呢！"陈平看到项羽虽然作战勇猛，但终究不过是个喜怒无常、功过不分的鲁莽武夫，如今见大祸就要降到头上，便瞅着个空子，逃离楚营，投奔汉王去了。

　　此时，汉王的军队还在黄河以北，陈平慌慌张张地来到黄河岸边，忽来一只渡船，就上气不接下气地登上船。两个摇船的船夫见这个客人孤身一人，神情慌张，但衣着整齐，且有几分文雅潇洒的风度，断定他不是穷苦百姓，说不定身上还带着钱财呢！船到河心，他们互递眼色。船夫们的举动全被陈平看在眼里，他想起过去黄河船夫们一桩桩图财害命的惨事，不由得紧张起来，心想，自己身上没有带几个钱，倒是不怕被抢去，可在这滔滔的河中白白把命送掉，也太不值得了。此时恰好一阵狂风迎面吹来，使小小的渡船剧烈地晃动起来。陈平灵机一动，把衣服脱下，扔进船舱，大大方方地对船夫说："风太大了，我也来帮你们摇桨吧。"那两个船夫见船客除了简单的衣服，并没有携带什么贵重物品，终于打消了谋害他的念头。

陈平上了岸，付了钱，稳了一下神，就直奔汉营，又通过同乡好友魏无知的周旋，得与汉王相见。

"先生冒死前来，我不胜感激，谨以薄酒为先生压惊洗尘。"刘邦手端酒杯，脸上满是喜色。

陈平说："小可出身贫寒，又才疏学浅，然人生在世，总不应碌碌无为，虚度年华。久闻大王爱将重士，平易近人，果然名不虚传。今日得见大王，也是三生有幸。"

刘邦说："魏无知已告知寡人，先生是中原名士，才志超群；如今离开项王，冒死来到此地，定有高见赐教。"

陈平说："大王过奖了。小人孤陋寡闻，在群雄逐鹿之时，不过是想投个明主，谋个差事而已。当初豪杰并起，奋起反秦，楚军为反秦诸军的中流砥柱，天下百姓也自然将希望寄托于项王。谁知项王坑降兵，焚城邑，残忍无比；封诸侯，归故里，鼠目寸光。更可气的是，在诸王反叛、战火重起之时，他又不辨忠奸，乱杀无辜，不免使人寒心。项王既已失信于民，大王就应抓住战机，顺应民意，联合诸王，全力破楚，然后论功行赏，治国安民，只是不可再让昔日旧王仍治旧地，重蹈项王覆辙。"

刘邦听了，满心欢喜，心想，果然是个才智超群的奇士。当此之时，我正需要这样的奇才，当即决定把他留在身边出谋划策，可是又一想，陈平这样的奇才留在身边，也得有个官职才是，于是问："不知先生在楚军中任何职位？"

"起初蒙项王抬举，做都尉，但后来不过是有名无实。"

刘邦一听，痛快地说："寡人仍命你做都尉，同时兼做参乘，监督护车，这回要名副其实。"

陈平受命，再拜而出，汉军将士可就对此事议论开了。有的说：

运筹帷幄

张良

"我们跟随汉王多年，出生入死，至今未得一官半职。陈平初至，仅凭几句巧言，就被大王视为至亲，也太不公平了。"有的说："听说陈平在家时好吃懒做，游手好闲，还勾搭嫂子，闹得家庭不和，才从家中跑出来的。"有的说："陈平先是依附魏王咎，后又投奔项王。现在定是在项王那里混不下去了，才又投靠我们汉王。依此看来，他不会有什么真才实学。"更有的说："当个都尉、参乘，即便是个平庸之辈，也无其紧要，千万别是项王派来的奸细。"自然也有阿谀奉承之人，他们听说陈平新来乍到就得到汉王重用，便乘机送些钱财，套个近乎，陈平对这些馈赠都一概接收下来，此事传出，又不免引起一些人的议论。刘邦听到这种种议论，笑笑说："一个小小都尉何苦如此看重？战事要紧，休再乱说。"

正在此时，忽报彭越率三万多兵马赶来，要与汉军一起攻打彭城。其实，彭越早就与齐王田荣结成反楚联盟，只因项羽率军北进，使齐军遭到重创，而汉王刘邦出关以来，所向披靡，成为抗击楚军的中坚，所以彭越才又决定与汉军联合。刘邦对彭越的举动自然无比高兴，立即设宴款待，并对彭越说："彭将军立志反秦复国，功劳卓著，却遭项王错待。将军已攻占十几座城池，日夜思念拥立魏王的后裔。西魏王豹是魏王咎的堂弟，可谓魏王的真正后裔，如今已背楚归汉，加入到了攻打彭城的联军，将军就做魏豹的相国吧。"

"谢大王。"彭越迟疑了一下，又说，"魏豹确为魏王后裔，我做魏相也无异议，只是魏豹这人反复无常，且与我的队伍一向无甚联系。"

刘邦听了，觉得彭越说的有理，况且攻打彭城时，万不可造成后方空虚，于是对彭越说："就依将军所言。将军虽为魏相，但你的军队可不受魏豹节制。魏豹已率部与汉军联兵伐楚，将军可率部攻取梁地，牵制楚军。"

彭越满口答应。这时，刘邦统率着汉军以及雍王、塞王、翟王、殷王、魏王的部队，共约五十六万人，正要挥师南下，洛阳新城一个叫董公的老乡官突然闯进汉军营帐，责问刘邦："臣闻大王率兵伐楚，不知为何？"

刘邦见这老者眉清目秀，举止文雅，料定不是寻常乡老，丝毫不敢怠慢。又听他这一问，不免怔了，心想，如今伐楚，说到底，还不是为了夺取天下，但这种话如何说得出口？若说是因项王分封不公，岂不是仍为一己私利，而扰害天下百姓？

董公见刘邦张口结舌，无以答对，便说："常言道：'顺德者昌，逆德者亡，出师无名，事故不成。'当初各路诸侯举兵反秦，共立心为楚王。项羽入关之后，以霸主自居，不遵礼法，越级犯上，将楚王改称义帝，使其有名无实。如今又不顾道义，将义帝杀死。自古大逆不道，莫如弑主。若将项王的弑主之罪布告天下，然后兴师问罪，岂不就师出有名了吗？"

刘邦一听，董公全是一片好意，说的也极有道理，连忙把他扶到正座，向他请教："老先生所言极是，只是不知道如何将项王的弑主之罪布告天下。"

董公说："这个不难。大王可令全军身着素服，大张旗鼓地为义帝发丧，使天下人都知道义帝被杀的凶信；同时派遣使者，邀集天下诸侯，共兴义师，讨伐逆贼，为义帝报仇。这样一来，便可在大王的座下，组织起一支可观的仁义之师。"

刘邦听了，喜出望外，连连点头。他谢过董公之后，便下令军中降旗，为义帝致哀；又用白布装饰了一辆灵车，专门挑选了几匹白马驾车，灵车上放着写有义帝名字的木牌。汉王坐在灵车上，手扶牌位，哭哭啼啼；军中将士一律身着素服，随着灵车，缓缓而行，从汉军营寨径直来到新城街头。

运筹帷幄

张良

新城的百姓哪里见过这种阵式，近来看热闹的人不计其数。这时刘邦抱着悲腔，对着众人说："古人说，'父子有亲，君臣有义，夫妇有别，长幼有叙'。当初豪杰并起，共立楚王。秦亡之后，项羽却自恃兵多，号令天下，改楚王为义帝，逐出彭城，流放江南。这还不算，他又暗中派人将义帝杀死，犯下弑君的滔天大罪，是可忍，孰不可忍！为伸张正义，维护礼法，给义帝报仇，寡人率领汉军，又召集了几路兵马，挥师南下，向项贼问罪。愿天下诸侯，戮力同心，共讨罪人，除奸保国；愿天神保佑，愿义帝的在天之灵保佑，使讨贼一举成功！"

刘邦的慷慨陈词，激励着三军将士。他们摩拳擦掌，恨不得立即将项羽抓获，千刀万剐；刘邦的慷慨陈词，也感动了天下百姓，觉得今天才见到了真正的仁义之师，不少青壮年加入到了汉军之中。刘邦为义帝发丧的消息也不胫而走，传到了彭城，本来趾高气扬的楚军将士，骤然间预感到这一仗不那么好打。

依照董公的主意，刘邦为义帝举行过隆重的发丧仪式，就率领大军，浩浩荡荡地向楚国开进了。

霸王回兵　魏豹叛汉

且说项羽为平定齐地叛乱，把精兵强将全都带走了，留在后方的，不仅人数寥寥，而且全是老弱之卒，如何抵挡得住几十万联军的进攻？所以联军一到楚国界，就如入无人之境，不几天就攻入了彭城。

刘邦本是个好色之徒，当初攻入咸阳时，只因有楚军的威胁，又有樊哙、张良等人的强谏，所以未敢造次。如今占领了楚霸王项羽的都城，自认为已无敌于天下了，可以尽情享乐了，所以项王宫中的珍宝美女，尽归己有。乐曲伴着歌舞，酒香伴着狂欢，日夜不断，宫中乌烟瘴气，杯盘狼藉。进攻彭城的本是五国联军，缺乏统一指挥和纪律约束。那些兵士们见总头领刘邦只顾玩乐，也就趁机闯入民舍，奸淫抢劫，无所不为，整个彭城人马杂沓，一片混乱。

彭城溃卒奔至齐地城阳，把彭城失守、刘邦率五国联军在城中的所为告知项羽，气得项羽暴跳如雷。他留下部分楚军继续在齐地作战，自率精兵三万，日夜兼程回救彭城。同时遣使通告九江王英布，令其火速发兵援助。

项羽在前往彭城途中，看到从彭城中逃出的难民络绎不绝，越接近彭城，难民越多，简直把道路都堵塞了。项羽想象着城中的惨状，恨不得让坐骑飞起，立刻赶回彭城，与九江王英布前后夹击，消灭汉军，斩杀刘邦。正在此时，使者前来报告说，九江王身体不适，不能率军前来。项羽一听，肺都气炸了，骂道："什么不适，分明也想叛乱。待我打败了汉军，再找他算账！"

项羽率领的本来都是能征惯战的精兵强将，且这些兵士大都是楚人。他们得知家乡被敌军占领，父老乡亲惨遭蹂躏，个个义愤填膺，怒火万丈。他们出鲁县，过胡陵，很快就进至萧县（今安徽萧县西北），击溃联军左翼，切断联军归路，然后跟踪溃逃的联军，追至彭城城下，准备由西向东发动进攻，一举将联军歼灭。所以项王没有顾得上休整，清晨就向彭城发动了进攻。

早被胜利冲昏了头脑的联军，哪里想到远在几百里之外的楚军会这么快就会回来呢？所以城门没闭，关没设防，仅经半天战斗，彭城就被楚军收复。连日寻欢作乐的刘邦和他的将士们，被楚军打了个措手不及，被迫退到城东北的谷水和泗水的交汇处。前有滔滔的河水，后有紧追不舍的楚军，船少人多，抢渡不及，被歼及落水而死者十余万，余部争往彭城西南的山区溃逃。楚军哪肯放过，直把溃逃的联军追到灵璧

运筹帷幄

张良

（今安徽宿县西北）以东的睢水边上。楚军再次发动攻击，联军只好跳水逃命。因水深流急，人多拥挤，大多数兵士又不习水性，结果又使十余万人葬身鱼腹。

再说汉王刘邦经过一夜的寻欢作乐，早已疲惫不堪。当他被喊叫声惊醒时，楚军已将他临时下榻的项王王宫层层包围，将士们也早被楚军杀散，无人为他解围。刘邦只好率领几个随从，冒死冲出王宫，捡条小路逃命。他没走多远，忽见一队楚兵追来。他定睛一看，见领兵将领是楚将季布。这季布骁勇善战，总是冲锋陷阵，一马当先，几次险些将刘邦斩首。刘邦想，我今日定要死在季布手下了。正在这生死攸关之时，突然刮起一阵狂风，飞沙走石，天昏地暗，楚军顿时大乱。失魂落魄的刘邦趁着狂风，仅带数十名骑兵落荒而逃。不料刚逃了一段路程，又被一队人马拦截。为首的将领骑着战马，手举大刀，正要朝刘邦劈来，刘邦定睛一看，认出那是季布的异父同母兄弟丁公，连忙说："难道我们两位好汉也要相互厮杀吗？"丁公听了这话，果然拨马而回，将刘邦放走。他万万没有想到，就是这一放，为他招来了杀身之祸。

这时日落西山，夜幕降临，刘邦饥寒交迫，疲惫不堪。见后面已经没有楚军追赶，便带着随从，来到一个小镇住宿。镇上一姓戚的老翁见刘邦一行神色仓皇，问清缘由，便主动招呼村民，安置这些兵士的食宿，他自己则腾出一间屋子，让刘邦住下。原来这戚氏也是镇中殷实之家，老翁在村民中德高望重。前些年，本村遭秦兵抢劫，损失最惨的，自然要数戚家。那时老翁就想组织家乡百姓，揭竿举义，无奈年事已高，力不从心，家中又有娇妻幼女，一时舍弃不下，就忍了下来。后来听说离家乡不远的沛地杀出了个沛公刘邦，心想，这定是个奇人，便暗暗祈祷，祝刘邦早日得胜，使百姓安居乐业。事隔几年，秦朝已被推翻，他只听到了霸王项羽衣锦还乡的消息，却没听到沛公刘邦的音信。却万万没有料到，自己心目中的英雄，今天竟像丧家之犬般地出现在他的面前。细心的老翁把刘邦领到家中，用丰盛的酒饭热情招待。逃奔了一天的刘邦，早就饥肠辘辘，也顾不了什么做客之礼，只管大口吞食。待酒足饭饱，疲劳解除，脸面又透出了红光，便与陪侍的老翁攀谈起来，述说当日起兵的大志，西行入关的艰辛，鸿门之宴的险情，屈就汉中的抱负，出关破楚的宏愿。当说到彭城败绩时，不免声泪俱下。戚氏老翁见刘邦虽新吃败仗，眉宇间却透出一股英雄气；虽叱咤风云，千里转战，心中仍时时想着老父、妻子，也不失为一有情男子，便安慰道："自古论事易，做事难，成事更难，岂可为一时失败而伤心。常言道：'大丈夫生当雄飞，不可雌伏。''三军可夺帅也，匹夫不可夺志也。'大王只要振作精神，重整旗鼓，大业终成。至于大王的家人，着实令人挂念。但身处此境，挂念又有何用？老夫有一小女，尚未嫁人，大王若不嫌弃，可令其侍奉。"

刘邦闻听，喜出望外，待那女子被老翁呼出，袅袅婷婷地站在面前时，更是为之所动。原来那姑娘二十岁上下，明眸皓齿，丰姿秀逸，光彩照人，虽是在农家长大，却显得那么文静娴雅、仪态端庄。刘邦真是求之不得，因此亲自为老翁斟酒，当即改称"老丈"，愿纳戚氏为妾。刘邦后来做了皇帝，这戚氏也就被封为夫人，还为刘邦生了个儿子，名叫如意。戚氏满以为可以荣华富贵，后来却被刘邦的原配夫人吕雉置于死地。

且说刘邦从轻歌曼舞的项王宫中逃出，又坠入戚氏的温柔之乡，竟忘记了项王仍在日夜对他追杀。刚过两日，忽报楚军赶到，刘邦只好怀着依依不舍的心情，告别戚氏，继续逃奔。出村不远，忽见左方车声隆隆，尘土飞扬，急忙逃进林中躲避，待车马渐近，方认出是部将夏侯婴，才从林中出来。原来夏侯婴已被汉王封为滕公，兼职太仆，掌管王车。彭城战败，刘邦舍车乘马，仓皇逃脱。夏侯婴只好驾着空车，冲出重围，盲目地行了几日，没想到今日在荒郊野外，重又遇上汉王。他慌

运筹帷幄

张良

忙拜见，并将汉王扶上王车，继续朝西驶去。

走了不多时，驾车的夏侯婴忽见两个衣衫褴褛的幼童夹杂在逃难的行人之中，顿生怜悯之情，又一细看，似是汉王的一双儿女。汉王闻报，下车辨认，果然不错，立即将两个孩子抱上王车，细问情由。长女哭诉说："前些天一个夜里，我们正在熟睡，突然被娘叫起，跟着爷爷跑出村子，同时跑出的还有村中的许多人。天明后，一伙骑马的迎面闯来，抓走了不少人，爷爷与娘从那时也就不见了。"

刘邦听了，心想，老父与妻子定是被楚军掳走。又想到两个年幼的孩子离开大人，四处飘零，一定吃了不少苦头，而这期间，自己却在项王宫中寻欢作乐，后又与美女戚氏难舍难分，想到这些，不免有些内疚。谁知刚走了一段路程，又有一队楚兵追来。刘邦担心车重，行驶不便，就将两个孩子推到了车下。夏侯婴见势，急忙将孩子抱起。如此再三，刘邦急道："情势危急，只顾孩子，连我们的性命也会搭上。"夏侯婴说："大王的亲生骨肉，就是将我们的性命搭上，也不能眼睁睁地舍弃啊！"刘邦听了，不再言语。这幸免于难的两个孩子，便是日后的鲁元公主和太子刘盈。

刘邦逃奔多日，终于来到妻兄吕泽屯兵的下邑（在今江苏砀山东），方得一安身之地。在彭城失散的汉军诸将打听到刘邦的下落，又相继赶来，重新集结，辗转来到荥阳（在今河南），重整旗鼓，以图再战。

彭城一战，几十万联军被打得落花流水，损失最惨重的当数汉军。究其原因，是联军兵士虽众，却是由几路诸侯军临时凑合而成，未能形成强有力的统一指挥。其次是刘邦攻占了楚霸王的都城，就以为大功告成，日日肆意享乐，思想上解除了武装，殊不知项羽力量的重心在军队，而不在彭城。又遇上项羽回兵果断，行军迅速，打了联军个出其不意。此时汉军诸将却不是这般认识，而是把彭城失败的罪责一股脑儿推到陈平的身上。刘邦见彭城一战，损失了那么多人马，又听到诸将种种议论，也对陈平产生了怀疑。可是细想起来，也找不出陈平的差错，只好把魏无知找来，盘问陈平的品行。一来了解一下陈平的确实底细；二来也做给诸将看看，平平他们的怨气。

其实对汉军诸将的议论，魏无知早有耳闻。现在汉王又当面问起，便直言不讳地说："大王关心的，是陈平的个人品行；而我向大王举荐的，是他的才能。古语说：'相马以舆，相士以居。'在这群雄逐鹿之时，须选用智谋超群、遇事能随机应变之人。传说有个叫尾生的答应在河边庙中与一个女子会面，后来山洪下来，他坚守庙中，结果被大水冲走。商王武丁的儿子孝己憨厚老实，最后被狡诈狠毒的王后陷害致死。要论尾生、孝己的品行，无可挑剔，但能让这样的人帮助大王出谋划策吗？至于陈平与其嫂私通之事，纯是无稽之谈。退一步说，即使真有其事，用他做谋士又有何妨？大王没听人说吗？用人如用木，求士莫求全，应该因其才而取之，审其能而任之。取士之道，古难求全，只能用其所长，掩其所短。当今之世，首先要看其才干。"

刘邦听了，觉得魏无知说的在理，心想，若论起个人的品行，自己还比不上陈平呢，不是照常为三军统帅吗？不过他对陈平朝秦暮楚的行为确实有些想法。于是把陈平召来，当面问道："听说你最初侍奉魏王，后来又改奉楚王。现在又离开楚王，与我共事，真的是这样吗？"

"是这样。"陈平坦然回答说，"我本是魏人，最初侍奉魏王，也是情理中的事。可是魏王鼠目寸光，胸无大志。当时天下诸侯竞相反秦，楚军又是抗击秦军的中流砥柱，所以我就离开魏王，投奔了楚王。我满以为在楚王帐下，能实现自己的抱负，谁知项王这人只信任他们项家的人，他妻子的兄弟虽然很有才干，也不被重用，更不把我这个外乡之人放在心上，甚至把殷王降汉的罪名无端地加在我的头上。正因为如此，我才又离开项王，来到大王这里。"

"听说先生来到汉军后，收受了我部下不少贿赂？"刘邦问。

运筹帷幄

张良

洛阳白云山汉张良留侯祠

"说贿赂，也算是吧。"陈平说，"不过我觉得给我送钱物的人全是好意，是可怜我的艰难处境。我在楚军中多年，并无多少积蓄；从楚军中逃出时几乎是身无分文，过河时，正因为船工看到我身上没什么油水可榨，才没有将我谋害。我来到汉军，两手空空，举目无亲，可是要吃、要穿、要用，万般无奈，收下点儿供我花费的钱物，也算是罪过吗？"说到这里，突然停了下来，眼里还噙着泪花，他见刘邦认真地听着他的述说，并没有反对的表示，便又接着说，"马逢伯乐而嘶，人遇知己而死。我是听说大王豁达大度，知人善任，才冒死前来，尽我的微薄之力，报效大王。刚来时，我已对天下形势向大王做过分析。彭城一战，损失惨重，我也极为痛心。但气可鼓而不可泄，万不可以一时胜败论英雄。大王若对我信得过，觉得我说的在理，就继续将我留下。若对我有怀疑，我说的这些话也不值得一听。诸将送我的钱物尚在，全部送还，只求大王保我一条性命，放我还乡。"

刘邦一听这话，连忙说："先生想到哪里去了？我只是听到一些传言，想问问罢了，怎么是对你不信任呢？"说罢传令诸将，拜陈平为中尉，监护所有将军。诸将一看汉王对陈平更加信任了，陈平的职位还到了诸将之上，也就不敢再随便议论了。

汉军内部的动荡刚刚平息下来，忽传魏王豹又背汉降楚了。刘邦忙把张良等众臣召来，商讨对策。

张良荐将　韩信出兵

经过彭城一战，汉军损失惨重，楚汉双方的形势发生了重大变化。过去因形势所迫而背楚降汉的塞王司马欣、翟王董翳看到形势不妙，带领部队，逃往楚军；过去以斩杀张耳为条件而投靠刘邦的陈余，这时发现刘邦并没有杀掉张耳，于是以此为借口，宣布与汉军决裂，同项羽和解。投降了汉军的魏王豹看到汉军在彭城一败涂地，元气难以恢复，原来投靠了汉王的诸侯王又相继背叛，自己也就打起了叛汉的主意，无奈他身在汉营，一时难以脱身。过了些天，他以回家探母为名，离开了汉营。他一回到魏国，就派兵封锁渡口，断绝与刘邦的往来，并派人与项羽联系，共同对付汉军。

刘邦本来正因彭城的惨败而沮丧，面对塞王、翟王和陈余的背叛而一筹莫展，现在又听到魏王豹倒戈的消息，更是不知如何是好。自从起兵以来，他还没有经历过这样大的挫折，遭到过这样大的惨败，遇到过这样大的难关。但他想，绝不能就此认输！无论付出多么大的代价，也要洗雪彭城之辱。但究竟通过什么办法来扭转乾坤，出出这口闷气呢？他想到了刚被他留下来的陈平，可是又觉得对陈平了解不深，他能不能提出高见，还很难说。看来还得听听众臣的意见，特别要让足智多谋的张良给出出主意。

主意已定，他便把众臣召来，说："目前形势严峻，军心不稳。谁

能力挽狂澜，协助我战败项羽，我愿以整个关东作为封赏。"

刘邦铁青着面孔说完，扫视了一下，只见众臣面面相觑，似有为难之情，便把目光落到张良身上。

张良会意，说："目前形势，如大王所言，确是严峻。大王率军出关之后，好不容易使反楚的国家连成一片，可是彭城一战，形势大变，齐、赵、魏等国又相继背叛。汉军已经退至荥阳，若再退，就只好返回关中。而失掉荥阳以西的险要地形，再要出关就比登天还难了。不过大王也应看到，楚军目前看来强大，与汉军对峙于荥阳，其实并不可怕。因为赵国的陈余、齐国的田横、魏国的魏豹虽然叛汉，但他们想的只是割据称王，并不真心拥护项王，大王仍可遣使规劝。至于能够力挽狂澜的，我看唯有英布、彭越、韩信三人。九江王英布本是项王的部将，可是项王攻打齐地时，英布借口生病，不亲自前往，只让部将带了几千人去；汉军攻破彭城时，英布又是坐视观望，托病不助，因此项王非常生气，几次遣使责备他，召见他，英布自有主意，也始终未去。依此看来，英布和项王是貌合神离。彭越早就不满意项王，曾转战梁地，与楚军周旋。这两个人均为天下枭雄，紧急之时，都可利用。而汉军之中，只有大将军韩信可以独当一面，胜此大任。大王若把关东之地封给这三人，他们定会不遗余力，为大王效力。到那时，大王率主力从正面抗击楚军，韩信、彭越从侧翼包抄，英布在后面骚扰，岂不就变被动为主动了吗？"

刘邦听了张良对局势的分析，对那三个人的分析，觉得句句在理，特别是听到对韩信的评价，更使他心中一动。自从韩信在汉中拜将论兵，刘邦就意识到韩信是个难得的将才；韩信献"明修栈道，暗度陈仓"之计，使汉军出其不意地重返关中，他对韩信是更加佩服了，但同时，心中也隐隐产生了戒备之心，深恐他功劳过高，权势过重。所以这次出关东征，他自己亲自担任统帅，而把韩信留在了关中。

时至今日，他悔恨莫及。现在听张良这么一说，更觉得把韩信留在关中是个莫大的错误，也更看出张良的慧眼与至诚。所以张良在畅谈时，刘邦连连点头，并立即派人急入关中，去请韩信。同时又派萧何去策反英布，派郦食其去劝归魏豹，又鼓动彭越加紧骚扰楚军。

儒生郦食其奉汉王刘邦之命来到魏国，见到魏王豹后说："自从大王走后，汉王日夜思念。只要大王重新归汉，汉王答应封你为万户侯。"

早已铁了心背汉降楚的魏王豹，哪里能听得进郦食其的话。他本是原来六国旧贵族的后裔，连做梦都想着称王，怎么会甘心听从刘邦的摆布。后来被迫投降了刘邦，但他称王的野心并没有变。一次，一个相面先生对他的妻子薄氏说："从面相看，你的儿子将来要做天子。"魏豹听说后，野心顿时膨胀起来，恰好又遇上刘邦兵败彭城，他便找了个借口，逃回魏地，为其未来的儿子准备当天子的条件去了。对魏王豹的背汉举动，项羽自然高兴，特意派部将项它去协助他抗击刘邦，因此魏豹反汉的决心更加坚定了，根本不把什么"万户侯"放在眼里。他对郦食其说："人生在世，非常短暂，犹如日影掠过墙壁的缝隙。而汉王是那样的傲慢，根本不把别人放在眼里，再回到汉王那里，岂不将我的一生荒废？"

郦食其见劝降不成，暗暗探察了一下魏国军情，就返回汉营，将情况如实报告给汉王刘邦。刘邦闻听大怒，晋升韩信为左相，并命其为大将，统率汉军进击魏国，其中曹参为步兵主将，灌婴为骑兵主将。

刘邦还不放心，问郦食其："你知道魏国的大将是谁吗？"

"是柏直。"郦食其答道。

刘邦笑笑说："不过是个乳臭未干的毛孩子，哪里是韩信的对手！魏军骑将是谁呢？"

"是冯敬。"

"我了解他，他是秦将冯无择的儿子，虽然比较聪明，却也不是灌

运筹帷幄

张良

婴的对手。又由谁率领他们的步兵呢？”

"项它。"

刘邦说："就是项羽派去的那个人吧？那也是个无能之辈。如此看来，没有什么可忧虑的了。"

韩信自从在汉中被任命为大将以来，虽然在还定三秦的战斗中表现出杰出的军事才能，但现在被任命为攻打魏国的主帅，也不禁感到肩上担子的沉重。他知道魏国有个叫周叔的将军，作战勇猛，且兵法娴熟，率军有方，便问郦食其："魏国果真没有用周叔做将军吗？"

郦食其肯定地回答说："魏国的大将确实是柏直，不是周叔，请大将军放心。"

"那就请诸位等我的捷报吧！"说罢，便与灌婴、曹参率领汉军，从关中进击魏国。

魏国地处今天的山西省南部，以平阳（今临汾）为都城。魏王豹自从宣布背汉降楚后，就格外警惕，防备汉军的进攻。他知道魏国南部既有大河天险，又有中条山阻挡，而西部与汉军已经控制的三秦之地，却只有一河之隔。特别是前次，汉王刘邦就是从临晋关攻进魏国的，所以他集重兵于蒲坂（今山西永济西蒲州镇），并切断了与对岸临晋关（今陕西大荔东南）的水上交通。

韩信查明情况，将计就计，让骑将灌婴留在临晋，并集中了大量船只，摆出一副随时就要渡河的架势，把魏军主力死死牵制住，他与曹参则率领汉军主力夜行一百余里，来到北边的夏阳（今陕西韩城南）。他命兵士们砍伐树木，临时做了许多木筏，乘着这简易渡具，神不知鬼不觉地渡过了黄河，迅速攻占安邑（今山西夏县），俘获魏将王襄。

正在蒲坂督战的魏王豹听到汉军攻占安邑的消息，立刻慌了手脚。因为安邑失守，不仅使魏国大军失去给养来源，又断绝了他返回都城平阳的道路。再说蒲坂这里，东、南、西三面是滔滔的河水，北面是已经渡过河的汉军，自己不是陷在绝路上了吗？他掂算了一下，只有强行北上，夺回安邑，打通回路，才是唯一办法。其实韩信已经估计到了魏豹这一着，早在安邑城外设下伏兵，等待魏军的到来。

且说一直在临晋虚张声势的灌婴得知蒲坂的魏军向北去了，便按照韩信事先的部署，迅速渡河北攻，与韩信、曹参形成夹击之势，大破魏军于安邑城下。魏豹见北返平阳无望，只好向东南逃窜。汉军不肯放过，紧追不舍。追至曲阳，再破魏军。魏豹又率残部逃往东垣，跟踪而至的汉军又将东垣团团包围，全歼魏军残部，魏王豹也乖乖做了俘虏。韩信见魏国的有生力量已被消灭，这才挥师北上，攻占魏都平阳。

韩信灭掉魏国后，并不罢休。他派人将魏军战俘及魏豹全家押至荥阳，听候汉王发落，并向汉王请示：“愿率兵三万，北伐代、赵、燕，东击齐，南绝楚之粮道，然后挥兵西下，与汉王前后夹击，将楚军全歼于荥阳。”

对韩信的请战，刘邦思忖片刻，慨然应允，并派张耳率部前往配合。当他看到囚笼中的魏豹时，不禁怒火万丈，骂道：“你竟敢以探母为名，逃回魏地，背叛我，该当何罪？”

魏豹无言答对，只是乞求饶命。刘邦又说：“谅汝等鼠辈，也无甚能力。今日权且饶你，给你个立功赎罪之机。若再有异心，定斩不赦！”说罢，命部将周苛带去，一起守卫荥阳。

对魏豹的家人，刘邦下令，除其年迈的老母外，男子充役，女为家奴。过了数日，刘邦突然听说，过去曾有人为豹妻薄氏相面，说她面相异常，生子当为天子，也正因此一说，方加速了魏豹的反叛，导致了魏国的灭亡。刘邦想，那薄氏究竟是何等长相？便命人引来审视。薄氏缓步走到刘邦面前，其美色顿使刘邦倾倒，暗说：“好一副国色天姿！享用这等女子之人，非天子莫属，怪不得说她能生出天子。”于是将薄氏留在了后宫。后来她果然生下一子，取名为恒，便是后来的汉文帝。薄

运筹帷幄

张良

氏相面之说，究竟是真是假，无从考证。依笔者之见，多半是刘恒即位之后，一些阿谀附势之人的穿凿杜撰，不过这里不去赘述。

且说韩信因继续攻伐代、赵、燕、齐的建议获得刘邦的采纳，又得到张耳的援兵，便制订计划，首先攻打北方的代国。

代国在今山西中、北部和河北西北部，身为代王兼赵相的陈余，听说魏国已亡，便感到形势不妙，急忙与赵王歇商讨对策，准备迎战汉军。他首先使代相夏说率代军主力驻守于邬县（今山西介休东北）之东，并由代将戚公率兵一部，驻在邬县城中，企图阻止汉军的北上和东下，同时又将赵军屯集到井陉口（今河北井陉东南），随时准备接应援助代军。韩信探明陈余的部署，率军沿汾水河谷秘密北上，出其不意地将邬县之东的代军主力包围。夏说见势不妙，撤下邬县城中的守军，仓皇东逃，企图向井陉口的赵军靠拢。韩信奋勇追赶，终于在阏与（今山西和顺）全歼代军主力，擒斩代相夏说。接着，由曹参率兵回师攻打邬县守敌，韩信、张耳则挥师东进，在距井陉口三十里的地方扎下营寨，探察敌情。

井陉口是太行山有名的八个隘口之一，山势险峻，通道狭窄，车不能并行。扮作农夫、商贾和相面先生的一批批暗探相继返回，有的报告韩信：井陉口险要无比，易守难攻，但那里并无一兵一卒。有的报告韩信：井陉口东面有一条小河，叫绵蔓水，赵营扎在绵蔓水东面的不远处，那里居高临下，利于作战。还有的报告韩信：赵军中有个叫李左车的人，建议陈余守住隘口，防止汉军通过，他自己则率三万军士绕到汉军背后，前后夹击。陈余听了，骂李左车是个不懂兵法的腐儒。陈余还说："韩信号称拥兵数万，其实不过数千，且是远道而来，而赵军却有二十万。如今我倒是担心韩信怯阵，不敢过关呢！只要我把全部汉军诱过关来，定能将其全歼！"

韩信听过各路密探的报告，便命两千精兵，每人手持汉军赤旗一面，通过偏僻小路，隐伏到赵营附近的山中，待赵军出营作战时，乘机占其营地，换上汉军的旗帜；又派出一万人为前锋，天明之前穿过关口，渡过绵蔓水，在河的东岸背水列阵；他与张耳则于天明后率汉军主力过关渡河，向赵军挑战。

将领们听了韩信的部署，担心地说："背水布阵本是兵家大忌，况且汉军前锋仅万人，岂不是白白去送死。"

韩信笑笑说："从赵军的兵力部署看，陈余是想全歼汉军。只要我们的大军不到，料定陈余不会向我前锋部队发动攻击。时间紧迫，勿再多议，速速行动！"说完，他又特意下令："俘获赵国谋士李左车者，厚赏；擅杀李左车者，抵命！"

一切如韩信所料，待汉军前锋在绵蔓水东岸摆下背水之阵后，赵军果然担心打草惊蛇，一动没动，直到汉军主力来到赵营阵前，才发动攻击。韩信指挥汉军抵挡了一阵，便退入背水阵中，与万名前锋部队会合到一起。陈余认为汉军是战败溃逃，便倾巢出动，跟踪追击。此时的汉军，前有赵军的猛烈攻击，后有滔滔的河水和险要的关隘，只好拼死作战。而赵军虽然众多，却由于战地有限，兵多的优势难以发挥。陈余看到几万汉军已成他们的盘中餐、囊中物，横竖走脱不掉，拼死反抗不过是垂死挣扎，那就让汉军把力气耗尽再吞食吧，因此也就没有急于决战，双方对峙起来。

恰在这时，赵军守营军士仓皇跑来报告：汉军劫了大营！

陈余登到高处远望，只见大营中尽是汉军旗帜，不禁惊恐失色，心想：看样子，劫营的汉军少说也有数万。我本想诱敌深入，聚而歼之，不料自己反处在汉军夹击之中。正在惊恐之时，赵军将士得知被围，纷纷溃逃。

韩信乘势发起攻击，斩杀陈余于泜水之上，追杀赵王歇于襄国，全歼赵军残部于鄗县（今河北高邑东）。而在韩信向井陉口进军时，回师西进的曹参已将邬县攻占，斩杀代将戚公。

运筹帷幄

张良

韩信灭魏之后，又声东击西，巧妙布阵，接连消灭代、赵主力，随即分兵几路，收复了代、赵各郡县。他正准备乘胜伐燕，李左车被部将捆绑着押进帐中。韩信立即上前，为李左车解开绑绳，让到上座，向他请教伐燕的方策。他万万没有想到，李左车一席话，竟使他改变了即刻伐燕的主意。

招降英布　驳斥郦生

韩信见赵国谋士李左车被五花大绑地押到帐中，急忙上前解绑，让到上座，热情招待。在场的武士们见大将军如此这般，还以为捆绑李左车犯了什么大错，一个个全都愣了。

韩信并不去顾及众人的神色，只管彬彬有礼地对李左车说："久闻先生大名，只恨相见太晚。今日得见，还望先生指教。"

这李左车本是有识之士，文武双全。对韩信的军事才能，他也早有所闻，所以在交战之前，他丝毫不敢大意，向陈余提出战胜汉军的具体方案，只因陈余自恃兵众，固执己见，对他的意见不予考虑，结果落到今天这般境地。想到此，他真想大哭一场，引颈自刎。可是他面前的韩信又是这样彬彬有礼，对他如此敬重，所以也就打消了自杀的念头，长长叹了口气，说："古人讲：'败军之将，不可以言勇；亡国之大夫，不可以图存。'现在我不过是个兵败国亡的阶下囚，是被押到大将军帐中的俘虏，还有什么资格谈用兵之术。"

韩信诚恳地说："我可不这样看待先生。古时候有个百里奚，他在虞国而虞国灭亡，他到秦国而秦国称霸。这并不是因为他在虞国时愚蠢，到秦国后变得聪明，而是国君用不用他的缘故。倘若陈余将军当初采纳了先生的计策，我早做您的俘虏了。正因如此，我才真心实意地拜先生为师，向您讨教。"韩信停了一下，见李左车不再那样沮丧、悲伤，便又接着说："实话告诉先生，我现在打算乘胜北伐燕国，东征齐国，不知可否？"

李左车见韩信态度诚恳，确实把他视为知己，也就坦诚地说："将军率兵出其不意地渡过西河，俘获魏王，生擒夏说，灭亡了魏、代二国。紧接着又率兵东下井陉口，用不到一个早上的时间，就打垮了二十万赵军，杀了赵将陈余。将军已经名闻海内，威震天下。农夫慑于将军的声威，无不放下农具，停止耕作，侧耳倾听将军进军的号令。依此看来，似乎可以乘胜攻燕伐齐了。但将军还应看到，百姓已经劳苦不堪，兵士也已疲惫之极。若调动疲惫困乏之军去攻打早有准备的燕国，必然会屯兵于坚城之下，久战难克。相持不决，旷日持久，粮草供应就会成为问题。如果将军连弱小的燕国也不能很快征服，强大的齐国更会满怀信心地迎战汉军。这么一来，齐、燕两国与汉军形成对峙之势，汉王、楚王争夺天下也就难见分晓了。"

"依先生之见，我该怎么办呢？"韩信问。

李左车说："为将军打算，不如按兵不动，暂作休整，安抚赵国百姓，使方圆百里之内，天天有人送来美食犒赏三军。然后摆出北攻燕国的架势，派遣能言善辩之士，带着将军的书信，到燕国宣扬将军的军威，燕国就会不战而降。燕国投降了，再向东威临齐国。在此形势下，即使有再高明的人，也难以给齐国献出奇谋妙策来。这样，打败项王就不成问题，夺取天下就有希望。"

韩信听了李左车的建议，连声称赞，毅然改变了原来进军燕国的计划，而是陈兵于燕国边境，派使者出使燕国，宣扬汉军的威势。果然不出李左车所料，在强大的军事压力下，燕国只好背楚归汉，同时，赵国的局势也得以稳定。韩信见一切顺利，便遣使报请汉王刘邦，让张耳做

运筹帷幄

张良

了赵王，接着就筹划起伐齐的事来。

且说汉王刘邦看到谋士张良向他举荐的彭越，在骚扰楚军方面发挥了不小作用；向他举荐的韩信，节节胜利；唯有向他举荐的九江王英布，还没有归服于他。一天，刘邦向身边的谋士们说："谁能为我招降九江王，使他背楚归汉，牵制项王几个月，我就可夺取天下。"

谋士随何闻听，立即毛遂自荐，愿出使九江，招降英布。

刘邦正愁没人前往，今见随何自告奋勇，自然高兴，当即答应让他率二十人，前往九江。

九江王英布得知汉王刘邦派来了使臣，就派人把他们安排到客馆，只让太宰应付，并不亲自接见。随何一连住了三日，不见英布露面，便对太宰说："我奉汉王之命来谒见大王，大王却至今不接见，无非是看到楚强汉弱，一时拿不定主意。其实见我一面又何妨？我说的若合大王之意，大王可以采纳；若不合大王之意，就将我等二十人斩首于九江国的街市，也好表示大王背汉联楚的决心。"

随何的这一着还真灵。太宰把他的话转告英布，英布果然答应接见了。随何带了两个随从，来到英布的王宫拜说："汉王派何到此，敬问大王起居。另外汉王也有些纳闷，不知大王为何与楚王保持这种貌似亲近的关系？"

英布惊说："寡人过去曾为楚王的部下，一向称臣于霸王，如何是貌似亲近？"

随何道："大王与楚王同为诸侯，地位相当，可是大王却愿做楚王的臣子，定是认为楚国强大，可以作为九江国的靠山。既然如此，楚王身先士卒、去攻打齐国的时候，大王就应亲率九江国的军队，为楚军打先锋，可是大王只派了几千人去应付差事，这是做臣子应取的态度吗？楚王远在齐地时，汉王攻占了楚都彭城，大王理应引兵渡淮，急救彭城，可是大王拥兵数万，却一兵不发，坐观成败，这难道是靠别人立国

而应取的态度吗？大王这是想借依附楚国之名，行独立自主之实，故谓之貌似亲近。我觉得，从长远看，这种做法是不足取的。"

随何的话全都说到了英布的心里，因此他一言不发，耐心地听随何继续说下去。

"大王不肯背楚向汉，必以为楚强汉弱。"随何继续说，"实际上，楚王背弃盟约，杀害义帝，早已失去人心。汉王如今召集诸侯之兵，退守成皋、荥阳，转运巴蜀、汉中的粮食，深沟高垒，分兵扼守要塞。而楚军深入八九百里，前有汉军的阻挡，后有彭越的骚扰，进不能攻取，退不得脱身。楚军处在这种境地，还能取胜吗？退一步说，即使楚军将汉军打败，各诸侯必会因人人自危而互相救援，群起而反楚，所以楚不如汉，是显而易见的。现在大王不与万无一失的汉王联合，却要把自己托付给行将灭亡的楚国，我实在为大王的所为感到困惑。当然，我并不认为大王的军队能够战胜楚军，但大王发兵而背楚，项王必受牵制；而只要能牵制项王数月，汉王就可夺得天下。届时我与大王一起去归附汉王，不仅九江国仍归大王，汉王必定还会加封大王。"

英布听到这里，果然心动了，他悄声对随何说："就依先生所言，可在适当时候背楚归汉，只是现在须保密，不可走漏风声。"

过了几天，随何仍不见九江王有什么动静，一打问，才知道楚使来到了九江国，正劝其发兵攻汉。随何想，一不做，二不休，我要借此机会，迫使九江王早下决心。一日，他得知楚使入宫，催促九江王尽快对汉用兵，便急步入宫，怒视着楚使说："九江王自有主张，早已归汉，为何还在强人所难，逼其攻打汉王？"

对背楚归汉的事，英布本想继续瞒下去，不料此时被随何道破，一时不知如何是好。

那楚国使者听了，知道情况不妙，不由大惊失色，急忙起身出宫。随何当即对九江王英布说："真情已经讲明，请将楚使杀掉，迅速助汉

运筹帷幄

张良

攻楚，万不可使其回国，误了大事。"

英布也觉得，事已至此，好似箭在弦上，不得不发，索性依了随何，立命左右将楚使抓回斩首，然后召集文武百官，宣布自即日起，与汉联合，兴兵伐楚。

这消息传到彭城，气得项羽怒目圆睁，立即命部将项声、龙且进攻九江国，他自己则亲赴荥阳指挥楚军，加紧对汉军的攻伐。英布的几万军队终究不是楚军的对手，相持了月余，渐渐坚持不住，英布只好舍弃九江，偕随何直奔荥阳，来到汉军营寨。

刘邦早闻随何招降英布成功，如今又见随何、英布一起来到营帐，自然高兴，于是摆下酒宴，把身边诸将召来，与英布相见，让他们戮力同心，共伐楚王。刘邦又举杯称赞随何说："先生机敏过人，功劳卓著，胜我十万大兵。"说罢，与随何碰杯，一饮而尽。刘邦边饮边想：我夺取天下，看来这些谋士是万万离不了的。

且说此时屯驻荥阳的汉军，处境并不乐观。原来刘邦这次挂帅东征，粮草全靠留守关中的丞相萧何征调转运。这荥阳地处中州，距关中少说也有几百里，要保障数万大军的粮草供应，谈何容易！所幸的是，秦朝时候，为了将中原的粮食集中起来，转运到都城咸阳，在荥阳西北的敖山上，修筑了个大粮仓，称作"敖仓"。如今敖仓中还有大量储粮，落到了汉军手中，成了汉军食用的主要来源。刘邦深知敖仓的重要，特派大将周勃驻守，更拨曹参相助，守卫敖仓通往荥阳的粮道，才使驻守荥阳的汉军得以与楚军相持。

项羽与刘邦已在荥阳相持数月，闻汉王招降了九江王英布，更是怒不可遏，急欲踏破荥阳，活捉汉王，无奈攻了几次，也未见成效。谋士范增献计说："汉王能够固守荥阳，无非是靠着敖仓的储粮。如今汉军分驻荥阳、敖仓，中间只有小股部队分段把守。只要中间突破，切断粮道，荥阳的汉军必不战自溃。"

项羽听了，连称"好计"，立即命部将钟离昧率军数万，截击汉军粮车，攻占粮道要塞；项羽则率楚军主力，全力围攻荥阳。

刘邦看到荥阳成了失去后勤供应的孤城，深感形势严峻，正急得坐卧不安之时，谋士郦食其进帐献计说："如今只有从后面牵制楚军，使其分兵，方可解荥阳之围。而使其分兵的最好办法，就是尽快分封六国后裔。从前，商汤讨伐夏桀，分封了夏王桀的后裔，使商朝得以安定；武王讨伐商纣，分封了商族后裔，使周朝的基业得以稳固。而后来秦灭六国，使诸侯王的后代无立锥之地，才导致天下大乱。今大王若能重新扶立六国的后裔，其君臣、百姓必对大王感恩戴德，甘做大王的臣民，拥汉反楚。这样一来，楚王必成孤家寡人，四面受敌，还有什么力量与大王抗衡？"

刘邦本来正急得寝食不安，无计可施，听了郦食其的一番话，觉得可行，当即命人刻制印玺，让郦生分送六国。

郦食其拿了印玺，尚未启程，恰好张良进帐来见汉王，刘邦说："子房来得正好，寡人有一事想再听听先生的意见。"

当时刘邦正在用饭。张良闻听，赶忙坐到饭桌前。

刘邦说："近日有人向寡人献策，请封六国后人，用来牵制楚军，您看此法可行吗？"

张良一听，急切地说："何人为大王出此计？若行此计，一切全都完了！"

刘邦一听，立刻愣了，他把手中的筷子放下，疑惑不解地说："这是郦生献的计，后果能有如此严重吗？"

张良说："请大王允许我用这双筷子，勾画一下目前的形势吧。"说着便拿起筷子，在餐桌上边画边说："从前商汤、武王之所以封夏桀、纣王的子孙，是因为估计到自己能控制住局面，掌握着那些人的生死大权，那些人翻不了大浪，而如今大王能置项王于死命吗？"

运筹帷幄

"我怎敢保证能置项王于死命？项王还想置寡人于死命呢！"刘邦答道。

"第二，周武王进驻商都朝歌之后，宣扬纣王时的贤人商容的德行，释放了被囚禁的箕子，翻修了比干的坟墓，而如今大王能做到这些吗？"

"寡人现在与项王还胜负难分，怎能做到这些呢？"

"第三，武王灭商之后，曾发放巨桥粮仓的粮食和鹿台府库的钱物，赈济贫苦百姓，如今大王能做到吗？"

"寡人的兵士还难以吃饱，哪来的粮食去发放？"刘邦苦笑了一下说。

张良又接着说："还有，武王灭商之后，返回周都，就将战车改作乘车，将兵器倒置起来，以向天下人表示不再用兵；把战马放养到华山之阳，以示不再驱用征战；把牛牧到桃林的北面，以示不再用它们运输粮草辎重。所有这些，大王显然都不能做到。另外，天下豪杰背井离乡，抛弃父母妻子，冒着生命危险，跟随大王转战各地，还不是想胜利后获得一点儿封地。倘若大王重立六国后裔为王，使跟随大王的豪杰各回故里，侍奉父母，团聚亲人，大王还依靠谁去争夺天下呢？况且当今天下，楚国最强，倘若复立六国后裔，他们必定不是感激大王，而是为了保住自己的王位，而屈从于强楚，怎么会心甘情愿地臣服于大王呢？这就是不可封立六国之后的八个理由。如果采纳了郦生之计，大王的一切岂不全都完了吗？"

刘邦听到这里，将口中还未咽下的饭粒猛地吐出，骂道："郦生这个书呆子，差点坏了老子的大事！"说罢，下令将制好的印玺销毁。

郦生的计策虽未采纳，六国后裔未被封立，但强大的楚军仍在威胁着荥阳啊！恰在此时，谋士陈平入帐，向刘邦献上一条削弱楚军的妙计。

范增离去　纪信救主

　　汉军粮道被断，荥阳危在旦夕，汉王刘邦正为此事发愁，忽见谋士陈平进帐，便急切地向他问计。陈平微微一笑说："山穷水尽尚有路，两军交战，这点小小的难关算得了什么！"

　　刘邦说："情势急迫，总不能这么坐以待毙。难关不大，也须渡过啊！"

　　陈平说："大王现在的对手是项王，他这人很懂得礼节，从不随意辱人。可是他猜忌多疑，即使是他多年的部下，也总是疑神疑鬼，放心不下。正因如此，很多人不愿在他手下做事。而大王您傲慢无礼，特别是对读书人更不尊重。可是您为人厚道，不猜忌人，所以许多人愿意在您手下做事……"

　　刘邦打断他的话说："先生说的也许对吧，可是我现在问的是如何解荥阳之围，并没有让您谈论我与项王的优缺点。"

　　陈平笑笑说："大王这就不懂了。天下之事，人和为本。兴邦立国，首先要治其本，本固则枝叶茂。两国交兵，要想法断其本，本不固则必危。今指明大王与项王的长处与短处，就是提醒大王要发扬自己的长处，改正自己的短处，以固汉军之本；同时想方设法，离间项王君臣的关系，动摇楚军之本。"

　　刘邦听了，似懂非懂，生气地说道："你们这些读书人，就爱讲这些玄理。现在是兵临城下，寡人要你拿出具体办法来，尽快解荥阳之围！"

运筹帷幄

张良

陈平仍是不慌不忙地说："抓住根本，分析透形势，办法就不难想出。楚军虽众，但项王手下得力的武将谋臣，也不过范增、钟离眜等几个人。大王若能发扬自己的长处，慷慨地拿出几万斤黄金，放心地交给我，我就可利用项王的猜忌之心，使其内部大乱。这样，不仅荥阳之围可解，还可一举而灭楚。"

刘邦听到这里，爽朗地笑道："绕了个大圈子，原来是为这点小事！好，先拿去黄金四万斤，任凭你使用，账目概不查问。若不够，用完再取。"

且说陈平取了黄金，由几个机敏善辩的心腹带着，悄悄来到楚营，分送给项王手下的小头目，并顺便散布些流言："钟离眜等大将给项王立下汗马功劳，却没有得到任何赏赐，因此对项王非常怨恨。""听说范老先生已暗中与汉王联系上了，正寻找机会，里应外合，消灭项王。"

有言说："是非之声，无翼而飞；损益之名，无胫而走。""谗口交加，市中可信有虎；众奸鼓衅，聚蚊可以成雷。"楚汉两军在荥阳对峙多日，未见分晓，更增加了这些流言的迷惑性，也为这些流言的传播提供了机会。一传十，十传百，不多日，这些议论就传到项王耳中。偏项王素来多疑，一闻讹传，又想到荥阳久攻不下的现实，便对这些流言信以为真，把钟离眜等部将视为异己，不再委以重任。只是想到范增是当年叔父项梁举荐，几年来对自己忠心耿耿，出过不少好的主意，现在听到的，终究仅为传言，日后多留意就是了。

根据范增的提议，项羽加紧了对荥阳的围攻。刘邦感到形势严峻，便派出使者，前往楚营讲和，提出以荥阳为界，东面属楚，西面属汉。项羽岂肯答应？不过他打发走了汉使之后，静下来又一想，既然汉王遣使来楚营，我也应遣使赴汉营，一则这是礼节，再则也可借此机会，探察汉军部署，以便避实就虚，出奇制胜。想罢，便挑选了一个机敏之人为使，带上他的一封亲笔书信，前往汉王据守的荥阳城中。

刘邦闻知项王亲自遣使来见他，不知如何是好，急忙把陈平召来，商议对策。

"确是项王派来的吗？"陈平问。

"不错，他说还带着项王的亲笔信呢。"

"大事成矣！"陈平顿时兴奋起来，便将自己的计划如此这般地讲了一遍。刘邦会意，传命楚使进帐。

楚使虽为一普通官员，但他在项王手下多年，出使过多国，见过不少世面，如今来谒汉王，并无丝毫惧色。况且他对目前的形势了如指掌：楚军咄咄逼人，攻占荥阳已成定局；汉军困守荥阳，已成累卵之势。自己是当今威震天下的霸王项羽派来的使者，在汉王面前不仅不应有丝毫惧色，还应有压倒汉王的气势。所以他进帐之后，神态自若，言谈话语，句句不离项王。他万万没有料到，刚进帐时，刘邦对他极为热心，甚至显出几分亲近，但一听说他是项王亲自派来的，就立刻变了神色，使他心里不免有些纳闷。

"这封信是项王所书，让亲送大王。"楚使说着，便从怀中将书信掏出，递给汉王。

刘邦接过，粗粗浏览一遍，淡淡地说："此事容日后再派使与项王相商吧！"说罢，传陈平进帐，让他安排楚使食宿。

陈平将楚使领进客馆，安排酒食，热情周到，好似接待情投意合的至朋好友。一盘盘珍馐佳肴由仆役相继端上，美味随着蒸腾的热气扩散。陈平则不急于陪客进餐，而是趁着备酒上菜之机，只顾与楚使热情攀谈。

"亚父（指范增）身体可好？"陈平问。

"还好。"楚使回答说。

陈平向左右扫了一眼，见无人，便悄声问："可有亚父的书信带来？"

运筹帷幄

张良

楚使说：“我奉项王使命而来，带的是项王的书信，并非由亚父所遣。”

陈平听后，顿时显出吃惊的神色说：“原来是项王的使者！”说罢便低下头去，良久不语。楚使遇此情景，也不免有些尴尬。过了好一会儿，陈平起身，往厨房走了一趟，随即便有仆役出来，将摆上的美味佳肴全部撤去，又换上些粗茶淡饭。楚使将这一切全都看在眼里，怒火油然而起，愤而离去。

楚使憋着一口闷气跑回楚营，见到项羽时，他那被气得铁青的脸色，还没有恢复原状。他将在荥阳城中的前后经过、所见所闻，一五一十地报告项王，并告诫项王，对范增要千万提防。项羽闻听怒说：“对亚父私通汉王的事，寡人早有所闻，总以为那不过是无据流言，他随寡人多年，不致做出那种无耻之事，所以并未当真，哪知他果然通敌！”

楚使说：“人心难测，海水难量。大王一向为人坦诚，一时被奸猾之人所惑，也是难免。不过现今既已真相大白，大王多提防就是了。”

且说年逾七十的范增虽老谋深算，此时却完全被蒙在鼓里，还一门心思助项灭刘。近日他见楚军迟迟不动，便入见项王，催促发兵，不料任他如何磨破嘴皮，项王总是默然不语。

范增有些着急地说：“古人有言：当断不断，反受其乱。当年鸿门宴时，臣曾劝大王乘机除掉刘邦，大王不从臣言，以致酿成后患。今日幸得天赐良机，万万不可再错过了。”

项羽听到这里，心里的怒火一下子蹿到脸上，通红通红，他将利剑似的目光射向范增，冷冷地说：“只怕荥阳未破，寡人的头先要被亚父送给汉王！”

范增一听这话，知道项王对他有了疑心，气得浑身发颤，连眉毛胡子都抖动起来。他脸色惨白，哆哆嗦嗦地说：“臣跟随大王四年有余，尽心竭力，未敢一日懈怠，想不到大王今日竟如此看臣，大概这也是天意吧！人生难测，天意难违。今日天下大局已定，愿大王好自为之，允许臣这把老骨头归葬故里！"说罢回身走出。

范增离开项王时，未听到项王一句挽留的话；他回到自己的住处，也未见任何人来传项王半句慰问之语，深感绝望，便将受封"历阳侯"印绶托人送还项王，动身回家。他一路走，一路想：几年来，为了使项王夺得天下，自己也得以留名，曾费尽心机，出谋划策，眼看大功就要告成，却突遭项王猜忌，不得已而抛却军国大事，黯然而归。自己回家为民事小，只怕几年的心血要付之东流，千里河山都要插上汉王的旗帜……想到此，范增不由得老泪纵横。

范增本已年逾古稀，长途跋涉，身体如何支持得住？因为心情苦闷，几夜未得合眼，又使得他头晕目眩。恰在这时，他背上又突然生出一个毒疮，疼痛难忍。这真是"屋漏偏遇连夜雨，穷汉又逢闰月年"，过了几天，范增终因毒疮爆裂而亡，终年七十一岁。

且说项羽闻知亚父愤然离去，中道而死，又不免疑心中了刘邦的反间之计，但事已至此，只好把满腔的怨愤发泄到汉王刘邦的身上，立即命令围困荥阳的将士加强戒备，定要生擒刘邦。

楚军早将敖仓至荥阳的粮道断绝，如今又把荥阳城围得铁桶一般。眼见得形势紧迫，军心浮动，不说刘邦，就是张良、陈平，也已计穷智尽，无可奈何。正在此时，将军纪信突然来到刘邦面前说道："城中粮食已尽，楚军又加强了围困，大王不要再死守此城了。"

刘邦长叹一声："楚军已将城四面包围，城中的汉军虽有几万，只怕难以突出重围。"

纪信说："现在最要紧的是大王的安全。常言说，留得青山在，不怕没柴烧。即使荥阳丢失，守卫荥阳的汉军兵败失散，只要有大王在，就可树立旗帜，重建队伍，与楚王再战。而大王一旦有什么不测，一切

运筹帷幄

张良

可就完了。"

刘邦听到这里，沉思良久，纪信见状，便又说道："末将想出一法，定可骗过楚军，使大王安全出城。"然后如此这般地说了一番。刘邦听了，一下子将纪信拉住，眼含泪水，口中喃喃说："这……这……"

"时间紧迫，大王不要犹豫了。"纪信恳求说。

站在一旁的张良、陈平也为这场面感动得说不出一句话来，过了好一会儿，刘邦才以低沉的语调说道："就按纪将军说的办吧！"

张良、陈平见刘邦采纳了纪信的意见，商议了一下，迅速草就了一封降书，让刘邦看过，就遣使出城，送给项羽。项羽将书信展开，只见那书信上写的是，汉军已到山穷水尽之地步，为使城中房舍免遭战火焚烧，城中百姓不再受战争之苦，双方将士不再相互屠杀，汉王愿今夜从东门而出，献城乞降，盼项王开恩接纳。

项王读罢大喜，又将书信交与左右传看，命令他们做好受降准备，不可伤害汉军的一兵一卒，届时要把汉王刘邦押到他的帐中，他要亲自受降。不多时，汉王要献城乞降的消息就在楚军中传开，他们眼巴巴地等待着夜幕的降临。

到夜半时分，荥阳城的东门果然打开，许多妇女儿童从城中走出。楚军兵士担心有诈，特别是怕汉王混在百姓中跑掉，格外谨慎。问及出城理由，他们一个个都说："汉军守城多日，百姓们也曾全力协助。时至今日，胜利无望，汉王情愿投降项王，并将曾协助过汉军的百姓也交给楚军发落。汉王让我们先走一步，他随后就到。"楚军听了，便分立两旁，让开行路。自然也有不少兵士，趁着夜黑，抢夺百姓手中的财物，调戏有姿色的妇女。一时间，东门外的大道上人马杂沓，惊叫哭喊。偏偏出城的百姓络绎不绝，走了多时，把其他三门处的楚军也都招引了过来。

出城的百姓终于渐渐稀少，突见身披铠甲的武士列队而出，武士的后面是一辆装饰华丽的车子，车中坐着一位衣着不凡的王者，因夜色笼罩，模糊难辨。不过楚军将士已经想到，车中坐着的一定是汉王刘邦，因此一拥而上，将车子围住，争相观看。

楚军将士呼喊着，将那辆王车押到项王帐中。项王看到宿敌刘邦今天终于落到自己手中，抑制不住内心的喜悦，喝令围车的楚军将士离开，又以胜利者的口气，命汉王下车就降。不料那人仍端坐车中，一动不动。项羽纳闷，借着火光一看，不禁大吃一惊：这哪里是汉王，原来是汉将纪信！项羽厉声喝问："汝敢冒充汉王，是何用意？汉王哪里去了？"

纪信从容答道："汉王肩负大任，岂肯轻易降你。在围城楚军聚集到东门之时，汉王已从西门脱身出围，往招各路兵马，重整旗鼓，与你再战。"

项羽闻听，气得暴跳如雷，命军士将纪信处死。纪信自知身陷囹圄，生存无望，况且他早已将生死置之度外，所以仍是在车中端坐不动。于是楚军纵火焚车，顿时火舌翻卷，烈焰滚滚，不一会儿，铁骨铮铮的汉将纪信就葬身于火海之中。

围魏救赵　卷土重来

项王得知刘邦通过诈降之计，溜出荥阳，逃之夭夭，气得七窍生烟，火冒三丈，骂道："待我逮住刘邦，定将他剁成肉酱！"于是一面派出轻骑，查寻刘邦去处，一面命楚军进驻荥阳。不料查寻刘邦行踪的轻骑还未返回，奉命进驻荥阳的楚军却回报说："荥阳城门又紧紧关上，城头尽是执弓握箭的汉军。"

原来，刘邦准备逃离荥阳时，张良对未来的形势已做了估计，他对

运筹帷幄

张良

刘邦说："项王得知中计，必气急败坏，要全力追赶大王，这样，大王即使逃出荥阳，仍难脱离险境。只有留下足够将士，继续守卫荥阳，拖住楚军，大王方可从容召集旧部，与楚军再战。"

刘邦听了，便留下足够兵士，由周苛、枞公指挥，坚守城池。周苛、枞公都是刘邦的心腹战将，如今奉命独当一面，自有与城共存亡的决心，只是想到手下还有个反复无常的降王魏豹，心中就不免有些不安。他们想：汉王走了，守卫荥阳必将更加艰难，若魏豹暗中做了内应，岂不坏了大事？不如趁早除掉。经过周密考虑，他们便以商议军情为名，将魏豹召入帐中，挥剑斩首，然后陈尸军中，发布文告：魏豹忘恩负义，背叛汉王，私通项贼，特斩首示众，以正军法。汉军将士见汉王虽然离开，但留下的两员大将守城的决心依然很大，所以也就备足弓箭炮石，严阵以待。

项羽见荥阳城门紧闭，城头尽是汉军，自感一时难以攻下。恰在这时，军使回报：汉王刘邦逃到了成皋。项王闻讯，留下部分楚军继续围困荥阳，自己则亲率楚军主力直扑成皋，决心趁刘邦立足未稳之时，一举歼灭。

且说刘邦率部刚到成皋，就有军士传报：纪信将军已被项王活活烧死。刘邦闻听，悲痛欲绝，想在成皋招兵买马，为纪信报仇。张良说："君子报仇，十年不晚，万不可感情用事。楚军即刻就到，成皋当是久留之地？当此之时，只有返回关中，方可真正脱离险境。"

"周苛、枞公两位将军还在荥阳浴血奋战，拼死守城。为了我的活命，纪将军已经牺牲，如今再将周、枞两位将军撤下，如何使得？"

张良道："现今敌强我弱，岂可以弱我去攻强敌？况且，兵无常势，水无常形。大王返回关中，召集兵马，重新杀出，既可变敌强为我强，也可以强大的兵力解救周、枞两位将军。"

这些道理，刘邦不是不懂，只是觉得留下赤胆忠心的周苛、枞公困守孤城，凶多吉少；可是细想一下，也是出于无奈。于是，在楚军未到之前，就主动放弃成皋，西走关中。

留守关中的丞相萧何见汉王狼狈而回，正要安慰几句，刘邦说："寡人此次返回，不是休整，而是搬兵。周苛、枞公两位将军坚守荥阳，鏖战正急，须尽快解救。"

萧丞相领命，不几日，就将征集到的几万人马交给汉王。刘邦自是高兴，正要原路返回，谋士袁生献计说："大王如仍赴荥阳，恐难取胜。依臣之见，不如出兵武关，南向宛、洛，使项王四处用兵，减轻荥阳压力。"

在一旁的张良听了，拍手赞道："此为孙膑围魏救赵之计，甚妙！甚妙！"

刘邦听了，越发糊涂，张良解释说："古代，魏将庞涓率兵包围了赵都邯郸，赵求救于齐。齐威王命田忌为将，孙膑为军师，率兵救赵。孙膑认为魏国精锐在邯郸前线，而其后方却空虚，因此让田忌避其精锐，偷袭魏都大梁。庞涓被迫回兵自救，结果陷入埋伏，魏军大败，庞涓被俘，这就是传为佳话的'围魏救赵'。大王可依袁生之计，兵出武关，攻取宛城（今河南南阳），做出绕道东征的态势。同时，命英布扰其南，彭越扰其北，造成夹击彭城之势。项王见后方吃紧，必回兵自救，荥阳之围自可不战而解。"

刘邦依计而行兵出武关，不几日就进至宛、叶（今河南叶县）；又命英布的九江兵，骚扰楚军南翼。项羽闻讯，大惊失色，以为刘邦要绕过荥阳、成皋，袭击彭城。于是留下终公防守成皋，自己率军南下，迎战汉军。刘邦据守宛城，坚壁不战。恰在这时，彭越攻破下邳，大破楚将项声、薛公，直接威胁到了楚都彭城。

彭城危在旦夕，项羽顿感形势严峻，只好放弃刘邦，东击彭越。楚军的这一调动，正好中了袁生的"围魏救赵"之计。

158

运筹帷幄

张良

刘邦乘楚军主力东调之机，从宛城迅速北上，与英布的九江兵合击终公，夺回成皋，解了荥阳之围。

这荥阳北据黄河，南依嵩山、伏牛山脉，西通关中，东南是开阔的平原，境内的敖山有存储着大批粮食的敖仓。重镇成皋与荥阳、敖仓成三角之势，互为依托，成为中原战略要地。

而那彭越自起兵以来，一直是机动灵活出战，虽没有建立起稳固的根据地，却也没有遭受过重创。这次奉汉王之命，攻破下邳，威胁彭城，当他得知项王已率兵东来，自知不是对手，只好迅速转移。

如今，项羽赶跑了彭越，稳定了彭城，又忽闻刘邦北上，夺了成皋，气得青筋突起、怒目圆睁，当即又挥师西向，重新将荥阳包围。

守卫荥阳多日的周苛、枞公等将士，正为楚军东去、汉王重占成皋、荥阳转危为安而庆幸时，楚军好似从天而降，又突然将荥阳包围，发动了前所未有的猛攻。周苛、枞公慌忙组织反击，但为时已晚。强大的楚军连日猛攻，终于占领荥阳，生擒了周苛、枞公和韩王信。

项羽深知楚汉交战不过刚刚开始，招降汉将对以后的战事有深远影响，于是下令将周苛押来，好言劝说："你坚守孤城多日，也算对汉王尽了忠心。今日既已被俘，若肯归降楚军，我当拜将军为上将，封赏三万户。"

周苛听了怒骂："你不过是匹夫之辈，哪里是汉王的对手？眼看你就要被汉王擒拿，还不快快降汉！"

项羽也怒骂："我本是一片好意，你竟如此不知趣。来人，将周苛煮了！"话音刚落，几个士兵便将周苛扔进沸腾的鼎镬。

项羽估计枞公也必与周苛一样，所以就不再白费口舌，而是斩首了事。唯有韩王信贪生怕死，主动降了楚军，保了条活命。

后来他得了个机会，又从楚军中逃出，重新归顺汉王。

项羽占了荥阳之后，人未解甲，马未下鞍，立刻朝成皋杀去。军

情传入成皋，刘邦不免大惊，自思荥阳已失，成皋难保，便趁着天色未明，与滕公夏侯婴从北门逃出。留在成皋的英布见汉王已逃，自知独力难支，便也弃城北去，听凭楚军占领。

谋士张良清晨起来，忽闻汉王从北门逃出，急忙追去，直到黄河岸边才赶上。面对滔滔河水，刘邦茫然无措，张良说："臣闻陈余、赵王歇兵败之后，赵地并未平静，大将军韩信仍驻军赵地，与张耳四处剿抚。过河即为赵地，不如先找到韩信，再图后事。"

已经被吓得魂飞魄散的刘邦早没了主意，只好依张良之言，找了只渡船，过了黄河。又行走了一天，眼看日落西山，便投宿在修武（今河南获嘉）的一客舍之中。事也凑巧，韩信的营帐正好扎在修武县中。原来韩信这时在赵地已组建起一支可观的队伍，准备用于伐齐，只因项羽不断派兵渡河侵扰赵地，韩信才驻军修武，以迎战楚军。

投宿在客舍中的刘邦听说韩信就在修武，喜出望外，想立刻去见他。张良阻止说："韩信出征多日，久未联系。现手握重兵，又有大将军印，而大王却孤身一人。俗话说，'落毛的凤凰不如鸡'。万一有什么不测，后果不堪设想！"

经张良这么一说，刘邦也着实害怕起来。张良想了个办法，向刘邦交代明白，然后说："如此这般，方可成功。"

第二天清晨，刘邦与夏侯婴径直来到韩信、张耳的营中。

这时营兵方起，见来了两个衣着一般的陌生人，便拦住盘问。

刘邦只说奉汉王之命，有急事要报大将军。营兵闻有王命，不敢再拦，只说大将军尚未起床，须入营禀报。刘邦并不与他多说，而是急步进入内帐。内帐卫士认识汉王，慌忙上前行礼。

刘邦赶忙摆手，示意他不要声张，并令其引入韩信卧室。此时，韩信尚在梦乡之中，刘邦悄悄走到榻旁，见案上摆着兵符，当即拿到手中，走出帐来，命军吏传召诸将。诸将还以为是韩信临时点兵，急忙赶

运筹帷幄

张良

来，见是汉王手握兵符，都慌忙跪拜。原来在古代，国王授给大将兵权的同时，还授给他一个调拨军队的信物——虎符。这虎符一般是铜铸的，像个老虎，分为左右两半。右半留在国王那里，左半颁发给领兵大将。国王下令调拨军队时，须由国王或国王的使臣拿着虎符的右半与大将手中的左半验合。现在，汉王虽然没有随身带着他那一半，但他自身不比自己的那一半兵符更有说服力吗？况且，韩信的那一半兵符已到他的手中，自然也就夺了韩信的指挥权。

韩信、张耳被唤醒后出帐，骤见诸将跪伏，而接受跪伏的，竟是手握兵符的汉王刘邦！他们赶忙伏地请罪说："臣等不知大王驾到，有失远迎，罪该万死！"

刘邦笑着说："大将军请起。在外领兵，军情复杂，须时时小心才是。"

韩信、张耳羞得满面通红，他们还以为大王是带着重兵来到了赵地呢，所以也不敢抬头，只是连连称"是"。

刘邦将韩信扶起，问："寡人允准大将军灭燕伐齐，然后会攻楚国，如何至今仍滞留赵地？"

韩信说："只因赵地尚未平定，臣担心率兵东进会腹背受敌。今有大王在此，臣当引兵东去伐齐。"

刘邦说："大将军所言甚是。不过现今情况有变，故特命张耳率领本部速回赵都镇守；拜大将军为汉相国，在赵地另募兵丁东伐齐国；驻在修武的将士留下来，由寡人率领，迎战楚军精锐。"

仍然蒙在鼓里的韩信哪敢不依？况且，自己已晋升为相国，在汉国中成为仅次于汉王和丞相萧何的人物，理应服从全局。所以，韩信将自己的队伍心甘情愿地交给汉王以后，便拜辞而去，另招兵马，择日攻齐。

刘邦收了韩信的队伍，又见从荥阳、成皋逃出的汉军将士也陆续赶来，顿时精神大振，发誓要重新夺回荥阳、成皋。郎中郑忠劝说："目前楚军势盛，大王宜屯兵巩洛，高筑营垒，深挖壕沟，阻止楚军西进，同时派兵支援彭越攻击楚地，诱使项王再次重返东线。"

刘邦听了觉得有理，便命刘贾、卢绾率兵二万、骑数百匹，从白马津（旧黄河渡口，在今河南滑县北）渡河，深入楚地，协助彭越烧毁楚军仓库、物资，断其补给。一直进行游击战的彭越得到汉军支援，更加活跃，短短几天，就攻占了外黄（今河南兰考南）、睢阳（今河南商丘）等十七城。

正在成皋指挥作战的项羽，听说彭越连夺十七城，切断了前线楚军与彭城的联络，顿时慌了手脚。他将大司马曹咎召来说："现留下你守卫成皋，要千万小心，即使汉军前来挑战，你也不可应战，只须不让汉军东进就行了。我十五天之内必能战败彭越，平定梁地，届时返回，再战刘季！"说罢挥兵东去。

谋士郦食其探得项王率楚军精锐东去，劝汉王说："王者以民为天，而民以食为天。敖仓这地方，作为天下转运粮食的集散地已经很久了，至今那里还存有很多粮食。现在楚军攻下荥阳，竟然不坚守敖仓，并且只派些因罪充军的兵士守卫成皋，这真是天赐良机！大王应趁机收复荥阳，占据敖仓，扼守成皋之险要，断绝太行的通道，在飞口设防，守住白马渡口，使天下诸王都知道汉军已占据有利地形。这样一来，诸王就必然争相归附。"

刘邦听了，连连点头。郦食其又说："目前燕、赵均已平定，只有齐国尚未攻克，而今齐国田氏宗族势力强大，以东海、泰山为依靠，黄河、济水为屏障，大王即使派几万人的军队去征伐，短时间内也难以攻下。请允许我前去游说齐王田广，使他背楚归汉。"

郦食其的这两个建议，刘邦全都采纳。郦食其上路之后，他就指挥汉军向成皋发起攻击。

运筹帷幄

张良

带伤慰将 巧言说齐

那奉命守卫成皋的曹咎，起初倒是记着项王临走时的嘱咐，任凭汉军叫阵，只是坚守不战。谁知围城的汉军，先是在城外耀武扬威，挑战骂阵，后来又用谷草扎成人形，写上项羽、曹咎的名字，作为汉军的箭靶，戳在城下，由汉军乱射、辱骂。如此过了几天，曹咎实在忍不住了，便出城大战。刘邦见曹咎中计，便率军退到汜水对岸。曹咎以为汉军败退，奋力追杀，不料楚军刚渡一半，汉军突然发起攻击，大破楚军。大司马曹咎、长史司马欣发现中汉王计，自思无颜再见项王，只好自刎于汜水之上。

刚刚平定了梁地的项王，忽闻成皋又失守，立即亲率楚军主力再次西上，与刘邦决战。

这时，汉军正在荥阳东面围攻楚将钟离眜，听说项羽的大军到了，便立即撤到广武（在今河南荥阳东）。

项羽急想与刘邦决战，无奈刘邦一来占据险要，二来有充足的粮食，就是坚守不战。

转眼几个月过去了，楚军的粮食已渐渐不足。这时，项羽突然想到刘邦的父亲、妻子还在他的军营里关押着，便想在他们身上打打主意。于是下令把太公（刘邦的父亲）押到阵前，放在一个宰猪案上。他恶狠狠地对着刘邦喊："刘季！你如不快快投降，就把你的老子剁了做肉羹！"

刘邦见此情形，大吃一惊。张良安慰说："大王不必惊慌。项王因我军坚不出战，方设此计，万不可上当。"

"可是太公眼看就要没命，我见死不救，今后如何做人？"刘邦着急地说。

"大王放心。"张良说，"项伯是项王的叔父，又与大王结为姻亲，他这人处事谨慎，想事周到，定会劝阻项王的。"

刘邦听了，虽半信半疑，可还是强打起精神，对着项羽冷冷地笑了笑道："当初为推翻暴秦，我与你一起举义，曾结拜为兄弟，我的老子也就是你的老子。如果你忍心把你我的老子做成肉羹，就请分给我一碗尝尝。"

项羽没有想到刘邦会耍无赖，气得将刀抽出，站在一旁的项伯赶忙劝说："楚汉相争，胜负还难预料。你现在杀了太公，不但不能挫伤汉军的锐气，反而会给你添个坏名声。留着太公，倒还能时时牵制汉王。"

项羽无可奈何，只好听从项伯劝告，命人将太公重新押回军营。又遣使前往汉营，说："天下纷争，百姓流离，田园荒芜，皆因楚汉两军长久相持之故。我王愿与大王单独拼杀，决一雌雄，不必再连累天下百姓。"

刘邦心里清楚，单独拼杀，自己哪是项王的对手？于是微微一笑，对来使说："请回禀项王，我宁肯与他斗智，而不与他斗力。"

项羽想单独拼杀不成，便强命楚军出阵挑战。汉军早有防备，命善射的楼烦率弓箭手将他们射死。项羽勃然大怒，披上铠甲，带着随从跃马来到汉军阵前，大声吼叫："有种的刘季，何故贪生怕死，缩在营中？！"这声音震动山谷，一向善射的楼烦也被惊得浑身颤抖，退回营中时，心还在扑扑乱跳。

刘邦的主意早已拿定。他既没被项羽的辱骂激怒，也没被项羽的凶狠吓退，而是稳稳地站立山头，斥责项羽："项王，你可知自己身负十大罪状？"

运筹帷幄

张良

项羽骂道："什么十大罪状，其实只有一罪，就是鸿门宴上没有把你杀死，留下了你这条毒虫，我现在就是来补那一剑的！"

刘邦说："当初约定，先入关者为王。我本先入关，你却背信弃义，把我封到蜀、汉，罪一也；你假托怀王心之命，杀害宋义，窃夺军权，罪二也；救赵之后，你不回报怀王心，竟擅自胁迫诸侯军入关，罪三也；你入关之后，焚烧秦朝宫室，掘毁始皇陵墓，盗取财物据为己有，罪四也；秦王子婴本已归降，交出玉玺，你还把他杀死，罪五也；巨鹿之战中，二十万秦兵投降，你却在入关途中将他们活埋，罪六也；你把自己宠信的部将，都分封到富庶之地，而原来那里的诸侯王，有的被迁徙到贫瘠之地，有的干脆被驱逐，罪七也；你把义帝逐出彭城，自己占据，作为都城，并侵夺韩王的封地，占据梁地，竭力扩充自己的地盘，罪八也；义帝本是天下共主，你却暗暗派人扮作强盗，将其杀死，罪九也；你自封为西楚霸王，号令天下，却执政不讲公平，不守信义，神人共愤，天地不容，罪十也。当初为除暴秦，我愤而举义；如今我要率正义之师，联合天下诸侯，一起征讨你这个暴虐的贼子！不过只须让那些受过刑罚的罪犯去攻打你就行了，哪里用得着我亲自上阵？！"

刘邦扳着指头历数项羽的罪过，铿锵有力，掷地有声，项羽直气得瞠目结舌，满脸通红，一句话也说不上来。随从的弓弩手乘机张弓搭箭，朝刘邦射去。刘邦慌忙躲避，已有一箭射中胸口。刘邦将箭拔出，血流不止，疼得蜷作一团，左右侍从急忙上前扶住。刘邦皱着眉头，环顾一下四周将士，说："那贼射中了我……我的脚趾！"说罢，便命人抬回营中歇息。

"大王的伤实在不轻！"张良来到刘邦的卧室说。

"寡人受伤事小，只是不要因这一箭而伤了军中士气。"

张良说："我也正为此事而来。"

刘邦一听，立即忍着疼痛坐起，问张良："军中莫非有变？"

张良说："大王在阵前历数项王罪状，义正词严，痛快淋漓，军中将士备受鼓舞，只是纷纷议论说，大王受伤的不是脚趾，而是胸部。因为担心大王伤势严重，楚军会乘机来攻，所以军心有些不稳。"

"这可如何是好？"刘邦问。

张良想了想说："大王的伤势究竟如何，汉军将士们怀疑，楚军将士更不知底细。大王若能在营中巡视一番，汉军将士必认为大王伤势不重，自然会安下心来；项王得知大王照常巡视，也就不敢轻举妄动。这样，大王便可回成皋安心养伤。"

刘邦听了，觉得军心不稳的事的确不可小视。他轻轻摸了摸伤口说："不瞒先生，这一箭的确伤得不轻，恐怕短时间内难以痊愈。不过军情事大，寡人咬紧牙关，也要照先生说的，在营中来一次徒步巡视。只是烦先生告知诸将：寡人走后，不论项王如何骂阵，也一如既往，坚不出战。"

与此同时，郦食其奉刘邦之命来到齐国，向齐王田广、齐相田横纵谈起天下的形势。

齐王田广本是已故齐将田荣之子，由田荣之弟田横扶立。田横任齐相，所以齐国实权自然掌握在田横手中。当年，项羽率领大军一举征服齐国，但齐国局势并未真正安定下来。恰逢刘邦攻占彭城，项羽只好放弃齐国，回兵自救。彭城一战，刘邦大败，诸侯争相背汉降楚，田横这时也就归附了项羽，但实际上，割据自保仍是他的基本国策。

在诸侯混战中，田横不仅没有给楚国多少帮助，反而还允许被楚军击溃的彭越的军队到齐国避难。田横与汉王刘邦本无怨仇，所以对楚汉间的厮杀，不只是坐山观虎斗，而且还盼着坐收渔翁之利。可是，当他得知韩信率领汉军灭了邻国赵、燕，如今又将大军驻扎在平原（在今山东德州南）时，便一下子紧张起来，并立即在历下（今山东济南）集结起二十万大军，由田解、华无伤率领，随时准备迎击汉军。就在这时，

运筹帷幄

张良

刘邦的说客郦食其来到了齐都临淄。

郦食其见到齐王田广，直截了当地问："秦亡之后，诸侯并起，最强者当数刘、项二王。楚汉相争已有几年，依大王之见，天下将归于何人？"

齐王说："这事很难预料，依先生之见呢？"

"我看当归汉王。"

"这是为什么呢？"

郦食其说："当初楚汉二王同受义帝差遣，分道攻秦，并约定：先入关者王之。本是汉王首先攻入关中，又在关中邀集父老约法三章，深得民心，而项王却倚仗兵强，背弃盟约，让汉王去偏僻的汉中做王，一开始就输了理。他不顾君臣之义，将义帝逐出彭城，自己号令天下，后来竟派人残忍地将义帝杀死，天下人得知，无不愤恨。而汉王励精图治，招兵买马，还定三秦，继而出关，为义帝缟素发丧，顺民心，兴义师，传檄讨楚，天下响应。汉王每攻占一地，或扶立诸侯后裔，或封赏有功之臣。所得财货，从不私有，尽分给士卒共享。如今，天下豪杰贤士争相归附，愿为汉王效劳，这就是人心所向！"

齐王田广点点头说："寡人也有同感，就是敝国的人民，也常说起汉王的为人。"

郦食其又接着说："项王可就不同了。他有背信弃义的恶名，又有杀害义帝的罪责，天下人对他都侧目而视。他对部将的功劳，从不记在心上，但对他们的过失，却总是耿耿于怀；将士打了胜仗得不到奖赏，攻陷了城邑得不到赐封，只要是项姓的人就可以飞黄腾达，不是项姓的人就无权主事。正因为如此，天下诸侯都反叛他，豪杰贤士都怨恨他。想当初他何等不可一世，而如今却已成孤家寡人。由此来看，天下归汉，该是没有疑问的了。"

齐王又点了点头说："项王残忍，有目共睹。当初项王率楚军战败先父，立了田假为王，就向北进至北海，一路焚烧城郭，抢夺财物，坑杀降卒，齐人至今记忆犹新。只是齐国与楚为邻，又无力与之抗衡，倘不与楚和好，再遭楚军侵伐，齐国人民就又要遭殃了。"

郦食其说："大王之言差矣。汉王从偏僻的汉中暗度陈仓，平定三秦；渡过西河，袭取北魏，俘魏王豹；出井陉口，杀赵王歇和代王陈余。真是势如破竹，不可阻挡。进军这般神速，难道是单靠人力吗？是天意啊！如今汉王占有了敖仓的粮食，已无后顾之忧；扼守住了成皋的险要之地，已掌握了战争的主动；又控制了白马渡口，断绝了太行的通道，并在蜚狐隘口设防。天时，地利，人和，全为汉王占有。而项王却四处受敌，疲于奔命，已成强弩之末。如今又与汉王相持于广武，欲罢不肯，欲战不能，粮草不济，军无斗志，眼看就要束手待毙了，大王为何只顾虑楚王而不顾虑汉王呢？天下诸王皆已归汉，唯大王还举棋不定。依臣之见，大王若及早归附汉王，贵国尚可保全；若再拖延下去，只怕危亡就在旦夕了。"

田广迟疑了一下，问："寡人依先生之言，归顺了汉王，汉军还来攻齐国吗？"

郦食其见田广已经动心，便蛮有把握地说："楚汉之争，不日即见分晓。汉王顾惜贵国百姓的生命财产，无意再动干戈，才命臣前来向大王晓以利害，指明去向。"

站在一旁的田横突然问："先生可知汉将军韩信已到了平原，正随时准备渡河攻我齐国？"

郦食其说："常言道'识时务者为俊杰'，大王若愿意归汉，我可修书一封，说明汉王之意，韩信自然不再进兵。"

齐王田广与齐相田横商议了一番，觉得郦食其说的俱是实情，便让他亲笔致书韩信，说明齐已背楚归汉，勿再对齐用兵。然后又召集众臣，宣布自即日起，与汉结为友好，与楚断绝往来。

消息传出，驻扎在历下的二十万齐军将士顿时欢腾起来。他们欢呼国王、相国的英明决策，庆幸骤然紧张的齐、汉关系得以缓解，即刻爆发的历下之战得以避免，因此解鞍卸甲，终日纵酒狂欢。田广、田横心情也格外轻松，他们由衷地感激汉王的仁慈宽厚，感激郦食其为齐国指出了一条光明之路，觉得从此可以高枕无忧。他们得知郦食其的绰号叫"高阳酒徒"后，就大办筵席，以酒酬谢。一连数日，齐国王宫中酒气熏天，杯盘狼藉，齐王田广、相国田横、说客郦食其，还有宫中诸臣，全都烂醉如泥。

囊沙断流　顺水推舟

且说驻扎在修武的汉军被刘邦收走以后，韩信又很快在赵地组织起一支新军。刘邦对韩信却有些放心不下，便把心腹曹参、灌婴派往韩信处，名为协助，实为监视，同时又派郦食其前去劝降齐王。韩信本来已组织起一支新军，如今又得到曹参、灌婴的援军，真是如获至宝，立即率军进到平原，以便南下渡河，首先攻占齐国的历下城（今山东济南），然后东进，攻取齐都临淄。恰在这时，汉使郦食其劝降齐王成功的消息传来，使他又惊又喜。惊的是这么重要的事情，事先他竟一点儿也不知道；喜的是没费一兵一卒，就使齐国归附于汉，也使齐国百姓免受战争之苦。于是传出命令：备好的渡船归还百姓，渡河的兵士回营休整。

"将军又改变部署了？"跟随韩信的辩士蒯通问。

"是的，齐王已降，我要收兵回师，增援汉王。"韩信说。

"是汉王让将军收兵的？"蒯通又追问了一句。

"是齐使送来的郦食其的一封亲笔书信。"

　　蒯通沉思了一会儿说："如果这样，将军就须慎重了。您想，是汉王命令您攻打齐国的，现在您怎么能擅自停止进军呢？再说，郦食其不过是一介书生，他仅凭三寸不烂之舌，就说降了齐王，一下子得到七十余城，而将军您身为三军统帅，在赵国转战一年有余，出生入死，也不过才平定五十余城，功劳远远比不上一个书生，这不让天下人耻笑吗？依我看，汉王既然没把派郦食其劝降齐王的事告诉将军，将军就只当不知，照常进军。现在齐王已降汉，将士必放松警惕，这正是将军一举灭齐、建功立业的大好时机，请将军三思。"

　　韩信暗想：蒯通说的有理，灭齐的功劳不能让一个白面书生夺去。于是又下令收回刚刚发出的命令，然后亲率大军，趁着黑夜，从平原津突然渡过黄河，向历下城发起猛攻。连日来，守卫历下城的齐军统帅华无伤和田解正等待着与汉军统帅把盏共饮，哪里料到会遭受这样的突然攻击！他们自知难以抵抗，便扔下二十万齐军，向临淄逃去。

　　田横闻讯大惊，派人将郦食其从客馆中唤进宫中，大喝道："你冒充汉使，原来是汉军奸细！"

　　郦食其本来酒醉未醒，懵懵懂懂，一听田横这话，更是丈二和尚摸不着头脑，只能怔怔地站着，询问田相国发怒的缘由。

　　田横说："韩信已经率军渡河，夺我历下，是不是你们早有预谋？"

　　郦食其一听，慌忙跪下解释说："我从汉王那里径直来到贵国，根本未见到韩将军，如何预谋？定是他看到我的信后，心怀忌妒，才卖友贪功，偷袭贵国，待我亲自前去令其退兵。"

　　田横冷笑说："已经受你诳骗，不能再让你骗下去，更不能让你躲罪逃身！"

　　郦食其恳求说："事已至此，我无意逃脱。只是为不负汉王之命，也为了齐国百姓，愿再修书一封，向韩将军晓以利害，若不能劝其退

运筹帷幄

张良

兵，甘愿受死！"

田广、田横见郦食其所说不似虚言，况且令韩信退兵已别无他法，只好又让郦食其写了一封信，飞马急驰，送往汉营。

韩信将信展开看罢，还真的想从齐国撤兵了。原来郦食其在信中写道：你韩信最初只是个无名之辈，汉王却不顾跟随自己多年的将军们的极力反对，把你拜为大将军；出于对你的信任，让你率军独当一面，攻城略地，还晋升你为相国，汉王愧对过你吗？我虽无缚鸡之力，却使齐王归附了汉王，答应协力抗楚，这不比将军靠将士的血肉之躯伐齐更好吗？况且我来规劝齐王，也是奉的汉王之命，前封信中已向你讲明。将军若不信，可问明汉王，为何执意用兵于齐，难道不怕汉王怪罪吗？我效忠汉王，才孤身使齐。将军此举，岂不将我置于死地，也毁了大将军忠君爱士之美名？为人为己，将军都应退兵！

蒯通见韩信面有难色，接过信来一看，说："大将军统帅三军，身经百战，一向叱咤风云，如何让这荒唐书信挡住了去路？"

韩信摇摇头说："郦食其使齐，定是奉了汉王之命，而且说降成功。我如今已经知晓，却又派兵攻伐，只怕落个欺君卖士的罪名。"

"想不到大将军竟变得如此书生气了。"蒯通说，"汉王派郦食其使齐，并未告知大将军；郦食其至今仍在齐国，他给大将军写信的事，汉王自然还不知。现在若继续进军，齐人必将郦食其处死，汉王还凭什么说大将军欺君卖士？相反，大将军若从齐国退兵，郦食其就能活命。他到汉王那里说及大将军明知齐王已经归汉，还坚持渡河攻下了历下，这势必为后来的事增添许多麻烦。到那时，大将军可就有口难辩了。"

韩信听罢，将手一扬说："就听先生的！"于是将信撕碎，下令向北进军。

齐王田广、齐相田横正翘首盼望韩信退兵的消息，不料等来的竟是汉军已向齐都杀来的凶信，于是不由分说，将郦食其投进沸水中烹杀，然后命令军士出城抵挡了一阵，就退回临淄城中据守。一向作战勇猛的韩信立即下令攻城，齐国君臣见守城无望，纷纷落荒而逃。齐王田广逃往高密（今山东高密西南），相国田横逃往博阳（今山东泰安东南）。韩信占领齐都临淄之后，又立即命灌婴、曹参等分兵追击。田广无奈，只好派人向项羽求救。

此时项羽刚刚在梁地击败彭越，忽闻曹咎、司马欣兵败自杀，汉王刘邦又占领了成皋，正要引兵西去，又遇到齐王田广遣使求救，于是抽出二十万楚军，由大将龙且、亚将周兰率领前去救齐。

龙且领命，心中十分高兴。一来，项王拨给二十万大军，这实在是个不小的数字，做二十万大军的统帅，比在项王手下做个部将气派得多。而且据他所知，攻齐的汉军不过数万，这一仗必胜无疑。二来，他要去援救的是齐国，待打败汉军之后，项王还不划分一块齐地封赏给他？所以他领命之后，就率领大军日夜兼程，直奔齐国高密，与齐王田广会师。

此时田广本来正被韩信追赶得狼狈不堪，忽见二十万援军赶到，顿时精神大振，建议龙且立即向汉军开战。二人一拍即合，正要部署，龙且的谋士朱新进帐说道：“楚军长途跋涉，立足未稳；齐军在家乡作战，一遇机会，就想奔回家中，作战自然不力。而汉军入齐以来，锐不可当，若急于交战，只怕难以取胜。”

龙且生气地说：“交战难以取胜，莫非不交战才能取胜？”

朱新急忙解释说：“我的意思是，目前对汉军只能智取，不宜强攻，最好的办法是深沟高垒，坚守勿战。同时，派人去告知汉军占领区的齐国百姓：齐王田广还健在，仍在坚持抗击汉军，项王也派来了援军。齐国百姓听后，自然充满信心，并为保卫家园而奋起抗击汉军。村自为战，人自为战，使汉军所到之处，不得安宁，这样用不了多久，汉军就会不战自退。”

运筹帷幄

张良

龙且轻蔑地笑了笑说："汉军统帅，不就是那个从别人胯下爬过去、吃漂洗婆子饭而不知耻辱的韩信吗？他有什么可怕！况且我率领大军前来救齐，连一仗也没打，汉军就主动退去，我有什么功劳可言？我若用武力将韩信征服，至少可以分得半个齐国，为什么要放弃这个机会呢？"

这时，韩信得知楚将龙且率军赶到高密，与田广的部队组成了齐楚联军，兵力远远超过汉军，因此不敢有丝毫疏忽。这高密就在潍水的东岸，韩信便与曹参、灌婴的部队会合到一起，驻扎在潍水西岸，并决定智取。

韩信来到潍水边，只见面前河水滔滔，河对岸的齐楚联军旌旗猎猎。他又溯河而上，走了三五里，只见河床骤然变窄，当地百姓在河上修着简易木桥，心中顿生一计，立即返回营寨，下令准备万余条口袋，里面全装满沙子。这天半夜时分，他命万余名兵士，各扛一个沙袋，秘密来到木桥处，扔进河中。万余沙袋形成了一道拦河大坝，滔滔的河水变成了潺潺的细流。黎明时，韩信在潍水西岸埋伏好兵士后，就趁着水浅流缓的机会，亲率部分汉军，朝东岸杀去。

龙且本来正想与汉军决战，现在见汉军主动找上门来，正求之不得呢，立即全线出击。不料未战多久，韩信帅旗一挥，汉军且战且退。龙且哪肯罢休，紧追不舍。当汉军退到西岸时，潍水骤然猛涨，波涛滚滚。原来用沙袋拦河的万余名兵士，根据韩信的命令，又将沙袋搬掉，水位升高了许多的潍水顿时如撒缰的野马，奔腾而下。正在渡河的齐楚联军，多被大水冲走；已经过了河的，寡不敌众，遭到汉军围歼。楚军大将龙且和亚将周兰，本想乘机立一大功，好向项王邀功封赏，结果却双双被俘。此时，齐王田广、相国田横尚未过河，他们遥见联军大败，留在东岸的兵士已经不多，自知不是汉军的对手，就率领余部慌忙退回高密城中，企图据城坚守。他们登上城头朝西一望，只见"汉"字大旗飘扬，大批汉军渡河追了过来。他们自知据守高密不是万全之策，于是又飞马出城逃命。

田广逃到城阳（今山东莒县）时，被韩信俘获斩首。

田横逃到博阳，听说田广已死，便自立为齐王。奉命追杀田横的灌婴笑说："齐人割据的本性真是难改，仅余一城，也要称王！"说罢，便往攻博阳。田横见博阳难守，又不肯投降，只好率数骑逃往梁地，投奔了彭越。

韩信通过囊沙断流之计，在潍水之战中大获全胜，接着又分兵出击，平定三齐之地，共得七十余城，心中自是高兴。可是高兴之余，想到以往的一些事，又不免令人沮丧：汉王曾经对人许愿，愿把整个关东之地封赏给协助他打败项王的人。自己奉命独当一面，连破几国，队伍发展到数十万，可是一个早晨，就被汉王全部收去，自己只得了个"相国"的空名。现在好不容易又组织起的队伍，再不能轻易让汉王收去。这次战败了齐国，正是自己向汉王邀功请赏的大好时机，于是便修书一封，派人送给汉王。信的大意是：齐人向来狡诈，所以齐国屡降屡叛，反复无常，很难控制。特别是它的南部与楚相邻，更易通敌闹事，急需册封一个王进行治理。臣考虑再三，愿暂做一个假王（即代理齐王），以便稳定齐地，进而伐楚。

当时楚汉两军正在广武对峙，荥阳随时可能被楚军攻占，而刘邦的箭伤还没有痊愈。刘邦接到韩信的信，粗略一看，便勃然大怒，厉声骂道："寡人被楚军围困于此，日日盼望他来救援，如今他不思前来救援，却要一心想着称王！"

站立一旁的张良见状，急忙悄悄踩了一下刘邦的脚，耳语说："大王在目前这种不利的形势下，能阻止得住大将军称王吗？倒不如索性立他为王，免生不测。"

刘邦听了这话，也省悟过来，立刻改口说："大丈夫东征西讨，建功立业，要当王就当个真的，何必当什么假王！"

运筹帷幄

张良

随即遣回来使，让韩信严守齐地，静候册封。来使走后，刘邦就命张良带着印绶前往齐国，正式将韩信立为齐王。

韩信拒谏　楚汉议和

项羽与刘邦在荥阳、成皋对峙已有数月，正因难见分晓而焦虑，又忽闻龙且的二十万大军尽失，韩信占据了齐地，更是急得火烧火燎。谋士项伯说："听说韩信已被封为齐王，如果他再南下攻楚，可就断了楚军的后路了。"项羽说："我也正为此事着急。"恰在此时，辩士武涉入帐，细说天下形势，请求赴齐地说服韩信背汉。这武涉是盱眙人，也算是项羽的老乡。他能言善辩，深得项羽信任。如今在这危急关头，他又挺身而出，担当重任，项羽未加思考，当即允诺，并一再叮嘱："先生到了齐国，不必奢求韩信背汉归楚，只要能使他恪守中立即可。"

武涉不日来到齐国，见了韩信，口称"齐王"，下拜祝贺。

韩信扶起武涉，笑笑说："先生是天下名士、项王的说客，现前来祝贺，定是受了项王指示，有什么话尽管说出！"

武涉说："我此次确是奉项王之命而来，不过所谈之事，是为了齐王的前程。过去，天下人因苦秦已久，故戮力击秦，救民于水火。秦亡之后，项王论功行赏，破土分封，还不是为了天下安宁，兵民得以休息？可是汉王却又兵出汉中，侵夺人家的王位，占据人家的封地。他攻破了三秦还不罢休，又兴兵东进，拉拢诸侯联合伐楚。汉王是不夺取天下誓不罢休，其贪欲之心有目共睹！"

"先生说得不错。"韩信打断武涉的话说，"大丈夫于生世间，当有此雄心壮志。古代孟轲没有一兵一卒，尚且说过：'如欲平治天下，当今之世，舍我其谁也！'汉王沛地起兵，征战多载，有此雄心，有何奇怪？况且项王起兵之前，看到始皇帝的巡行阵势，不也立下过取而代之的雄心吗？"

武涉道："诚如先生所言，汉王有吞并天下之心，无可厚非，可是对汉王的为人，大王想过吗？像大王这样的才干，如今也只是做汉王的臣子，而最后结局如何，大王想过吗？"

"对这事，我倒是没有想过，先生是如何看的呢？"韩信反问道。

武涉沉思了一下，说："常言说，事有不可知者，有不可不知者。作为人主，对其臣僚的为人不可不知；作为臣僚，对其主的为人也不可不知。只有这样，方可做到贤君择人而佐，贤臣择主而辅。大王侍奉汉王多年，对汉王应该有所了解。过去，汉王曾多次落入项王手中，都是因项王产生了怜悯之心，才使他得以活命。可是他一旦脱险，便马上背盟弃约，以怨报德，反戈一击。这样一个不可信赖的人，能靠得住吗？"

韩信笑笑说："先生是知其一不知其二，知其末而不知其本。汉王既有匡扶天下之志，而项王又是他成就王业的最大障碍，怎么能以其对待项王的态度论是非呢？"

"大王的意思是，汉王对大王您还是重情谊、讲信义的，可您知道这是为什么吗？这是由于有项王的存在，是为了利用您去抗击项王。目前的形势很明白，大王您的态度举足轻重，关系着楚汉双方的命运。大王西向投汉，汉王即获胜；大王东向投楚，项王即成功。不过有一点大王须明白，倘若项王获胜，对大王您不致造成伤害；若项王今日败亡，明日可就轮到大王您了。为大王考虑，最好的办法是划地为界，与汉王、项王三分天下，鼎足而立。这样，汉王、项王必争相与大王您联合，这样岂不比做汉王的臣下好得多？"

韩信点点头说："先生说的不无道理，只是我难以实行啊！当初我侍奉项王时，官职不过郎中，任务不过是执戟侍卫，另外项王对我也是言不

听、计不从。汉王则不同，他拜我为大将，让我统率数万大军。他脱下自己的衣服让我穿，拿出自己的食物让我吃，还对我言听计从。多亏了汉王的信任和重用，我方有今天这样的地位。这样的恩德，我永世难忘，即使死了，也不能改变对汉王的忠心，请您替我向项王致歉吧！"

武涉未能说服齐王韩信，却使韩信的辩士蒯通动了心。他想，武涉奉项王之命而来，他的主意自然对项王有利，但对齐王也无害啊！况且汉王的为人确如武涉所说，是个可共患难不可共享乐的人。所以武涉的游说，有利于项王是本意，有利于齐王也是实情。我跟随齐王多年，一向受其重用，遇到这种关系齐王前程命运的事，不能坐视不问，应将其中的利害，向他讲明。不过他又想，对武涉的建议，齐王刚刚拒绝，我若仍像武涉那样，直来直去，恐怕他仍不会接受，必须变个方式。

一天，蒯通穿了个大褂，来见韩信。韩信笑着说："几天不见，先生怎么这副打扮？"

蒯通一本正经地说："不瞒大王，我小时学过相术，近日又重操旧业，让我看过相的人，都说我相术高明。"

韩信问："怎么个高明呢？"

蒯通说："我看相的方法有三：看其面，知其贵贱；看其背，知其安危；看四肢，知其成败。"

韩信一听，立刻来了兴致："那就请先生看我的相吧！"

蒯通眯起眼睛，踱着方步，前前后后、上上下下把韩信端详了一番，然后慢悠悠地说："看大王的面，最高不过封个侯罢了，而且带有很大的危险；看大王的背，可是前途无量，贵不可言；看大王的四肢，又成败难定，关键是从面从背了。"

韩信一下子糊涂了，急问："何谓从面？何谓从背？"

蒯通解释道："面者，面君称臣也；背者，背君自立也。今日之形势，恰似大王之相。楚汉相争，已有三载。项王辗转作战，威震天下，但如今被阻于荥阳、成皋，无法西进；汉王率十万大军，攻城略地，如今却面对楚军围困，只能凭险据守。双方都已筋疲力尽，百姓怨声载道，诸侯无所归倚，只有大王这样的圣贤，才能打破这种僵局，平息这场祸乱！"

韩信笑笑说："恐怕先生言过其实了。"

蒯通说："大王生有圣贤之相，说明肩此重任也是天意。从眼前形势看：大王助汉，则汉胜；大王助楚，则楚胜。所以楚王、汉王的命运均系于大王之手，天下的安危系于大王之手，这怎么是言过其实呢？不过从大王自身看，无论是楚胜还是汉胜，大王最高也只能封个侯而已，而且隐藏着祸患，这就是'从面'的结局。大王若'从背'，结局就好得多了。"

"先生是说让我自立为王？"

"对。大王既不帮楚，又不助汉，而是与楚汉三分天下，鼎足而立。此种局面一旦形成，谁还敢先行举手投足呢？到那时，大王再凭贤德圣才，率领强大的齐军，迫令燕赵顺从，制止楚汉纷争，解除百姓疾苦，保全人民的生命。这样一来，天下必闻风响应，就是楚王、汉王，也不敢不听从大王的号令啊！到那时，大王再施行釜底抽薪之法，册立诸侯，将楚汉一一分割，断了他们称霸天下的贼心。到那时，楚王、汉王对大王不再构成威胁，所册立的诸侯对大王又感恩戴德，大王您不自然就成为天下主宰了吗？我看大王的背，确是前途无量，贵不可言，这是天降洪福于大王啊！常言说：'天意不可违。'天赐的富贵，不去取，要受惩罚；良机到了而不行事，要遭祸殃。大王的成败，就在此一举了！"

韩信摇了摇头说："我究竟是不是富贵之相且不论，先生对天下形势的分析，确有道理。只是汉王对我的恩情天高地厚，我怎么能因贪图私利而忘恩负义呢？"

运筹帷幄

张良

蒯通说：“常山王张耳和成安君陈余还是布衣百姓时，就结成生死之交，可是在巨鹿之战中发生了点儿误会，二人就变成了不共戴天的仇敌，陈余后来还被张耳所杀；古代的文种为越王勾践称霸诸侯立下过汗马功劳，可是功成名就之后，并没有逃脱被杀的厄运。这是因为祸患常常从欲望中产生，而欲望又常常使得人心难以预测。大王对汉王忠贞不贰，但不能担保汉王因欲望的驱使而不加害于大王。我曾听人说，一个人的勇敢和谋略超过了国君，他自身就很危险；一个人的功劳盖世无双，他就得不到封赏。大王您破魏，亡代，灭赵，降燕，定齐，又歼灭二十万楚军，表现了超人的勇敢和谋略，建立了盖世无双的功劳，有了如此镇主之威和不赏之功，若归依楚王，楚王会对大王担心；若归依汉王，汉王会对大王疑惧。所以大王无论做了谁的臣子，都可能遇到危险。”

韩信打断蒯通的话说：“先生不要说了，容我考虑考虑。”

可是过了几天，韩信仍未拿准主意。蒯通又劝说：“一个人善于听取意见，是事业成功的征兆；善于思考，是事业成功的关键。听取别人的意见，如果错听的次数不超过一两次，那么别人就不可能用花言巧语来迷惑他；考虑问题如果不本末倒置，那么别人就不能用闲言碎语扰乱他。所以有抱负的人，遇事总是当机立断，优柔寡断是一切事情失败的根源。俗话说：猛虎犹豫不决，反不如黄蜂、蝎子的毒刺厉害；骏马徘徊不前，反不如劣马的稳步前进；勇士狐疑，反不如庸夫；虽有舜、禹那样的智慧，如果闭口不言，反不如聋哑人的用手势比画。自古功业难成，失败容易；机会难得，错过容易。机不可失，时不再来，盼大王速下决心！”

韩信又考虑了几日，觉得背叛汉王实在不忍，自己对汉王如此忠诚，汉王一定会对得住自己。最后，他还是拒绝了蒯通的建议。这蒯通不呆不傻，自知劝韩信叛汉的事，一旦被汉王知道，必无活命，于是找了个机会逃出了齐营。

此时困守在荥阳、成皋、广武一带的汉王为了扰楚后方，封英布为淮南王，命他再赴九江，截楚后路；又命彭越入梁地，断楚粮道。部署完毕，又觉不妥，对张良说："项王被拖在这里，粮已耗尽，今又扰其后方，断其粮道，岂不将项王置于死地？俗话说，'兔急咬人，狗急跳墙'。项王又是个残忍暴戾之人，在走投无路、无计可施之时，必加害于太公。"

张良听了，也为太公、吕雉担忧，他想了想说："项王是个不轻易服输的武夫，但只要使其陷于绝境，就可逼其议和。届时大王以放还太公为条件，项王岂敢不从？"刘邦听了，才安下心来。

双方又对峙数日，楚军的粮食愈加紧张。项羽正为此事焦急，忽闻彭越又断其粮道，气得他顿足捶胸。恰在这时，刘邦的使者来到。项羽见了汉使，气就不打一处来，愤愤说："汉王派你来有何话要说，请说吧！"

汉使说："我王让我代问大王，下一步作何打算？"

项羽怒说："我要战败汉军，生擒汉王！"

汉使微笑说："我王说，楚汉两军在这里已相持数月。大王若继续坚持要战，他还是坚不出战，所以还是只能相持下去。若大王有意议和，我王愿意商谈。"

项羽说："原来汉王派你来讲和啊！"

汉使说："不错。我王说，他不想与大王您争锋，也不忍心看到双方兵士再那么残酷地拼杀，所以任凭大王如何叫阵，他坚不出战。我王还说，楚军粮食已经有限，特命彭越再断粮道，使楚军无力再战，这样双方就免受伤亡，所以派我来向大王致歉！"

项羽一听，原来这一切全是刘邦的部署，不免有些震惊。

项伯悄声对项羽说："看来汉王主意已定，想战已不可能，可是再这么僵持下去也很难啊！"

运筹帷幄

张良

"你是让我和汉王讲和？"项羽瞪了项伯一眼。

"是这样。"项伯耐心解释说，"出使齐国的武涉已经回来，他说韩信拒不背汉，现正秣马厉兵，要进攻楚地。"

项羽听说武涉出使齐国失败，韩信又要攻楚，一下子惊呆了。他想：过去英布、彭越攻楚，说到底不过是骚扰而已。如今韩信已占领了齐地，又在齐地消灭了龙且的二十万大军，我又把楚国精锐全部带来。韩信在这种时候进攻楚地，那一定不是骚扰，而是要将楚地全部占领，看来我不能再在这里与汉王僵持了，于是问汉使："既然汉王主动提出议和，寡人可以允准，他有什么要求，寡人也尽可满足。"

汉使说："汉王命臣向大王提出两项要求：一是楚汉两国划定疆界，彼此相安，二是请放还老父太公及妻室。"

项羽笑笑说："汉王急于议和，原来是为了他们骨肉团聚啊！"

汉使说："也可以这么说吧！谁无父母？谁无亲情？常言道：'家人团聚胜公侯。'汉王自从与家人分离，无日不思，无日不想，几次率军东去，无非是为了接出家人。今大王若放还汉王的家人，遂了汉王的心愿，汉王必感激不尽，誓不东行；就是天下诸侯，也会称颂大王的仁德而争相归附大王。"

一则项羽最喜奉承，二则唯有议和，他方可率军东归，防备韩信击楚，三则项伯又不住地在旁鼓动，所以对刘邦的议和条件，项羽终于答应。接着，刘邦、项羽各派使臣会谈，最后议定：以荥阳东南的鸿沟为界，沟东属楚，沟西属汉，分兵守卫，互不侵犯。议定书签订之后，项羽便让刘邦遣使接回太公、吕雉。

数月以来，楚汉两军怒目而视，剑拔弩张，但刘邦就是固守营垒，坚不出战，搞得项羽欲罢不肯、欲战不能。如今在后方吃紧之时，楚汉终于体面议和。项羽担心韩信不日攻楚，便拔营东归，守卫彭城去了。

会师垓下　自刎乌江

项羽看到议定书已签，疆界划定，就急急拔营东归，要去守卫彭城。而刘邦看到楚汉两军数日剑拔弩张的对峙形势已不复存在，太公、夫人也已接回，心情不由得轻松下来，便传令诸将收拾行装，返回关中。这时，张良突然进帐谏说："大王此时万万不可西归！"

刘邦不解地问："寡人与楚王已定约修好，划定了疆界，太公、夫人也已脱离虎口，留在这里还有何事可干？"

张良笑笑说："大王并没有完全理解臣意。与楚王议和划界，不过是为了救出太公和夫人；而救太公和夫人，又是为了大胆用兵。如今一切顺利，只差大胆用兵了，大王怎么要西归呢？"

陈平也附和说："张良兄所言极是，况且我们已得大半个天下，四方诸侯又都背楚向汉。楚王一来兵疲食尽，二来认为划定了疆界，万事放心，所以仓皇东归。我们正可出其不意，攻其无备。"

刘邦为难地说："墨迹未干，我们就背约，岂不遭天下人耻笑？"

张良说："大王真是聪明一世、糊涂一时啊！如今我们是以兵革谋天下，可不是举杯交友啊！常言说：'兵不厌诈。'兵书上也说：'兵者，诡道也。故能而示之不能，用而示之不用，近而示之远，远而示之近。'今出其不意，攻其无备，正合于兵法，是谋天下之必须。大王若乘机追击，天下人不仅不会耻笑，反而会称赞大王深谋远略、智慧超群；相反，大王若率兵西归，天下人则会耻笑大王既无雄心又无谋略，是今日之宋襄公。况且现在不去追击，则无异于放虎归山，后患无穷啊！"

运筹帷幄

张良

刘邦听了，觉得两位谋士的话句句在理，于是改西归为东追，并派出几路使者，约齐王韩信由东而西，彭越由北而南，将军刘贾率兵一部入楚，配合英布由南而北，会歼项羽于东归的途中。部署完毕，刘邦便率领汉军沿楚军行军路线，急速追击。可是当追到固陵（今河南淮阳北），眼看楚军就要被追上时，韩信、彭越还没有前来会师，刘邦不免有些发毛，心想：援军不到，自己怎是楚王的对手？只好下令停止追击，就地安营。

不料刘邦的追击被项羽侦得，他气得火冒三丈，骂道："可恨的刘季与我议和划界，原来是一个阴谋。他利令智昏，全军出动，正是我求之不得呢！"说罢，令大军扎营，自率精锐原路返回，在固陵与汉军遭遇。刘邦本想乘楚军不备，进行围歼，没想到自己反遭楚军突然攻击。双方大战一场，汉军大败，刘邦又故技重演，令军士退往营中自守，任凭项羽如何叫阵，只是坚守不战。恰在这时，出使彭越的使者回报："魏相说，梁地尚无平定，每日都与楚军交战，难以同大王会师。"

刘邦一听，脸上顿时布起愁云，问张良、陈平："楚军邀战日急，魏相又迟迟不来，若齐王再不来，我们就只好葬身此地了。"

张良说："依我看，齐王也不会来的。而魏相、齐王不来会师，并非因楚军之故，而是因大王没有对他们进行真正的封赏。当初封韩信为齐王，是韩信主动要求的，而并非大王主动封赏。况且封他为齐王之后，一直没有明确其封疆地界。彭越平定梁地，功劳昭然，只因魏豹是魏国贵族后裔，被封为魏王，才将彭越封为魏相。如今魏豹已死，彭越理应为王，可是大王您又迟迟未做决定。齐王、魏相各怀疑虑，他们怎么会率兵前来呢？大王若答应灭楚之后，与他们共分天下：把从睢阳（今河南商丘南）到谷城（今山东平阴西南）的土地给彭相国，并封他为魏王；把陈（今河南淮阳）以东直到东海之滨，都封给齐王。他们一旦得到封赏，定会前来合兵击楚。因此，大王现应一面遣使向齐王、魏相说明共分天下之意，一面采取'你走我追、你打我守'之计，拖住楚王，等待援军。"

刘邦听说要他与韩信、彭越共分天下，虽不情愿，但又无奈，只好遣使传命。果然不出张良所料，彭越对自己被封为魏王满心欢喜，立即率兵南下，与刘邦会师。韩信也没有想到汉王会把那么大的地盘封给他，因此命曹参留守齐国，他与灌婴亲率大军南下，连克薛（今山东滕州南）、沛（今江苏沛县）、留（今江苏沛县东南）等县，一举攻占彭城，接着又挥师西上，与刘邦会师于颐乡（今河南鹿邑东）。

这时，奉命进攻楚地的汉将刘贾也南渡淮河，包围了寿春，诱降了项羽的大司马周殷。周殷叛楚之后，用舒县的兵力攻克六县（在今安徽六安东北），并调发九江的部队迎接英布，合击城父（在今安徽亳州东南），然后随同刘贾等人西上，与刘邦、韩信会师。

此时项羽本想与刘邦在固陵决一死战，无奈刘邦坚守不战，自知再拖下去，于楚军不利，于是从固陵拔营东行，不料行至垓下（在今安徽灵璧县南沱河北岸），刘邦的各路大军约三十万已经会齐，将楚军团团包围。

齐王韩信被汉王刘邦任命为大将，统率诸军。韩信深知项羽骁勇，难以抵挡，便将各军分作几队。他命令孔将军布兵于左，费将军布兵于右，刘邦由周勃、柴将军护卫着居后；他自己则亲率主力，独当正面。当时，项羽手下尚有十万兵马，他自信一鼓作气，完全可以突出重围，哪知他冲出一层，一层伏兵又起，接连冲出了三层，又遭第四层伏兵的截击。项羽突围未成，却白白丧失了两万人马。看看天色已晚，他只好重返垓下大营，待天明再战。

夜幕笼罩了田野，笼罩了沙场，只有天空中的繁星一闪一闪的，像是在凭吊白天倒下去的将士。夜虽然已经很深了，但项羽仍没有睡，楚营中的将士们也大都没有睡。他们担心汉军会趁夜偷袭，他们在想着天

运筹帷幄

张良

明后的恶战。他们估计自己活在世上，这大概是最后一夜了，因此不想让这宝贵的一夜在昏睡中度过。突然，凄婉的歌声划破寂静的夜空，传到楚营之中。起初是一处有歌，接着楚营四面全是歌声。项羽和楚军将士们侧耳一听，唱的竟是楚歌，声调低沉，如泣如诉，令人顿生怀乡之情。项羽惊问陪伴他的美人虞姬："汉军已将楚地全占了吗？怎么汉军中这么多的楚人？"见虞姬并未回答，再一细看，原来虞姬已成一个泪人。其实这歌声并非楚人所唱，而是张良事先编出，又教给几百名汉军士卒，专以此瓦解楚军的。

项羽平时最爱的，一是他的坐骑乌骓马，一是他的虞美人。他想到自己起兵以来，叱咤风云，所向无敌，今日竟落到这般境地；想到坐骑乌骓马载着他驰骋疆场，今日却没能冲出重围；想到心爱的虞美人本想跟随自己享受荣华富贵，现在却泪流满面，泣不成声……他不由感慨万分，随口作出一首歌来：

力拔山兮气盖世，时不利兮骓不逝。骓不逝兮可奈何，虞兮虞兮奈若何！

虞姬本来对项羽也是真心敬佩、真心相爱，只因看到他今日的处境，才伤心落泪。当她听到项羽这悲壮之歌时，就止住哭声，也随口和诗一首：

汉兵已略地，四方楚歌声；
大王意气尽，贱妾何聊生！

吟罢，英雄、美人百感交集，相拥而泣。看看天色将明，项羽出帐，发现营中将士已不过八百，原来其余将士听到楚歌后，都投奔汉军去了。项羽只好率这八百壮士，并携带虞姬冒死突围。虞姬哭着说："大王活命要紧。妾承蒙厚爱，不愿再连累您了，容来世再侍奉大王

吧！"说罢，便拔刀自刎。项羽见美人已死，遂拥尸大哭一场，随即命左右就地掘坑，将尸埋葬。至今安徽省灵璧县城东，尚有虞姬墓。墓前竖一石碑，横额刻"巾帼千秋"四字，右刻"虞兮奈何自古红颜多薄命"，左刻"姬耶安在独留青冢向黄昏"。

项羽葬了虞姬，便骑上乌骓马，趁着天色未明，率八百士卒冲出包围，向南逃去。那乌骓马跑起来，如风驰电掣，当项羽渡过淮水，回头一望时，只见跟上来的，也不过百十来人。他无心关照掉队的人马，只顾继续驰奔，可是到了阴陵，面前却突然出现了岔路。"究竟哪条是通往彭城的路呢？"他将马停住，想判断一下，可一时慌乱，竟连东南西北也辨不清了。恰在这时，看到田间有一老农。他顾不得下马，就急切询问。那老农见问，抬手向左指了指，就照常去干自己的农活。

于是，项羽扬鞭催马，朝左路驰去。不料刚跑出去三五里，只见道路渐窄，而且有些泥泞，两边杂草丛生，原来是进入了沼泽地。他又往前一看，竟是一个明晃晃的大湖。

项羽知道走错了路，急忙掉转马头，原路回奔，结果迎头撞上追兵，只好凭着勇劲，奋力冲杀。等到了东城，他回头一看，跟着他的只剩二十八骑了。项羽将他们召到一个高冈，慨然说："我起兵以来，至今已有八载，身经七十余战，所向披靡，未曾败北，不料今日竟困于此。这是天要亡我，并非我用兵有什么过错。看来今天我非死不可了，那就在临死之前，再痛痛快快地与汉军决战一次。我要斩杀汉将，砍倒汉旗，为你们杀出一条血路，突出重围，也让你们知道，霸王我原本善战，今日败亡，实乃天意！"

说罢，项羽将二十八名骑士分成四队，让他们向四个方向冲杀。但此时包围他们的汉军足有几千人，怎能冲得出去？这时正有一汉将跃马挺矛，朝楚军杀来。项羽急说："且看我如何斩杀此贼！之后诸君四面驰下，在东冈会合。"于是跃马挺戟，呼啸而下，直奔那打头阵的汉

运筹帷幄

张良

将。那汉将躲闪不及，被刺丧命。汉军仗着人多，又蜂拥而上，围攻项羽。项羽孤身一人，倒也不怕误伤，左砍右刺，如入无人之境，反倒将汉军杀得阵脚大乱。这时汉将杨喜从背后朝项羽杀来。项羽回头发现，怒目大吼一声，四野震动。杨喜人马俱惊，倒退了几里，方停了下来。

项羽和他的骑士们乘机分三路驰奔，见汉军又潮水般追来，项羽一马当先，又斩杀汉军一都尉及百余名兵士。等他们集合一处，发现仅亡两骑。项羽问："今日诸君看到我如何作战了吧？"

骑士们久闻项羽作战英勇，今日亲眼所见，更是无比敬慕，齐声说："大王所言，果然不差！"

于是，项羽带上这仅存的二十六骑，退到乌江西岸。恰好乌江亭长泊船岸边。亭长认得项羽，便请他渡江东归。项羽退至此处，原有渡江之意，不料见了乌江亭长，却又迟疑起来。

亭长催说："江东虽小，但有地千里、有民数十万，足以为一方之王。追兵很快就到，请大王快些上船！"

项羽下马伫立，仰天叹道："天要亡我，渡过江去又有何用？当初我带了八千江东子弟渡江西去，如今没有一人能够带回，即使江东父老爱我、怜我，仍旧拥我为王，我有何面目再见他们？虽江东父老不说什么，我项羽岂能于心无愧？"随着话声，一串泪珠顺着脸颊滚落下来。他擦了一下泪，又说："我知道亭长你是一位忠厚的长者，对我也是一片真情。情势急迫，无以酬报。这匹马我已骑了五年，曾经日行千里。我不忍将它杀死，就赐给你吧！"

项羽轻轻顺了顺马鬃，就将马缰递与亭长，回头又命各骑士都下马步行，手持兵器，迎战汉军。

大批的汉军很快就围了上来。项羽大吼一声，冲杀过去，一百多名汉军兵士死于他的刀下，但他此时也多处受伤。他正在奋力砍杀之时，忽见冲上来的一汉将面目好熟，细一端详，不禁惊叫："你莫不是我的老朋友吕马童吗？"经项羽如此一说，吕马童也不免有些愧疚，自己不忍挥刀，只是对随从王翳说："这个便是霸王！"

此时的项羽真是百感交集，悲伤不已，心想，怎么故友至交也对我如此？顿时心灰意冷，四肢瘫软，又兼他早已杀得筋疲力尽，遂对吕马童说："听说汉王有言，得我头颅者可赏千金、封邑万户。我们既是故友，就将这个好处赠予你吧！"说罢，拔刀自刎，时年仅三十一岁。

项羽乌江自刎，结束了他豪气盖世的一生。可悲的是，临到死时，他还认为自己失败是天意。他气概不凡，战功卓著，可是他每占一地，就烧杀抢掠；每降伏一部，就成批坑杀。他头脑简单，性喜猜疑，常受谗言所惑，所以虽能征善战，屡战屡胜，到头来，却是众叛亲离，由盛而衰。宋代王安石曾作《乌江亭》一诗曰：

百战疲劳壮士哀，中原一败势难回。

江东子弟今虽在，肯与君王卷土来？

天意者，民心也！

项羽既死，楚地既平，刘邦为争取民心，又以隆重的礼仪，厚葬项羽于谷城，还亲为发丧，哭读祭文，颂扬其灭秦之功绩，感谢其义释太公、吕雉之情谊。又下诏赐项伯等项氏四人刘姓，分别封为射阳侯、桃侯、平皋侯、玄武侯，让他们治理楚地。一切安排就绪，刘邦就满怀豪情，还至定陶。

运筹帷幄

张良

第 四 章

一个人的晚年

刘邦虽然如愿以偿，最终平定天下，登基当上了皇帝，但并不是说从此天下太平。刚建立新政权，风波不断，刘邦都在张良的帮助下一一巧妙地化解。但是张良并不因此居功自傲，只要求到留地做个小侯（留侯）。在刘邦死后，他没有再辅佐下一任皇帝，而是脱尘出世，仙游四方。

刘邦登基　廷论得失

　　刘邦战败了项羽，又平定了不肯投降的临江王共敖，才满怀胜利的喜悦，来到定陶。不料他到定陶刚轻松了两天，忽然又变得心情沉重起来。这天，他把谋士张良、陈平召到他的临时行宫中说："当初诸侯合兵灭秦，天下归楚，可是转眼之间，又诸侯并起。寡人依靠诸位的协助，终于战败霸王，天下诸侯又全都归附，可是如何才能避免重蹈霸王的覆辙呢？"

　　张良说："灭亡夏朝的，是夏桀，而非商汤；灭亡商朝的，是商纣，而非武王。所以古人说，国必自伐，然后人伐之。如今的霸王，其实也是自取灭亡。今大王既得天下，要想长治久安，首先要施仁政于民，收天下之心，这样，方可避免重蹈霸王的覆辙。"

　　刘邦听了，看了看陈平。陈平说："霸王恣意横行，涂炭生灵，确是自取灭亡。但当初他若不是急于衣锦还乡，不是让诸侯各带重兵到封地就封，也不会败亡得如此之快。依臣之见，当务之急是先将天下之兵掌握于大王之手，以防不测。"

　　刘邦点了点头，说："好，说得好，继续说下去！"

　　陈平接着说："现在各王拥兵数量不等，但多数无关紧要，唯齐王韩信不可小视。他灭魏、伐代、攻赵、降燕、定齐，如今大王又封其为齐王，指定其疆界。齐地负山固海，形势险要，物阜民丰，古称大国，而且同燕、赵相邻。燕赵皆是韩信攻取、降服之国，极容易联成一气。齐王手握重兵，又占有如此重要的地方，一旦作乱，必难控制。"

张良

刘邦说："寡人所虑也正是齐王，只是不知如何是好！"

陈平说："齐王原籍在楚地，不妨改封齐王为楚王。从大王方面看，使其离开了齐地；从齐王方面看，可回故乡，耀祖荣光，岂不两全其美！"

刘邦听罢，笑着说："名为耀祖荣光，实为调虎离山，好计，好计！"于是当即传召诸将入宫，摆下酒宴，盛情款待。席间，刘邦举杯贺道："感谢众将军戮力同心，共灭项贼，使天下重归太平！"众将领齐呼："谢大王！"刘邦又来到韩信面前说："将军因敌之势用法，因地之势布阵，因人之情用兵，巧妙无比，出奇制胜，真是神将也！"

韩信赶忙说："汉军摧枯拉朽，所向披靡，全仗大王的神威！"

刘邦说："寡人不足道。将军功劳盖世，从不居功自傲；忠信刚直，从不为谗言所惑；公而灭私，一向以天下为己任。寡人得有今日，不会忘记将军；遇有艰难重任，自然也会想到将军。今楚地虽平，然项王在楚地经营日久，民心难免浮动。寡人考虑将军生于楚地，习楚风俗，可改封楚王，定都下邳。再仗将军彻底安定楚地，天下方可真正太平！"

韩信早被刘邦捧得晕晕乎乎，如今听说要把他改封楚王，而且是形势所需，刘邦讲的又都是实情，所以也顾不得多想，当即拜谢受命。刘邦见此计成功，万分高兴，为不使韩信感到此次酒宴是专为他而设，便又说："彭越将军身为魏相，几年来转战梁地，屡破楚军，特封为梁王，统辖魏国故地，建都定陶。"彭越本有称王之心，今日如愿以偿，自然千恩万谢。

刘邦又接着说："将士南征北战、风餐露宿已有数载，百姓也饱尝战乱之苦。今天下初定，百废待举，急需休兵息民，共建家园。庶民中过去为避战乱而逃至深山大泽之中者，如其返乡，可登记户籍，恢复其爵位及田宅，不得虐待侮辱；凡七大夫以上者，仍享用封地民户之赋税；七大夫以下者，可免除其赋税徭役；死囚以下之罪徒，全部赦免，令其回乡，以耕田赎罪。"众将领听了这话，好似进入清平世界，皆呼"万岁"。

韩信改封为楚王，在前往下邳的途中，心潮起伏。他想，过去自己虽为齐王，但那终究是战乱时所封，形势所迫，难得持久，也是自然。如今天下太平，自己就封为楚王，楚地虽小，却终于可以稳定下来。况且自己幼时衣食无着，四处流浪，饱受人间的侮辱和冷遇。几年来出生入死，历尽艰辛，如今荣归故里，也算是功成名就。因此，韩信来到下邳后，便首先找到当年曾经给他饭吃的那个漂母，给她赏金一千，表达他的感激之情；又找到下乡南昌亭长，赏给他一百钱，对他说："做好事应该做到底，你却是个不仗义的小人，有始无终。"当年那个让韩信受胯下之辱的无赖少年，听说韩信当了楚王，心里就敲起了小鼓。这天，他又被韩信传召入宫，更是吓得魂飞魄散，一进王宫，就扑通一声，给韩信跪下。韩信亲手将他扶起，说："其实你也是个壮士，只是欺负一个穷哥们儿，实在不该。再说我当初受辱时，难道不能杀了你吗？只是觉得杀了你并无意义，方忍耐过去。也正因有那时的忍耐，才有今天的富贵。为感谢你对我的特殊激励，命你做巡城捕盗之官。"

处理完这些往事，他便巡行县邑，整顿治安，安抚楚民。钟离昧本是项羽的部将，当初韩信在楚军时，他们还是一对好友。垓下大战时，钟离昧兵败逃进深山，如今听说韩信当了楚王，深受楚民拥护，便从深山中出来，投奔韩信。韩信想：在楚汉之战中我与他兵戎相见，那不过是各为其主。如今项王既死，天下归一，他来投我是念旧情，我若拒绝就是不义。况且汉王为安抚天下，还大赦罪人呢，于是便将钟离昧收留下来，友情如故。

韩信自从改封楚王，就尽心竭力地经营起楚地，知情的张良却有好多天忧心忡忡，甚至为韩信捏着一把汗。当初是他建议刘邦封韩信为齐

运筹帷幄

张良

张良像

王，又是他奉刘邦之命，把齐王的印绶送到韩信的手里，他深感自己对韩信的安危有着特殊的责任。当刘邦决定改封韩信为楚王时，他担心韩信拒绝改封，起兵反叛，战事再起；当他看到韩信满意地接受改封时，又担心韩信治理不好楚地，要受到汉王的怪罪；如今见韩信将楚地治理得井井有条，又担心这会不会引起汉王的疑惧。这天，刘邦又把诸王召到汜水之滨议事，张良特意来到韩信的下榻之处说：“将军不仅能征善战，还治国有方，真是令人钦佩！”

韩信笑笑说：“谈何有方，只是尽心竭力而已。汉王对我恩重如山，我怎敢有丝毫懈怠！”

张良说：“诚如将军所言，汉王确是一忠厚长者。但不知将军想过没有，当初群雄逐鹿，汉王只是诸王之一。如今四海平定，天下统一，汉王虽重赏功臣、封王赐侯，可他自己至今仍为汉王！”

韩信一听，觉得确是这个理儿，侯王哪能再由侯王去封呢？当初项羽分封时，为使自己有别于诸王，还特意自称“霸王”呢！不过这“霸王”之称实在让人生厌。秦王嬴政虽暴虐无道、刚愎凶残，但他创设的“皇帝”之称倒是威严庄重，已被天下认可，于是向张良说：“何不让汉王登帝位称‘皇帝’呢？”

张良说：“我也有此考虑，可是这事由谁提出呢？汉王一向谨慎，自己不会提出改王称帝，一般大臣侯王提出，又担心无人响应。我反复考虑，将军德高望重，在统一天下中又功劳卓著。此事若由将军提出，必一呼百应。"

韩信并不推辞，趁着议事之机，率先奏说："天下豪杰同心协力，将暴秦推翻，不料项王倒行逆施，天怒人怨。汉王承天意、顺民心，亲率诸王共伐项贼，使天下终归统一，万民同庆。汉王功比天高，可到今仍为区区一王，恳请汉王上皇帝尊号。"楚王韩信话音刚落，在座的众臣、诸王一致赞成，争相称颂刘邦的功绩，刘邦却推辞说："只有大贤大德之人才能享有皇帝尊号。兴兵诛暴，全仗谋臣献策、将士献身，寡人无功而空享帝号，岂不让天下耻笑？"

张良赶忙说："古人说：'名不正则言不顺。'大王起于平民，诛杀暴逆，平定四海，绝非无功，而是功比天高。万民敬仰，诸王诚服，此乃当世实情。楚王恳请大王上皇帝尊号，为的是名实相副，以便号令天下。大王若不更名号，混同于诸王，所封诸王心中如何踏实？为使天下久安，大王勿再推辞！"

说罢，双膝跪地，恳请采纳。众臣、诸王见状，也都慌忙跪下。刘邦又假意推辞了一番，最后说："诸君一定以为寡人称帝能使天下安定，寡人就只好从命了！只是寡人不才，要靠诸君鼎力辅助，勿生二心。"于是，命太尉卢绾及博士孙叔通等草拟议制，选择吉日，在汜水之滨祭祀天地，登基称帝。同时追尊亡母为昭灵夫人，封王后吕雉为皇后，立子盈为皇太子。除已封的楚王韩信、梁王彭越之外，原衡山王吴芮曾率百粤部族之兵，协助诸侯军，诛灭暴秦，建有大功，本来已经为王，楚霸王却夺其封地，现改封衡山王吴芮为长沙王，都临湘。原粤王无诸世代供奉粤国先祖，暴秦却夺其领地、断其香火，使粤国的列祖列宗不能再享受祭祀。诸侯起兵反秦，无诸也有响应，但灭秦之后，楚霸王仍对无诸弃而不立。现封无诸为闽粤王，治闽中。韩王信仍为韩王，都阳翟；淮南王英布、燕王荼、赵王敖，都依旧为王不变。除楚、梁、

运筹帷幄

张良

韩、赵、燕、淮南、长沙、闽粤八国之外，仍为郡县，各置守吏，一如秦制。如今天下一统，洛阳为天下之中，因此以洛阳为都。

登基、颁诏完毕，汉高祖刘邦又接受了百官朝贺。这时，他突然听说当初韩信平定齐地时，齐王田广被杀，齐相田横先是自立为齐王，后走投无路，投奔彭越。后来彭越被封为梁王，横担心被杀，率部众五百人逃往东海岛中去了。刘邦心想，如不招抚田横，日后恐要作乱。于是他派出使者，召田横前来洛阳，接受免罪诏书，听候任用。部署完毕，便命封疆大吏各就其职，他也率宫室百官，浩浩荡荡地还都洛阳。途中又遣人前往故里，召刘氏子弟，以及年轻时的外妇曹氏、半路夫人戚氏同入洛阳；又遣人速往关中栎阳，接太公、吕后、太子及丞相萧何等。

待刘邦大队人马来到洛阳后，奉召之人也都陆续到达。父子兄弟重逢，夫妻子侄相见，述说离别之苦与相思之情，免不了悲喜交集、痛哭流涕；那些当初同刘邦在沛地一起举义的勇士，以及在征战中又联合起来的豪杰，想到昔日横刀跃马、九死一生，终得今日之胜利，更是感慨万千。

刘邦在这亲人团圆、故友欢聚之时，也不免心潮起伏，一桩桩往事涌上心头：想当初，自己不过是个被人瞧不起的小吏泗水亭长，如今却成了至高无上、万民仰望的皇帝。走到这一步，是多么的不易！雍齿反目，使自己一时无立锥之地；鸿门宴上，自己险些丧命；被困荥阳数月，纪信将军用生命才为自己求得一条生路……难道这是天意？可天意又为何物，谁能说得清！难道是自己才智不凡、勇力超群？可实际上，自己的才智远不如张良、陈平；自己的勇力，不用说比不上项羽，就连手下的一些部将，自己也比不上！谋士张良常说："智不备于一人，谋必参诸群士。"这话很有道理，自己所以能走到今日，最主要的还是手下有一批忠心耿耿的谋臣勇将。试想，当初若不是张良的巧妙安排，鸿门宴上自己能逃脱虎口吗？若没有韩信的奇计，自己能重返三秦吗？

兵败彭城之后，若不是张良献策，以韩信、英布、彭越独当一面，能扭转战局吗？若不是采纳袁生之计，兵趋宛、叶，能调动楚军南下、解除成皋之围吗？若不采纳陈平的反间计，能使项羽逼走谋士范增吗？若不听张良之谏，立即停止"复立六国后世"，即使战败了项羽，天下还不是依然不得太平？若不是萧何镇守关中，制定法令，安定社会，调兵集粮，能够战败比汉军强大得多的楚军吗？楚汉鸿沟划界后，要不是张良、陈平力阻西归，哪会有垓下大捷？哪会有项羽的乌江自刎？哪会有汜水之滨的登基……桩桩往事，历历在目，都好似发生于昨日。从四十七岁时起兵至今已有七载，他深深感到，七载的戎马生涯，使他长了许多学问，而这些学问，又是那样的宝贵。他总觉得有许多话要对大臣们说，要把自己学到的东西传授给大家，因为这些学问对今后的治理至关重要。

一天，汉高祖刘邦在洛阳南宫设宴，召众臣共庆胜利、话旧述怀。他春风得意，兴致极高，因为当了皇帝，也就学着秦始皇的样子，不再自己称"寡人"，而是张口闭口"朕"字不断。被宴请的，既是他的臣下，又是他多年的故友，所以虽然他"朕"不离口，气氛却也融洽热烈。酒过数巡，刘邦突然站起来说："今日在座的，有的是朕同乡好

运筹帷幄

张良

开封张良墓

友，有的是朕在征途结识的豪杰义士。现在济济一堂，要不分尊卑，勿论贵贱，开怀痛饮，畅所欲言。列侯诸将均知，朕本是一布衣百姓，起兵时也不过数十人，如今却被众臣推上帝位。你们说说，朕为何能有今日？项氏能征惯战，勇力过人，拥兵数十万，一度称霸天下，最后却被朕打败，在乌江自刎，这又是何原因？"

高起、王陵当即说："常言说：'公生明，偏生暗。'陛下不以天下为私，每得一城，随时封与有功之人，能与臣下共得，所以人人效命，终得天下。项羽妒贤嫉能，以天下为私，战胜不赏功，得地不分享，所以兵多而有异心，天下得而复失。"

刘邦笑着说："公等只知其一，不知其二。自古以来，得人者昌，失人者亡。尤其关键之人，使用得当可取天下，使用不当而社稷危。运筹帷幄之中，决胜千里之外，朕不如张良；镇守国家，安抚百姓，供给粮饷，保持粮道的畅通无阻，朕不如萧何；统率千军万马，战必胜，攻必克，朕不如韩信。此三位皆是人中英杰。朕能任用他们，所以才取得天下。项羽只有一个范增，还不能放心使用，岂有不败之理？"

文武百官听了，皆心悦诚服，一个个暗想：皇上所言，确是高人一筹。就连与刘邦一同起兵、一向视刘邦为草莽英雄的萧何等人听了也不免为之一震，对当今的皇上肃然起敬，唯有张良听了这话有些突然。几年来，他只是尽心辅佐汉王，并没有想过自己究竟有多大功劳，也不想去争什么功。今天皇帝竟把他与萧何、韩信并列为三杰，倒使他有些不安了。

洛阳南宫中的酒宴正在热烈进行，突然一人提着一个血淋淋的人头闯了进来，跪到高祖刘邦面前说："田横无颜面见陛下，因而自刎了。自刎前一再叮嘱臣，要将其头颅献与陛下！"

刘邦愣了一下，立即宣告酒宴停止，召萧何、张良、陈平等，商量田横的后事。

杀一儆百 布告万民

汉高祖刘邦正与文武百官在洛阳南宫欢宴，忽闻田横自杀，急召萧何、张良、陈平，一起听得田横自杀的原委，商议处理田横后事的办法。

这田横本是齐相，掌握着齐国的军政大权。在韩信率领大军就要攻打齐国的历下城时，刘邦派遣的说客郦食其突然来到齐都临淄，凭三寸不烂之舌，说降了齐王田广和齐相田横。不料韩信采纳了辩士蒯通的建议，没有理会郦食其的说降，毅然出兵齐国。田横一怒之下，烹杀郦食其，同时向楚国求援。可是韩信攻入齐地后一直北上，势如破竹，一举将齐楚联军打败，杀齐王田广。田横听说田广已死，就躲到博阳，自立为齐王，负隅顽抗，最后兵败，率残部投奔了彭越。这时彭越已经联汉反楚了，而且齐国灭亡不久，彭越就配合刘邦、韩信等，在垓下一举打败项羽，还被刘邦封为梁王。

彭越本是出于私人感情才将田横收留，即使这时被刘邦封为梁王，他也准备对田横设法保护。哪知田横沉不住气了，他找了个机会，带领部下五百多人离开彭越，进入北海，住到了一个小岛上。刘邦在汜水之滨登基做了皇帝，在率领文武百官前往都城洛阳时，还特意遣使入岛招抚田横。田横对使者说："当初郦食其是奉陛下之命出使齐国的，可是被我杀了。即使陛下宽宏大量，原谅了我，可是郦食其的弟弟郦商如今还是陛下的将军，他是无论如何也不会原谅我的。事已至此，我就做个平民百姓，在这海岛上安稳度日算了。"

使者见招抚不成，只好如实回禀刘邦。刘邦却不罢休，立即给郦商

运筹帷幄

张良

下了一道诏令："田横即至，人马从者敢动摇者，致族矣！"然后再派使者入岛，向田横讲明皇帝给郦商下的诏令，并传刘邦的话说："田横来了，可封他为王，最低也要封他个侯；如果不来，就发兵讨伐！"

田横一听，知道不去不行了，只好由两个侍从陪着，与使者一起离开小岛，上得岸来，乘车驶向洛阳。当离洛阳还有三十里时，田横又突然变了主意，对使者婉言说："天色已晚，况且臣子觐见皇上时，必须沐浴。"

使者信以为真，就答应住下，准备第二天一早启程，直奔洛阳。晚上，田横对他的两个侍从说："想当初，我与汉王都是威震一方的侯王，如今，汉王成了号令天下的皇帝，我却成了无存身之地的流亡者，还要服服帖帖地去向汉王跪拜称臣，这是多大的耻辱啊！更何况我烹杀了郦食其，如今竟要和郦食其的弟弟相处共事，纵然他畏惧皇上，不敢加害于我，难道我就不感到惭愧吗？其实皇上要见我，不过是想看看我的长相罢了。这里离洛阳只有三十里了，你们若割下我的头，快速送到洛阳，皇上还能看清我的模样。"说罢，便拔剑自刎。

刘邦等人听罢侍从的禀报，皆掩面而泣。张良说："成汤建商，放夏桀于南巢；武王建周，封纣王之子武庚为殷侯，修建纣王叔父比干的陵墓。依此看来，圣明的君主皆有超人的度量。当初天下大乱，侯王各保其国，田将军反抗陛下也在情理之中。今天下初定，厚葬田将军正可以收揽人心。"

陈平也非常赞同张良的意见，于是刘邦下诏，以对待侯王的礼节将田横安葬，护送灵柩的兵士有两千多人，同时把那两个侍从都封为都尉。不料刚刚安葬了田横，那两个侍从竟在田横的墓旁双双自杀。刘邦闻讯，大惊失色，急忙说："田将军如此刚烈，想不到侍从也如此刚烈！他的五百多部卒如今还在岛上，速将他们召来，免生后患！"不料使者来到海岛后，那五百多部卒听说田横已死，也全都自杀了。

这一下可把刘邦气坏了，他满脸怒气地埋怨张良和陈平："朕采纳两位先生的意见，诚心诚意地招抚田横，可是他却以侍奉朕为耻辱，竟以死来表示对朕的蔑视。朕以那样隆重的仪式将他殡葬，也没把他的部卒感化过来。看来要使这些顽敌改换门庭，实比登天还难！死了倒也好，留着也是祸害。记得过去项羽手下还有个叫季布的家伙，多次与朕交战，垓下之战时，本想将他生擒斩首，不料他兵败逃跑，如今一定隐匿民间。现悬赏千金，捉拿季布，有敢藏匿季布者，灭其三族！"

刘邦本来正在气头上，况且季布过去是项羽手下的一员大将，作战勇敢，冲锋陷阵，确实几次险些要了刘邦的命，所以刘邦现在提出要悬赏重金捉拿季布，张良、陈平谁也不敢再阻拦了。

这时季布正躲在濮阳一个姓周的家中。一天，他看到缉拿他的告示，便对周氏说："你让我在贵府住了这么多天，救命之恩，终生难忘。无奈现在情势紧迫，还是放我走吧，不然会连累你的。"

周氏想了想说："你说的倒也是实情。不过我会尽力搭救你的，只是你一切都要听从我的安排。"于是把季布的头发剃掉，并给他换了身粗布旧衣，戴上枷锁，装进运送奴隶的车中，与几十个家奴一起，卖给鲁国一个姓朱的大侠。

这天，朱公乘车来到洛阳，拜见汝阴侯滕公时问："现在朝廷缉拿季布甚急，他犯了什么大罪？"

滕公说："季布一向追随项王，而且几次使当今的皇上陷于困境。皇上恨得他咬牙切齿，定要捕捉到他方罢休。"

朱公又问："依您看，季布是怎样一个人呢？"

滕公说："季布很有才干，而且作战勇敢。"

朱公说："凡是做人臣的，谁不受主人的差遣？当年季布为项王卖命，不过是尽自己做臣子的职责而已，有什么罪过可言？况且，当年跟随项王的有几十万人，皇上能杀尽吗？皇上刚得天下，就为个人的私仇

张良

而惊扰天下，也太没有气量了。像季布这样有才干的人，追得狠了，最后他不是北逃胡地，就是南逃越地。这种驱壮士以资敌国的愚蠢举动，与古代楚平王驱赶伍子胥而遭鞭尸有什么两样？季布固然多次使皇上陷于困境，可是皇上一定还记得，他兵败彭城又被楚军团团围住时，亏得楚将丁公刀下留情，闪开一条路，才保全了皇上一条性命。而且皇上早就知道，那丁公就是季布的异父同母兄弟。不用说得天下做了皇上的，就是寻常百姓，也不能只记仇不记恩啊！看在丁公的面上，也不应杀了季布。滕公您经常出入王宫，希望您找机会给皇上说说，还是赦免季布为好。"

送走了朱公，滕公想，朱公是鲁地知名大侠，说不定季布就在他家藏匿着，否则他怎么会千里迢迢苦口婆心地来为季布说情呢？不过细想起来，朱公说的也确有道理。为皇上个人着想，为整个国家着想，还是不杀季布为好。于是他找了个机会，把朱公如何来访，缉捕季布如何不利，一五一十地禀报了刘邦。

"依你之见呢？"刘邦问。

滕公答说："过去在楚军中曾传言：'得黄金百斤，不如得季布一诺。'足见季布是个很讲信义的人。臣以为，已经拥有天下的陛下，不仅需要季布这样的人，更需要季布具有的这种信义。杀掉季布一人事小，丢弃这种精神事大。"

"好，就依你的！"刘邦当即下诏，"季布虽几次使朕困厄，但其身为项王臣子，效忠其主，精神可嘉，特赦免其罪，封为郎中。丁公虽救朕性命，但那是以私灭公，不忠不义，终使其主丧失天下，特斩首。昭示天下众臣，勿效丁公！"

田横及其部卒虽未能招抚，但全部自杀身亡，也总算使汉高祖刘邦除去了心头之患。接着又赦免了季布，斩杀了丁公，使大小臣僚无不震惊，感到当今的天子不是那种没有头脑的草莽英雄，而是一个有思想、有作为、完全能够驾驭群臣的明主，因此一个个全都战战兢兢，尽心从事，不敢有丝毫懈怠。刘邦见天下已定，百官就位，便要将都城洛阳认真修建一番，以便气气派派地做几年皇帝。

洛阳位于今河南西部的伊洛盆地，南临伊阙，背靠邙山，东有虎牢关，西有函谷关，四周为群山环绕。这里气候温和，雨量适中，伊、洛、瀍、涧四水蜿蜒流贯其间，确是一个山清水秀、物产丰富的好地方。由于这里"居天下之中"，周朝初年，为了加强对东方诸侯的控制，在这里修宫建殿，名为"成周"，由周公长期坐镇。周平王正式迁都于此之后的五百多年间，一直作为都城，城里还修筑了富丽堂皇的南宫和北宫。秦始皇初年，身为秦相国的吕不韦被封为洛阳十万户侯，他乘机又大肆修建，使这个昔日的国都更加繁华。刘邦率兵出关，夺得天下，把号称"天下之中"的洛阳定为国都，计划在过去的基础上再行扩建，也在情理之中。不料他的这一计划，被一个叫娄敬的齐国人改变了。

这娄敬只是齐国的一个普通士卒，他奉命到陇西戍守，路过洛阳时，听说刘邦要大兴土木营建洛阳城，便大胆地来到王宫拜见刘邦，直言问："陛下营建洛阳，难道是想和周王朝比试一下盛况吗？"

"说得对。"刘邦说。

娄敬又说："陛下得天下与周王得天下有什么不同，陛下知道吗？"

刘邦摇摇头说："这个我倒是没有去想。"

娄敬说："周的先祖从后稷被尧封于邰算起，积德行善有十几代，武王伐纣时，有八百诸侯不约而同地赶到孟津聚会结盟。周朝建立后，定都关中，成王即位后，辅佐成王的周公才营建洛邑（即洛阳），因为那里居天下之中，便于四方诸侯贡献、朝拜。"

刘邦说："既然这样，我定都在这里，岂不是很好吗？"

娄敬说："事情不是这么简单。周朝昌盛的时候，天下和平安宁，

202

运筹帷幄

张良

四夷仰慕周朝的德政，诚心归附，侍奉天子，贡献方物。可是等到周朝衰微后，诸侯并起，谁也不再来朝拜天子，周天子也没有力量再去制服他们。依此看来，有德之君住在这里，可以安抚天下；无德之君住在这里，也容易导致国亡身灭。"

刘邦生气地说："难道朕是无德之君吗？"

娄敬解释说："陛下兴义兵，伐无道，德被四方，天下共睹，难道陛下能保证后世子孙都如陛下这般仁慈吗？况且就是陛下，也难与当初的周王相比。当初武王伐纣前，早已建立起稳固的基业，灭商建周，已是水到渠成、瓜熟蒂落。而陛下从丰、沛起兵，召集了三千士卒，带着他们席卷蜀汉，平定三秦，同项王大战荥阳，大、小仗不计其数，使天下百姓血肉横飞，哭声不绝于耳，在这种情况下，陛下定都洛阳，还要大肆营建，与成康之治相比，恐怕不太合适吧？"

刘邦听到这里，脸上的怒气渐渐消了，又问："那依你之见呢？"

娄敬说："与洛阳相比，关中就不同了。那里有据险可守的群山大河，有丰美肥沃的土地，真可谓天府之国。陛下若建都关中，有紧急之事时，退可以固守，进则可集百万之众，凭借秦国原有的设施，出关东进。比如与人搏斗，不扼住对方的咽喉，狠击其背，就难以取胜。今陛下入关建都，统御全国，正是扼住了天下的咽喉。"

侍立一旁的众将领见一个无名小卒居然觐见皇帝，本来就有些生气，如今又听他极力鼓动迁都关中，更是气得怒目圆睁。原来这些将领多是刘邦的老乡，是当年与刘邦一同起兵的。他们想，这洛阳离老家就够远了，再定都到关中，岂不离家更远吗？他们真想把这个娄敬轰走，无奈是当今皇上召见的客人，而且他听得又是那样认真、动心，因此只好把心头的怒火压下，争相向刘邦进言："洛阳居天下之中。陛下一统天下，理应建都洛阳！"

"周朝建都洛阳，历经二十余王、四百余载，而秦朝建都关中，二世而亡，足见这娄敬所言皆是无稽之谈。"

"陛下登基时，就向天下宣布定都洛阳。况且洛阳东有成皋，西有崤山、渑池，背靠大河，西向伊、洛。这里又宫寝俱备，百官齐集，就不必再迁了。"

刘邦听了这些，也一下子没了主意，便问张良："依先生之见，朕把都城建在哪里好呢？"

张良说："依臣之见，娄敬说得很有些道理。因为洛阳虽居天下之中，但其中心地区狭小，方圆不过几百里，且四面受敌，因此这里不是用武之地。而关中之地东有崤山、函谷关之险，西有陇山做屏障，南有巴、蜀的富饶资源，北有胡地广阔的牧场，中间又是沃野千里。依仗三面险要的地形防守，只用东方一面来控制诸侯。倘若诸侯安定，即可通过水陆转运天下的粮食，西上供给京都；一旦东方发生变故，便可顺流而下，转运军队和辎重，这真正是所谓的金城千里、天府之国啊！"

刘邦听罢，果断地说："不必再争论了。朕已决定，为使国运长久，定都于关中，立刻布告天下！"

有关定都这样的大事，刘邦既已决定，谁还敢说个不字。

刘邦也真是雷厉风行，决定建都关中的当天，他就起驾西行，再入关中。当大队人马沿渭水行进时，发现这里山水环抱，原野舒展，风景秀丽，气候宜人。特别是一处叫作长安的地方，一下子引起了刘邦的兴趣。倒不是因为这里有周朝丰镐的遗址，也不是因为这里有被焚的秦时阿房宫的废墟，而是因为这里有一片被称作龙首原的高地。它犹如一条游龙，横卧于渭水南岸，地势平坦。站在原地上俯视四周，视野开阔，真是心旷神怡，于是刘邦下令在此修宫建殿，作为都城，"长安"也就自此闻名于世。不仅西汉王朝建都于此，后来的新莽、西晋（愍帝）、前赵、前秦、后秦、西魏、北周、隋、唐也定都于此，东汉、三国魏、五代唐并以此为陪都。西汉末年的绿林、赤眉，唐朝末年的黄巢，这些

运筹帷幄

张良

农民起义军也曾建都于此。特别是唐代，长安还成为世界闻名的大都市和对外经济文化交流的中心。

汉高祖刘邦确定了都城城址之后，格外高兴，对众大臣说："最早建议在关中建都的是娄敬，'娄'就是'刘'啊！"于是赐娄敬姓刘，任命他为郎中，封号称作奉春君。而在关键时刻，是张良力排众议，促使刘邦采纳了娄敬的建议。

长安城（今西安市）的兴建，张良有着特殊的功绩。

鸟尽弓藏　谢病不朝

刘邦刚选定都城地址，下诏营建，忽闻北方的燕王臧荼造反，不禁龙颜大怒。这臧荼原为燕国大将，因随项羽入关灭秦有功，项羽大封诸侯时，封臧荼为燕王，占有燕国的大部分地方，只划出燕国的一小片地方封给原来的燕王韩广，并改称辽东王。然而燕王臧荼并不满足，不久，他就发兵杀辽东王韩广，使原来燕国的领土全部归自己所有。那时项羽正衣锦还乡，认为韩广被杀不过是燕国内争，并未干预。臧荼占领了整个燕地，想重做昔日燕昭王的美梦，称霸北国。不料刚过两年，汉将韩信连灭魏、代、赵三国，陈兵于燕国边境，并遣使招降。臧荼自知不是韩信的对手，只好宣布背楚归汉。不过，那时无论臧荼是归楚还是降汉，燕国毕竟还是个独立的王国。如今，汉王刘邦登基做了皇帝，臧荼就不再是独立王国的国王，而成为昔日的汉王、今天的皇帝刘邦的臣下。他越想越窝火，于是树起反旗，宣布脱离汉廷。

刘邦听到燕王造反，怒说："臧荼不过是个降王，又无功劳，朕令其继为燕王，他不知感恩，竟冒天下之大不韪，是可忍，孰不可忍！朕要亲自率兵征伐！"于是，在将营建都城的事安排了一下之后，他就与太尉卢绾整点兵马，星夜起程，直奔燕国。臧荼原以为汉朝初建，百事待举，无暇北顾，哪料当今的皇帝竟亲自统兵前来，便吓得乱了阵脚。燕国的士卒百姓看到汉王登基，一统天下，庆幸燕国未遭战祸，今后更可平安度日，不料燕王不自量力，制造祸端，因此对臧荼无不痛恨，根本无心恋战。所以，刘邦率大军来到燕地，如入无人之境，一直攻入燕都蓟城。臧荼之子臧衍慌忙之中从北门逃出，投奔了匈奴，而臧荼负隅顽抗，结果被刘邦生擒，斩首示众。燕民对臧荼的造反本来就不拥护，如今臧荼又被斩首，自然都归顺汉朝。

刘邦平定了燕地，正要班师回京，想到燕地远离京师，北部又与匈奴为邻，须选一知己者为王，而众将领中最信得过的，要数卢绾将军了。刘邦为何对卢绾特别信得过呢？原来卢绾也是沛丰人士，与刘邦是同乡，而卢绾的父亲与刘邦的父亲又是多年好友。事也凑巧，卢绾与刘邦又是同日降生，当时同乡友人各持酒肉祝贺两家同得贵子，使两家的关系更好上一层。卢绾与刘邦受长辈的影响，一起长大，一起玩耍，一起读书，关系自然胜过常人。起兵之前，刘邦遇有官差，卢绾总是尽力帮忙，遇到什么麻烦事情，卢绾更是挺身相助。待到刘邦举义，卢绾也就告别家人，跟随刘邦转战各地。刘邦被封为汉王，到了汉中时，觉得卢绾虽无甚大功，但多年来不离左右，不能总为普通士卒，于是封为将军。打败项羽之后，又晋封卢绾为太尉、长安侯。在封楚王韩信、梁王彭越等人时，刘邦本想把好友卢绾也封成一个王，无奈群臣议论纷纷，只好作罢。卢绾虽然地位不高，但他可以自由出入刘邦的内室，平时得的赏赐，也比其他臣僚多得多。刘邦也深知反对封卢绾为王，是因为他功劳有限，所以这次讨伐燕王时，特意把卢绾带了去。

刘邦虽想封卢绾为燕王，但碍于与卢绾的特殊关系，不便明说，只是给将相列侯下了一道诏书，说明燕处边塞之地，须公推一位有功之

运筹帷幄

张良

人立为燕王。所有将相列侯早知皇帝的心意，再反对下去岂不是自找麻烦？所以众口一词，都说太尉长安侯卢绾长年随侍皇上，出生入死，功劳最多，可立为燕王。刘邦见一番苦心如愿以偿，便以公推为由，封卢绾为燕王，留守燕国，他则班师回京。

谁知燕王臧荼刚被平定，颍川侯几利又造反了。刘邦没有来得及休整，就又亲自率兵出关。这颍川本是一座小城，周围又无险可守，结果刘邦的大军一到，颍川侯几利就做了刀下之鬼。

燕王和颍川侯的造反虽然都很快被平定，但给即位不久的刘邦敲响了警钟。他想，臧荼当初是被项羽封的王，几利当初也是项羽的部下，看来这些人都怀有二心，而项羽的大将钟离昧战败之后，听说被楚王韩信收留了，如果他们合起伙来造反，却要胜过臧荼、几利百倍，于是暗派使者，到楚地侦探。

过了不久，使者回报：韩信整日带着大队兵马巡游楚地，耀武扬威，无论走到哪里，都有钟离昧陪同，分明是要造反。刘邦见使者侦得的情报与自己的估计完全吻合，便召集文臣武将商讨对策。刘邦身边的将相多是与刘邦一同举义的同乡好友，他们听说韩信要造反，一致主张举兵讨伐。刘邦本来早就对韩信心存疑惧，一心想把他除掉，现在也正是个机会，可是觉得到底证据不足，"想造反"终究不是出兵的理由，沉默良久，只好问计于陈平。

陈平想了想，问刘邦："有人告发楚王造反，这事楚王是否知道？"

"他还不知道。"刘邦说。

陈平又问："陛下的精兵能超过楚王的军队吗？"

"不能。"

"陛下的将领有超过楚王的吗？"

"没有。"

这时陈平又说："陛下的军队不如楚国的精锐，将领不如楚王高明，如果举兵讨伐，无异于逼迫楚王举兵反抗，这对陛下岂不是很危险吗？"

刘邦一听，如梦初醒，但又想及早除掉韩信，便问："这事您看该如何办才好？"

陈平说："古代有个传统，天子外出巡游时，常选中一个地方，趁机会见诸侯。臣闻云梦（在今洞庭湖一带）是过去楚王的游猎之地，陛下以到云梦游猎为名，通告诸王届时在陈地（今河南淮阳）相会。陈地在楚国的西部边境，楚王听说陛下出游，还会见诸王，必以为天下太平无事，并前来拜见陛下。此时陛下只须一名武士就可将楚王缉拿，何需出动大军！"

刘邦听罢，高兴万分，当即派出使者通告诸王，他自己则乘上豪华的车辇，带着一队护从，从容悠闲地启程南行。而对这一切全都看在眼里的张良，却一句话也没有说。事实上，他此时什么话也不便说。

陈平聪明，韩信也不是傻子。他想，巡游狩猎，都是亡国之君所为。如今天下初定，百废待举，皇上哪有心思巡游？况且皇上是平民百姓出身，后又南征北战，什么样的名山大川没有见过？天下如此之大，为何偏游云梦，又要在陈地会见诸王？这分明是为我而来。由此他又想到荥阳之战时，刘邦突然夺去他的全部人马，只给了他个"相国"的空名；战败项羽后，免去他的齐王，改封为楚王，统辖的地盘却只是楚地的一小部分。他越想越感到皇上的这次巡游有诈，对自己凶多吉少。他真想索性举兵反叛，又怕毁了自己一生的声名，因为自己本来无罪，起兵反叛不成，岂不真的前功尽弃了吗？他有心不去多想，只管届时去拜见皇上，可那样一来，必是自投罗网。叱咤风云一世的大将军，如今陷入了进退两难之中。

韩信的为难神态被一部将看出，他向韩信献计说："皇上怀疑大王，必是因大王收留钟将军之故。大王若将钟将军斩首，以表忠心，皇

上必然高兴，大王也就化凶为吉。"

韩信犹豫多时，实在别无他计，只好如实说与钟离昧。钟离昧闻听大怒说："我当初投奔于你，是念你我旧时情谊。你也是统率千军万马的大丈夫，没想到你竟这般无情无义，是个贪利卖友的小人！事到如今，我还是有一言相告：皇上虽然对你放心不下，但又不敢轻易对你用兵，就是因为有我在这里的缘故。如果你为了向皇上献媚，今天我被杀掉，明天就轮到你了！"

韩信听了，羞得满面通红，无地自容，悻悻离去。韩信刚一离开，钟离昧就长叹一声，拔刀自刎。

刘邦见韩信果然按时来到陈地，而且手中还提着钟离昧的首级，不禁暗自高兴，于是收下首级之后，突然命人将其捆绑起来，接着就通告四方诸王：因楚王谋反，无暇巡游，诸侯无须再往陈地。然后就给韩信戴上镣铐枷锁，放到副车之上，起驾返回。

多年以来，韩信总以为刘邦对他恩重如山，即使过去夺了他的军队，夺了他的齐国，他都无怨无恨；武涉、蒯通劝他自立旗号，三分天下，他也都婉言谢绝，觉得那样做，是背信弃义，是以怨报德，今天终于看清了这位"大恩人"的真面目。原来过去的一切，都不过是为了利用他去打败项羽，夺取天下。于是，他无可奈何地对刘邦说："古人说：'狡兔死，走狗烹；高鸟尽，良弓藏；敌国破，谋臣亡。'今天下已定，我韩信也到死的时候了！"

刘邦听了，自知理亏，只好支支吾吾地说："不是朕无情，是有人告你谋反啊！"

韩信听了这话，本想辩白几句，说明自己清白无辜，可是转念一想，事到如今，辩白又有何用？皇上欲加之罪，何患无辞？这样想过之后，便任凭刘邦如何解释，他只是一言不发。

可怜韩信，这个昔日统率千军万马的名将，巧布阵，出奇兵，为刘邦夺得天下，最后却因勇略镇主、功高天下而遭忌恨，转眼之间，竟由一代英杰变成了囚徒！唐代诗人刘禹锡叹曰：

将略兵机命世雄，苍黄钟室叹良弓；

遂令后代登坛者，每一寻思怕立功。

刘邦押着韩信返回洛阳。众将领见皇上这次巡游一箭双雕，纷纷前来祝贺，有的甚至提议速将韩信斩首，以除后患。这时张良也上前贺说："陛下建都关中，又擒得韩信。关中秦地，阻山带河，形势险要，用兵便利。而那齐地，东有琅琊、即墨之富饶，南有峻峭泰山之屏障，西有大河之天堑，北有大海渔盐之利，土地方圆两千里，拥有兵力百万，可谓东方之秦国了。依臣之见，非陛下亲族子弟，断不可封为齐王！"

众将领本来姓刘的不多，听了张良所言，自然觉得不甚悦耳，可是又觉得张良说的俱是实情，况且这是为皇上谋划，劝皇上封自家子弟，于是全都附和。不料刘邦听了这话，不觉心中一震，迟疑良久说："诸位退下，容朕细加思量。"

刘邦听了张良所言，为何心中一震？原来张良足智多谋，多次在关键时刻为刘邦出谋划策，使他摆脱困境，转危为安，因此一向受刘邦敬重，真可谓言听计从。刘邦想，今日众将领纷纷提议要速斩韩信，而张良怎么对斩韩信的事一字不提，却突然谈起秦、齐二地的形势来了？再一细想，韩信一生战功显赫，而最卓著者有二：一是暗度陈仓，还定三秦；二是囊沙断流，平定齐地。还定了三秦，使朕得有巩固后方，进退自如；平定了齐地，终使楚汉之争见了分晓。自己今日得有天下，韩信确实立有汗马功劳。张良必是不赞成杀掉韩信，但又不便明说，才大谈秦、齐之势，婉言谏朕。多年来，张良对朕一向忠贞，而与韩信并无深

运筹帷幄

张良

交，此时不赞成诛杀韩信，不会是因为对韩信的怜悯，大概是出于对稳定整个天下的考虑。楚王韩信虽以"谋反"之名被捕了，可是异姓王还有淮南王英布、梁王彭越、赵王张敖（张耳之子）、韩王信、长沙王吴臣（吴芮之子），还有最近新封的燕王卢绾。如果现在就将韩信杀掉，那些功劳远不如韩信的诸侯王该作何考虑？他们若联合造反，岂不天下大乱？看来杀死韩信，还不能操之过急。

众将领也有自己的考虑。他们想，将领们一致提议速斩韩信，深得皇上信任的谋士张良也没有反对。皇上虽说细加考虑，再作决断，但根据这种形势分析，韩信肯定活不成了。不料刘邦召集文武百官，突然下诏说："韩信有谋反之嫌，朝廷内外皆知，故不宜再任楚王，贬为淮阴侯。原楚王韩信所辖之地分为荆、楚二国，以淮为界，将军刘贾，屡立战功，封为荆王，据淮东之地；弟刘交为楚王，据淮西之地。子刘肥为齐王，凡说齐地方言者，皆属齐国。"

对皇上的这道诏令，众将领无不惊诧，但皇上既已宣布，谁也不敢再提出异议。韩信对此也深感纳闷，他是被戴上镣铐枷锁押到洛阳城的，即使不被斩首，也会被关进监牢，怎么还会得到个淮阴侯的封赏？唯一不感到意外的是谋士张良，而且因此他对刘邦还增加了几分敬佩之情。他佩服刘邦善解人意，真是心有灵犀一点通！他佩服刘邦的决定无懈可击，恰到好处。这样一来，天下人都知道朝廷内外皆知韩信谋反，才削去韩信楚王封号的，并不是刘邦无情无义、过河拆桥；在朝廷内外都说韩信谋反的情况下，我还封韩信为淮阴侯，可见我刘邦对韩信是非常信任的。韩信过去为楚王，封国内跨郡连县，总揽一国的军政大权，随时都可能举兵反叛。如今我封你淮阴侯，不过是让你坐食淮阴一地的租税而已，纵然真有反心，也难以掀起大浪，成不了什么气候。张良越想越觉得刘邦此举无比高明，越想越觉得刘邦这人奸诈阴险，是个可共患难不可共享乐的君王。自古以来，勇略镇主者危，功高天下者不赏。

韩信没有想到这一点，也不知急流勇退，终于落到今日的可悲下场。他又想到，刚到洛阳时，刘邦在南宫借酒论取天下，对着群臣说："夫运筹帷幄之中，决胜千里之外，吾不如子房；镇国家，抚百姓，给馈饷，不绝粮道，吾不如萧何；连百万之众，战必胜，攻必取，吾不如韩信。三者皆人杰。"这是他酒后的肺腑之言，足见自己在皇上的心目中占着相当的位置，为三杰之一。如今，三杰中的韩信已遭贬斥，束手待毙，下一个不就要轮到我吗？想到这里，张良真有些不寒而栗。

恰在这时，张良得到一个不幸的消息——他的妻子病故了。

张良本来早就想回家看望他们母子，无奈三年多来，四处转战，不得脱身。后来项羽战败，刘邦登基，他曾提出回家小住，刘邦却以王朝新立、百废待举为由，没有答应。当宫室百官来到洛阳时，刘邦早命人把自己的老父、兄弟、妻妾、子侄统统接来。张良触景生情，深感孤独，也更加思念妻子。他再次提出回家小住，不料刘邦仍未允准。不过，刘邦答应派人将他的家人接到京都。自从刘邦派出去的人走了之后，张良就心神不定，日思夜盼，可如今等来的却只有年幼的儿子，他的妻子再也不能见到了。此时，妻子那温和的面容又浮现在他的面前，临别时妻子的嘱托又回响在他的耳边。在生活上，他欠妻子的太多了，但只要能团聚，他会偿还的，而且等妻子来京后，他已下决心要与她相依为命，白头偕老，永不分离。可如今这一切全都化为了泡影，留给他的是永久的内疚、痛苦与遗憾。他仰望苍天，一句话也说不出来，只是抱着儿子痛哭不止。张良的身体本来就不大好，现在又遭此打击，更是茶饭不进，彻夜难眠，身体不由得更加虚弱，一连几天，他没能上朝。

刘邦得知张良丧妻，亲自前去看望。张良急忙起身迎驾，诚恳地说："臣家世代相韩。韩亡之后，臣不惜万贯家产，为国报仇，又凭三寸不烂之舌，得宠于陛下。靠陛下神威，群雄扫平，天下一统。臣国恨家仇皆报，已经心满意足。况且臣素来身体欠佳，难当重任，考虑再

运筹帷幄

张良

三，决定跟随赤松子去神游四方，颐养天年，万望陛下恩准。"

刘邦闻听大惊，当即挽留说："先生运筹于帷幄之中，决胜于千里之外，助朕夺取天下，有盖世之功。如今虽天下一统，但万事草创，似先生这般奇才，如何能离得开？先生痛失夫人，心中悲伤，朕已知晓。不过，天下女子取之不尽，朕再为你选个年轻美貌的就是了。"

张良急忙说："谢陛下圣恩，臣决意不再续娶。"

刘邦笑笑说："先生尚在悲痛之中，此事以后再说吧！先生多病，不必日日上朝，只管在家安歇，待朕遇有难决之事，再来请教。"

张良见刘邦一片真心，只好答应下来。从此，他便以体弱多病为由，闭门谢客，深居简出。

众将谋反　雍齿受封

自从削去韩信的楚王封号，夺了他的封地，刘邦好似去了一块心病，格外轻松。对改封韩信为淮阴侯之举，他也很得意，因为这样做，既釜底抽薪，使韩信失去了反叛的基础，又没有伤了与韩信的和气。为了表示对韩信的"亲近"，刘邦让韩信常住京都，还经常召韩信入宫聊天。

正是寒冬腊月，大雪纷飞。汉高祖刘邦在宫中闲着无事，便置了酒席，遣使召来韩信，以酒驱寒，话旧叙情。他们谈了起兵以来的艰辛，谈了各地的风土民情，谈了几个战役的详细经过与得失，自然也就涉及诸将能力的大小和本领的高低。如今宫中诸将，过去大多是韩信的部下，韩信对他们可谓了如指掌，又兼今日气氛融洽，所以韩信也就无拘无束，侃侃而谈。

刘邦听着，不住点头，对韩信说："你对诸将的评价客观公允，令人佩服。只是论了多人，对朕还未论及。依你看，朕有带多少兵马的本领？"

韩信信口答说："陛下带兵，不过十万。"

"那么你能带多少呢？"刘邦又追问了一句。

韩信呷了一口酒，笑着说："韩信带兵，多多益善。"

刘邦听了这话，就有些不高兴了，心想，你不过是我囊中物、阶下囚，我是抬举你，才邀你前来饮酒闲聊，怎么不知天高地厚，如此傲慢？于是冷笑了一下，问："既然如此，你为什么还被我擒住了呢？"

韩信毫不介意地说："陛下不能带兵，却善于带将，这就是我被陛下捉住的原因。况且陛下能有今天，靠的是天意，与陛下的实际能力并无多大关系。"

刘邦听了这话，哈哈大笑起来。他送走了韩信，又对韩信的谈话细加品味。过去带领诸将夺取了天下，现在要安邦治国，也不能事必躬亲，仍须依靠这批文武百官，尤其是像萧何这样有治国之才者，更须倍加重用。他又想到建国一年多来，朝廷诸臣虽有了官职，尚无爵位，用今天的话说，就是还没有定级。这事他不是没有想到，也不是有意拖延，而是群臣争功，各不相让，实难进行。今天韩信的一席话，使自己对诸将的本领、能力、功劳，有了清楚的了解，对应该注重哪些人，心里也有了底数。现在，他可以召集群臣，论功封赏了。

那时的军功爵位分二十级，最高一级为列侯，列侯可以享有食邑。就是只要封某个有功之人为列侯，同时也封给他一块地方，其爵名也就以所封之地的地名名之，称作侯。该人常住京师，并不住在封地，封地的行政事务皆由朝廷派去的官吏处理。因该人有征收封地的租税之权，故称为食邑。不过虽同为列侯，由于封地的户数不等，收入自然也就有别，故有的称作万户侯，有的称作三万户侯，等等。

运筹帷幄

张良

为封爵之事，刘邦着实费了一番心思。高祖六年（前201）十二月，他先封了十人为列侯，其中曹参为平阳侯，夏侯婴为汝阴侯，陈平为户牖侯。不料陈平接诏之后，立刻辞谢说："臣功微，请另封真正有功之人。"

刘邦说："先生计除范增，断项羽之股肱；鸿沟划界之后，先生劝朕东向用兵，方有垓下之捷，谈何功微？真正有功之人又是谁呢？"

陈平说："当初没有魏无知引荐，臣如何能辅陛下？在陛下彭城失利，众人对臣纷纷议论之时，没有魏无知的力辩，臣如何能有今日？"

刘邦恍然大悟，赞说："真可谓情义之人！"考虑到魏无知究竟无甚奇功，便特赐千金。陈平原籍户牖，仍封为户牖侯。

第二年正月，刘邦又续封十七人为列侯，其中萧何为酂侯，樊哙为舞阳侯，周勃为绛侯，灌婴为颍阴侯，郦商为曲周侯，周阴为汾阴侯。

张良自入关之后，虽谢病不朝，深居简出，刘邦并未将他忘记，特意召来说："先生为朕出谋划策，克敌制胜，你就从齐国选择三万户作为封邑吧。"

张良赶忙辞谢说："当初臣在下邳起兵，有幸在留地与陛下相遇，这也是天意成全臣，把臣交给了陛下。以后赖陛下的信任，才使臣的计策有时发挥些效用，所以将万户的留地封给臣，臣也就心满意足了，哪里敢要三万户？况且封给留地，也使臣时时记着与陛下的交情。"刘邦见张良真心实意，说得入情入理，于是接受了他的请求，封张良为留侯。

刘邦两次封侯二十七人。这些人虽然都为列侯，享用的封地户数却不相等，其中封邑中户数最多的是酂侯萧何，这一下可在群臣中引起了轩然大波，那些跟随刘邦南征北战的将领更是满腹牢骚。他们也不顾什么君臣礼节，当众质问刘邦："我们披坚执锐，四处征伐，攻城得地，多多少少都有个数目，萧何不过做些发议论、理文墨的事情，有什么功劳？我们身经百战，出生入死，好不容易才熬到今天，所得封赏为什么还比不上一个安卧帷幄之中的文墨书生？这太不公平了！"有的甚至说："陛下当初是平民百姓时，他萧何是沛县主吏，陛下须处处看他的脸色行事。如今陛下是堂堂皇帝了，他不过是陛下的一个臣子，怎么还要巴结他呢？"

听到这些不三不四的话，刘邦的肺简直要气炸了，他满脸铁青地问道："你们见过打猎的吗？"

"见过。"许多将领应声答道，还有的答道："我们不是见过，而是亲自打过。"

刘邦又问："打猎需要猎狗，你们知道吗？"

"知道。"众将领齐声答道。

刘邦正言厉色地说："打猎的时候，追赶猎物的是狗，而指示猎物行踪、放狗前去追赶的是人。你们在战场杀敌，不过是追得猎物的有功之狗罢了！至于萧何，他运筹帷幄，决胜千里，才是真正的有功之人，你们如何能与他相比？况且你们多是一个人追随我，多的也不过带两三个家人，而萧何的宗族里，有几十人在军中效劳，这些功劳怎么能抹杀呢？"经刘邦这么一说，将领们谁也不敢再吱声了。

封侯完毕，依照习惯，要挑选其中十八个功劳最大的排出座次，这一下刘邦又为难了。因为十八个功劳最大的很快就评定了出来，可是这座次怎么排呢？特别是谁应排在首位呢？他本想把萧何排在首位，可是因为封赏的事已经引起了一场风波，他发了一通火，才好不容易将风波平息下去，如果把萧何排在首位，风波再起，可如何收场？思来想去，还是自己不说为好，由众臣评说。有封赏时的基础，说不定萧何能被评成首位呢！不料他刚让众臣评说，许多人就异口同声地说："平阳侯曹参，身受七十处创伤，攻城略地，立功最多，应排首位。"

这一下刘邦更加为难了。因为曹参本是秦时的沛县狱吏，自己刚

运筹帷幄

张良

起兵时，他就开始追随，而且的确是身经百战，屡立战功。特别是魏王豹反叛的时候，他以代理左丞相的身份，协助韩信出兵魏国，在东张大败魏将孙遬，在安邑生擒魏将王襄，接着又在武垣俘获魏王豹，占领魏都平阳，使魏地平定下来，总计得五十二城，正因为如此才把平阳作为他的食邑，把他称作平阳侯。灭魏之后，他又与韩信一起灭代、赵，在平定齐国的战斗中，破历下，占临淄，斩龙且，擒周兰，俘田广，共得七十多县。这些功劳的确不小，但这些功劳都是他作为韩信的副将立下的，若将曹参排到首位，岂不是为已遭贬斥的韩信招魂吗？刘邦听着众臣的评说，脸色红一阵、青一阵，一言不发。

这时关内侯鄂千秋突然说："诸位说得不对。曹参虽有野战夺地之功，但那只是攻战中的一时之事而已。楚汉相争五年，陛下好几次全军溃败，只身逃脱，全是依靠萧何从关中征调兵员，充实汉军，而且有些并不是陛下发出命令让他干的。特别是有好几次，前线正需要人时，恰好萧何从关中派出的军队也赶到了。楚汉在荥阳、成皋相持数年，粮草毫无积存，是萧何及时从关中转运，才使军中粮草不致缺乏。尽管陛下多次失掉崤山以东的地盘，但萧何总能保全关中之地，才使陛下能东山再起，这些都是万世不朽的功勋啊！没有萧何的这些功劳，汉室哪会有今天？而像曹参这样的战将，即使少一百个，也不会影响汉家天下的创立。况且汉家创立中他们有功，未必能靠他们保全，怎么能用一时之功劳盖过万世之功勋呢？依我之见，萧何居首，曹参居次。"

鄂千秋的这番议论，正中刘邦下怀。为了避免争论，防止风波再起，他当即宣布：酂侯萧何为第一功臣，特准他可以佩剑、穿鞋上殿，朝见皇帝时不必跪拜，然后又说："我听说，'进贤者受上赏。'萧何功劳虽高，若没有鄂君的明辨，也会埋没。"于是在鄂千秋原来封邑的基础上，又加封安平侯。当日，刘邦又遍封萧何子弟十余人，都各有食邑。因当年刘邦带人到咸阳服役时，一般朋友都送他三百钱做盘缠，唯独萧何送了五百钱。常言说："救人救急，施人当厄。""扶人之危真君子。"萧何多送的二百钱虽不是个大数，但那确是他急用之时，所以多年来，刘邦对此事一直铭记在心。为报答萧何的这一恩德，又特加封他二千户。

且说张良深知自己既不是当今皇上的同族子弟和同乡好友，又没有杀敌夺地之功，更主要的是他觉得，功名官爵和货财声色皆为身外之物，自己体弱多病，贪求这些又有何用？所以他婉言谢绝了三万户的封邑，只做了个食封一万户的留侯。对此他心满意足，因为他认为自己这样做，既可避免遭受楚王韩信那样的厄运，又可在群臣中做出个表率，使他们别再为名利地位争吵不休。

不料张良的一番苦心并未奏效，许多大臣或自恃与皇上关系特殊，或觉得自己功劳卓著，都奋力辩争，互不相让，酿成了几次宫中风波。刘邦虽然刚柔并济，软硬兼施，将一次次的风波平息，但在封赏和排座次中暴露出的问题，也使他忧虑，因为那些得到重赏的，位次排到前边的，像萧何、曹参、樊哙、夏侯婴、周勃、灌婴等人，哪一个不是他的同乡好友？难怪众臣不服。风波虽暂被平息，但总有一天还会再起，这对君臣的团结、对天下的安定，实在不利。所以这些天来，张良总是带病上朝，观察动静。

一天，刘邦从洛阳南宫的天桥上突然看见将领们正三三两两地坐在沙地上交头接耳，甚感疑惑，急问张良："那些人在干什么？"

张良说："难道陛下还不知道吗？他们在谋反呢！"

刘邦闻听大吃一惊，说："天下刚刚安定，他们为何要谋反呢？"

张良问刘邦："跟随陛下打天下的共有多少将领？"

刘邦愣了一下道："太多了，少说也有一百。"

"陛下封赏了多少人？"张良又问。

这显然是在明知故问，所以刘邦没有回答，静听张良的下文。

运筹帷幄

张良

张良见刘邦显出焦急的神色，便直言说："有那么多人离开父母妻子，跟随陛下南征北战，无非是为了协助陛下夺取天下，以图封官晋爵。他们每个人，都有大小不等的功劳。今陛下依靠他们取得了天下，陛下也做了至高无上的天子，可是陛下只封赏了二十几人，而且都是陛下的亲朋故友，而遭诛杀、受贬斥的，都是陛下平时怨恨的人。如今这帮人既担心被陛下抛到脑后，永远也不会得到封赏，又担心过去有过过失，会被陛下杀掉，所以才聚集在一起，图谋反叛。"

刘邦觉得张良所说俱是实情，而且深感局势严重，可是又不知如何处理，便问："这该怎么办呢？"

张良想了一下，问刘邦："陛下平素最憎恶，而且诸将也都知道的是哪个？

"雍齿！"刘邦脱口而出，"当年朕刚起兵之时，率兵到薛地，命雍齿留守丰邑。不料朕走之后，他竟改旗易帜，使朕无立锥之地。幸亏项将军梁借兵于朕，才将丰邑收回，后来雍齿又投奔朕。许多将领说雍齿朝秦暮楚，应该杀掉，朕也对他怨恨至极，很想将他斩首。但那时军情甚急，正需兵马，所以才没有杀他。为这事，不少将领还耿耿于怀呢！"

张良果断说："这就好办了，陛下赶快封赏雍齿，将领们看到雍齿受封，自然就会安下心来。"

刘邦对张良本来就是言听计从，又兼眼下情况紧急，自己又没有想出更好的办法，只好按张良所言，摆上酒宴，召集群臣，当众封雍齿为什方侯。宴毕，群臣果然打消了反叛的念头，纷纷议论："雍齿尚为侯，吾属无患矣！"后来，依张良之策，汉高祖刘邦又陆续封侯一百多个。就这样，一场行将爆发的危机，终于被张良在不声不响中平息，使刚刚建立起的汉王朝得以稳定。北宋史学家司马光评论此事时说："在刘邦取得天下，以个人的爱憎进行封赏和诛杀，从而埋下危机时，张良借机进忠言、献良策，使皇上去掉偏袒私情的过失，使臣下免除猜疑恐惧的念头，使国家无忧患，利益延及后世。像张良这样，真是善于劝谏啊！"

太子风波　吕后求策

刘邦建国之后，封赏了功臣，又对十八名功劳较大者排了座次，终于解决了这个棘手问题。但此时的刘邦并不是感到万事如意，特别是有三件事总是萦绕在心头，使他放心不下：一个是至今还有几个非刘姓的人做着一国之王，称霸着一方，威胁着朝廷；一个是朝中至今没有一个仪礼章法，朝臣们拜见他时，高兴了就跪拜作揖，不高兴了就吹胡子瞪眼，就是他自己，也时常举止失措；还有一个便是那个太子盈实在懦弱无能，将来难以继承帝业。

原来，刘邦当皇帝前后，封了几个异姓王，就是楚王韩信、淮南王英布、梁王彭越、赵王张耳（张耳死后改为其子张敖）、韩王信、燕王臧荼、长沙王吴芮、闽越王无诸和南越王赵佗。汉朝刚一建立，燕王臧荼就起兵反叛。刘邦亲自率兵征讨，斩臧荼，另立卢绾为燕王，但卢绾也不是刘姓人。不久，刘邦又采用陈平的计策，伪游云梦，诱捕了楚王韩信，贬其为淮阴侯。但只要韩信还活在世上，他就总觉得有些不舒服。另外其他各王也着实让他放心不下，需要一个个解决。他思来想去，觉得韩王信控制着中原要塞地带，应首先解决，于是，以防御匈奴为由，命韩王信迁都晋阳（今太原南）。不料韩王信却提出，晋阳离边塞太远，要迁都马邑（今山西朔县）。刘邦不便反对，只好答应，哪知就在这年的秋天，韩王信就投降了匈奴，联兵进击太原。刘邦怒不可

运筹帷幄

张良

遏，亲率步骑三十二万，从晋阳北上迎击。刘邦这次出兵，起初倒是取得一连串的胜利，可是在继续北进讨伐匈奴时，却中了埋伏，被匈奴兵包围在白登（今大同东北）七天七夜。幸亏陈平派人以重金贿赂匈奴冒顿的皇后，才使刘邦逃出白登，引兵而归。

刘邦从白登返回长安，恰逢长乐宫落成。长乐宫位于汉代长安城的东南部，是在秦时兴乐宫的基础上修葺而成的。由于它位于稍后建成的未央宫之东，所以又叫东宫。长乐宫是个庞大的建筑群，由前殿、临华、长信、永寿、永宁等殿组成，周围二十里，是供皇太后居住的地方。工程如此浩大，建筑又如此重要，如今落成了，怎不使身为皇帝的刘邦振奋呢！又恰逢诸侯群臣朝贺岁首（汉依秦制，以冬十月为岁首），刘邦便把朝贺仪式定在了新落成的长乐宫。

刘邦本是起于草莽之间，他手下的那些名臣大将，当初有的是编养蚕箩筐的，有的是卖狗肉的，就是曹参、萧何，也不过是刀笔小吏，哪懂得什么君臣之礼，若遇上心中有不平之事，又喝醉了酒，常常是口出秽言，拔剑击庭柱，使得刘邦非常头痛。为此，他特意授命秦时的博士官叔孙通到鲁地召集了一帮儒生，制定了一套诸侯大臣朝见皇帝的礼仪。刘邦观看了儒生们的示范，高兴地说："很好，很好！这些我能做到，重要的是让群臣都尽快学会。"

举行朝贺这天的一大早，就有荷刀持戟的步卒将长乐宫的主殿保卫起来，殿中陈列着许多车子、兵器、帷帐、旌旗等。礼仪主持官按照尊卑次序引导各官员进入殿门，几百名郎中在殿前的台阶上排成左右两行，相对而立。功臣、列侯、诸将军及军吏，依次排列在殿廷的西边，面东而立；文官丞相以下，依次排列在东边，面西而立。这时刘邦乘坐辇来到殿中，侍从百官手执旗帜，高呼："万岁！"主持官引导诸侯王以下至俸禄在六百石级的官员依次上前，向皇帝祝贺。贺礼毕，刘邦按官职高低依次赐酒。殿上群臣低头伏地，又依次向皇帝敬酒祝寿。斟酒九次以后，主持官才宣布酒宴结束。整个过程，礼仪严密，场面壮观，气氛森严，旁边还有御史官进行监督纠察，对违反礼仪者，当场拿下。所有臣僚无不震惊恐惧，没有一个敢喧哗失礼的。刘邦激动地说："我到今天，才真正知道当皇帝的尊荣！"于是，任命制定礼仪有功的叔孙通为太常官，另外赏金五百斤。

刘邦虽然早就定都长安，但在长安城的营造过程中，刘邦及其文武百官主要是在栎阳处理朝政。长乐宫落成不久，供皇帝居住及处理朝政的未央宫在萧何的监督下也落成了。这年的二月，刘邦率领文武百官正式从栎阳迁到长安。

未央宫在汉代长安城的西南部，是都城的主要建筑，也是西汉王朝的政治中心。未央宫包括前殿、宣室、宣德、东明、昆德等三四十座大殿，以及麒麟、天禄、玉堂等楼阁，还有渐台、织室、凌室等重要建筑，周围二十八里。其中，未央宫前殿宽五十丈，深十五丈，高三丈五尺，皆金铺玉户，重轩镂槛，真是高大雄伟，壮丽辉煌，就是刚尝到皇帝尊荣滋味的刘邦，看到如此豪华的建筑也不免惊愕，责问萧何："天下纷乱，战祸连年，如今成败尚未可知，为何营造如此豪华的宫殿？"

萧何受此指责也深感意外，赶忙解释说："正因为天下尚未安定，才好借机征调民夫来营造宫室啊！何况天子以四海为家，宫殿不建成这个样子，如何显示天子的威严？而且这也是一劳永逸的事情，后代子孙不必再建了。"

刘邦听了这话才转怒为喜。未央宫落成，国都正式迁来，自然又要以太常官叔孙通制定的那套礼仪，宴会诸侯群臣，借机显示他做天子的尊严。未央宫的重要性胜过长乐宫，未央宫的规模也大于长乐宫。长乐宫落成时不过是一年一度的岁首朝贺，而如今是奠定百年基业的迁都大典，虽然仪式的程序还是那一套，但规模要大得多。刘邦想到今日才真的坐到皇帝的宝座上了，自然也就更威严，更神气，更得意。礼毕，他

运筹帷幄

张良

自捧玉卮，向他的父亲太上皇敬酒，自豪地问："早先，大人常责怪我无赖，不能治产业，不如二哥刘仲殷勤用力。大人今天看看，我与二哥的产业，谁的多呢？"那太上皇一辈子生活在乡间，哪见过这种场面？他正茫然不知所措时，经刘邦这么一问，就更是只知傻笑，无言对答。太上皇的憨举，倒引起众臣的哄堂大笑。

朝中的礼仪已经制定出来，异姓王需要等待机会一个个收拾，而更换太子的事，使他感到已越来越紧迫。

那时候，国君确立太子是个非常严肃的事情，因为被确定的太子，就是未来的国君啊！通常情况下，是把嫡长子（即国君正妻所生的长子）立为太子，但由于种种原因，可以不立嫡长子，就是已经立了，也可以中途更换。刘邦有八个儿子，长子刘肥，是刘邦起兵前的一个姘妇所生，自然无资格成为太子。次子刘盈是妻子吕雉所生，在刘邦登基时，就顺理成章地立为太子了。可是刘邦总觉得刘盈性情软弱，不是当皇帝的材料，他甚至经常当着众臣说："这孩子不像我。"刘邦兵败彭城时，败途中结识了戚姬。后来戚姬生了个儿子，叫如意，很受刘邦喜爱。他常常将如意抱起，左亲右亲，自言自语说："这孩子很像我。"刘邦的另外几个儿子是刘恒、刘恢、刘友、刘长、刘建，皆为庶出（即妾生）。

其实，刘邦喜爱如意，真正的原因还是其母戚姬受宠所致。吕雉虽是结发夫妻，但终究不过是乡间女子，更何况年老色衰，而那戚姬却青春年少，貌赛西施，而且能弹唱，善歌舞，又兼知书识字，工于辞赋，吕雉哪能比得上？刘邦宠爱戚姬，常常到不顾一切的地步。一天，御史大夫周昌入宫奏事，刚至内殿，就听到有男女嬉笑之声，再一细看，原来是刘邦正与戚姬调情取乐。他甚为尴尬，调头返回，不意已被刘邦看见。刘邦急忙撇开戚姬，跑出殿门急呼周昌。周昌见皇帝呼唤，忙转身跪下。刘邦趁势抬腿，骑到周昌的身上，问："你既然来了，就须向朕说出真情实话，你看朕是何等君主？"

此时刘邦的兴致，还全在男女之情上，哪里像个皇帝？简直是个无赖流氓！周昌也是秉性耿直，他抬起头愤愤地说："我看陛下胜似好色的夏桀商纣！"刘邦听了这话，竟没有生气，而是尽情地大笑了几声，就抬起腿来，放周昌走了。

刘邦越来越离不开戚姬了，就是出巡、平叛，也总是把她带在身边。戚姬也就趁着受宠之机，百般侍奉，力求将儿子如意立为太子。母以子贵，如意将来做了皇帝，她自然就成了堂堂正正的皇太后了。刘邦虽然有心更换太子，但又找不出什么正当的理由将刘盈废掉，只好暂时拖着。刘如意已被封为代王，只因年龄太小，不能到代国就封，就由夏阳侯陈豨为代相，摄理国事，并统领赵、代两国的边兵，以对付匈奴。后来因有人告发赵王张敖反叛，刘邦将张敖贬为宣平侯，就改封刘如意为赵王。此时刘如意年已十岁，刘邦便要打发他赴赵就封。戚姬闻听，惊得神色仓皇，泪流满面地向刘邦跪下哀求说："幸得陛下恩宠，妾母子才有今日，然长此下去，只怕有变，我母子命运难卜。"

刘邦安慰说："盈儿已为太子，废长立幼，谈何容易！立如意为太子，朕何尝不乐意？只是此事须从长计议，等待机会。"戚姬仍是痛哭流涕，跪着不起。刘邦只好将她扶起，为她擦去眼泪，说："看到你如此悲痛，朕心里也不好受。好吧，不要再哭了，朕就立如意为太子吧！"

第二天临朝，刘邦就突然提出废掉太子盈、立如意为太子的事来。群臣听了无不惊讶，纷纷恳求刘邦对此事须万般慎重，并说立嫡出不立庶出，立长子不立幼子，这是自古以来的礼法，是社稷长治久安的保障，况且太子并无过失，无端废立，后患无穷。哪知刘邦一来总觉得刘盈是个软弱无能的窝囊废，将来难以继承他的基业；二来他已答应了戚姬，更换不了太子，脸面上也过不去，所以任凭群臣反

对，他仍固执己见。

这时御史大夫周昌突然跪到刘邦面前大声说："换不得，换不得，千万不能换啊！"

这周昌是沛县人，是荥阳殉难的周苛的弟弟。他口吃，不善言辞，但性格直爽，遇事敢言，哪怕争得面红耳赤，只要没有说服他，就绝不改变态度；又因他与刘邦是同乡，说话就更不讲究方式，为此，朝廷诸臣都惧他三分。他说话本来就口吃，现在见刘邦又那么固执，便越发生气，而越生气就越说不出话来。他涨红着脸，憋了老半天，才好容易说："臣口不能言，但臣知道不能这样做，陛下要是一意孤行废太子，臣不奉命。"周昌对换太子的态度，刘邦还是清楚的。他想，群臣一致反对，特别是又冒出这么个天不怕地不怕的周昌来，再坚持下去就难收场了，只好答应日后再议。

戚姬得知没有换成太子，自然不肯罢休，又向刘邦哭求。

刘邦安慰说："不是朕不想换，实在是朝臣无一赞成，若是现在换了，说不定会酿成大乱，待日后再相机行事吧。"

戚姬哭说："妾并不是非要陛下废长立幼，只是妾母子的性命掌握在皇后手中，只望陛下保全。"

刘邦说："爱妾尽可放心。如意儿可先去赵国就封，朕让周昌去做赵相。别看周昌反对更换太子，但若去监护赵王，必会尽心。况且朝廷诸臣和皇后太子，对他无不敬畏。"

戚姬见立刻更换太子确有难处，而且刘邦也已做了安排，只好答应下来。

自从刘邦得了戚姬，日夜厮守，形影不离，身为皇后的吕雉自然就不是滋味。后来她又见刘邦有更换太子之意，更是把戚姬看成是眼中钉、肉中刺。但到底她只是个皇后，惹不起当皇帝的丈夫，因为弄得不好，把她这个皇后也废了，岂不坏了大事？所以，她只能表面忍耐，暗中却找亲信商讨对策。这时有人向吕后建议说："留侯张良足智多谋，又深得皇上信任，何不让他给出个主意？"

吕后一听，茅塞顿开，便让他的哥哥建成侯吕释之去求教张良。

张良虽然因病久不上朝，但对朝中的事还是知道一些，而在朝中闹得沸沸扬扬的更换太子的事，也早就传到了他的耳中。只是为了使自己不掺和进去，他有意回避，就是身体见好，也不去上朝。不料这天，吕释之突然来到张良住处。

吕释之开门见山地说："您是陛下的谋臣，协助陛下建立了汉家天下，还应该协助陛下把天下巩固住啊！"

张良说："我体弱多病，又不谙世事，朝中的事不便再管了。"

吕释之说："陛下要废掉太子，在众臣的强谏下，陛下总算暂将此事搁置，但废太子的主意并未改变。现在朝臣们都说，陛下若真的违背礼法，废掉太子，天下非乱不可，而只有留侯，才可以改变陛下的主意，如此大事，您哪能不管呢？"

张良笑笑说："您过奖了。以前陛下打天下的时候，经常处在危险之中，所以才肯听我的话。现在天下太平，陛下从个人恩爱出发，要另立太子，这是人家骨肉之间的私事，纵然有一百个张良，又有何用？"

吕释之坚持说："不瞒您说，我今天是受众臣之托而来。为了国家的长治久安，您无论如何也要想出个办法来。"

张良见吕释之赖着不走，另外他也觉得，天下刚刚安定，万不可因换太子而引起大乱，便想了想说："对废立之事，皇上必是想过多日，成竹在胸，已不能单靠口舌言词去改变皇上的主意。皇上豁达大度，招揽了许多人才，可是连皇上自己也知道，还有四个很有才干的老人至今仍隐居在深山之中，没有出来做陛下的臣子。皇上虽没有亲眼见到过他们，但听说过他们，也很尊重他们，曾几次派人去请，他们就是不肯出山，理由是嫌皇上待人傲慢无礼。如果让太子给四位老人送些重礼，再

运筹帷幄

张良

写封措辞谦恭的信，并派出舒适安稳的车辆和能言善道的辩士，去诚心诚意地邀请，我想他们是会来的。请来之后，太子可让他们做门客，并时常带着他们上朝。只要皇上知道辅佐太子的就是他朝思暮想的那四位贤人，太子的地位也可能还能保得住。"

吕释之转述了张良的计策，吕后喜上眉梢，立即命人带着太子的亲笔信和丰厚的礼物，去请那四位贤人。

高祖出征　重托留侯

依照张良的吩咐，吕后果然把隐居深山中的四位贤人请出，安排到太子府中。那太子盈本来年岁尚小，不知其中的奥秘，只知遵照母亲的嘱咐，把四位老人尊为长者，待为上宾，处处谦恭，事事请教。四位老人庆幸耄耋之年终遇明主，自然也都尽心竭力辅佐。

且说刘邦任命陈豨为代相，摄理代国政事，兼统赵、代二国的边兵，满指望他抗击匈奴，巩固北部边陲，哪知陈豨不是个守边的将领，而是个一味追求虚名之徒。他来到代国，不是治国安民，加强边防，而是学起古代魏公子信陵君的样子，广招宾客，发展个人实力。一次他回家，途经赵国，随行的车子就有千辆，随行宾客住满了邯郸城的所有官舍。刘邦担心陈豨有变，借太上皇崩逝之机，派人召陈豨回京。陈豨既养了那么多门客，自然不乏机敏之人，所以已猜透了刘邦的用心。在那些门客的怂恿下，陈豨不仅没有按时回京，而且过了些日子，竟联合王黄等人，真的起兵反叛，自立为代王，占领了赵、代等地。刘邦闻听怒道："老子信任他，看得起他，才让他做朕的使者，在代地空虚、急需可信之人防守时，又封他为列侯，以相国名义守代地。如今竟忘恩负义，以怨报德，朕定要亲自问罪讨伐！"

蒯成侯周緤哭着谏说："从前秦国统一天下以后，皇帝就没有再御
驾亲征。如今陛下统一了天下，还要时常亲征，难道是没有将领可派遣
了吗？"

刘邦说："不是无将可派，而是天下刚刚统一，朕亲自平定反叛，
对有反叛之心者更能震慑！"

高祖十年（前197）九月，高祖就亲率大军出发了。出发前刘邦诏
令："代地吏民只要未参与造反者，便是无罪，一律赦免，唯陈豨、王
黄定斩不赦！"大军来到赵都邯郸，刘邦问赵相周昌："赵地可有壮士
做朕的将领？"

"有四个。"周昌答道，随即将那四人召来，拜见刘邦。

刘邦瞥了那四人一眼，骂道："简直都是饭桶，也配做将领吗？"
过了一会儿又说道："也为难你们了。你们就做朕的将军吧，并且都封
为千户。"

那四个人先是被骂得连头也不敢抬，待听到皇上又对他们大加封赏
和重用时，便不住地磕头谢恩，表示要万死不辞，奋力杀敌。待那四人
退下，刘邦的随从大臣谏言："许多跟随陛下多年的有功之臣至今还没
有封赏，陛下怎么封赏起这些无功之辈了？"

刘邦说："你们懂得什么？邯郸以北的地方，已全被叛军占据，朕
还吝惜那四千户吗？况且封赏了他们，赵国子弟受到鼓舞，不就奋勇杀
敌了吗？"

刘邦又问周昌："你知道陈豨命谁为将？"

周昌回答说："王黄和曼丘臣，他们过去都是商贾之人。"

刘邦笑说："如此看来，他的部卒们也都是些贪财好利之徒。传
朕的命令：以千金购买他们的首级！"为了尽快将陈豨的叛军打败，
刘邦分兵合剿：一路攻打曲逆（在今河北顺平县东南），一路攻打聊

城（在今山东西南部），一路从太原入代地，抄陈豨的后路，刘邦则亲自率军进攻东垣（今河北正定）。同时派出使者，传命梁王彭越立即率兵参加平叛。

没过几天，其他几路的捷报相继传来：守卫曲逆的叛军将领侯敞被斩首，守卫聊城的叛军部将张春被击败，太尉周勃率军从太原出发，攻入代地，包围了马邑。

攻打东垣的刘邦却遇到了阻力，叛将赵利率军固守东垣，汉军连攻一个多月也未能攻下。

刘邦几次来到城下，竟见叛军高据城头，耀武扬威，骂个不停。刘邦本想强行攻城，无奈分兵作战，自己手下兵力有限，而梁王彭越的部队，几次调遣，总是迟迟不来，气得他暴跳如雷，直到一个月后，已经攻占了曲逆、聊城的汉军前来会师，才一鼓作气，将东垣攻破。刘邦下令：将叛将赵利以及在城头骂过汉军的部卒一律斩首，没有骂过的部卒也都处以墨刑。

陈豨的叛军终于全线溃败，王黄、曼丘臣被生擒。不久，舞阳侯樊哙又在灵丘（今山西东北部）斩杀陈豨。为了防止叛乱再起，刘邦封儿子刘恒为代王。

刘邦胜利返回长安，忽闻淮阴侯韩信被杀，不免心中一震。刘邦一直把韩信看作心头之患，早想除掉，只是没有找到正当理由，弄不好，自己还有诛杀功臣之嫌。吕后、萧何早把刘邦的心思看透，所以趁刘邦率兵征讨陈豨之机，诱使韩信入宫，以"谋反"之罪将他处死，同时将他的父母、妻子也都杀死。刘邦听说韩信被处死了，暗自高兴，问吕后："韩信死时说什么话了吗？"

吕后说："他说，恨当初没有采用蒯通的计策。"

刘邦听后，立即传令将蒯通捉来，气势汹汹地问："是你教唆淮阴侯造反的吗？"

"是的。"蒯通平静地回答说，"我本来是教他造反的，可是那小子没听我的话，结果落到今日的可悲下场！"

刘邦听了蒯通的回答，直瞪着两眼，对身边的武士命令说："把蒯通扔到锅里烹了！"

蒯通争辩说："我仅因此而惨遭烹杀，实在冤枉啊！"

刘邦说："你教唆韩信造反，罪不容诛，谈何冤枉？"

蒯通说："当初秦王朝法度败坏，政权解体，天下大乱，豪杰并起，天下贤士各自投养豪杰，为主人效力。古时候盗跖的狗曾对着帝尧狂吠，这不是因为帝尧是坏人，而因为帝尧不是它的主人的缘故。想当初，臣只知有韩信，不知有陛下，鼓动韩信造反，有何罪可言？况且那时，天下豪杰争相称帝，陛下不过是捷足先登而已，难道陛下要把天下豪杰和曾为豪杰效过劳的所有贤士全部烹杀吗？"

蒯通说这些话时，面不改色，心不跳。刘邦听完，愣了老半天，才摆摆手说："好啦，把他放了吧！"

虽然赦免了蒯通，可刘邦的怒气并没有消除，因为他还记着他在剿灭陈豨时那个按兵不动的梁王彭越。

其实，彭越后来本想找刘邦谢罪，只是他的部将扈辄劝说："大王先前托病未去，受了责备再去，必被擒拿。干脆造反算了。"彭越听了，既没有造反，也没有派兵参战，只好继续装病。恰好这时彭越的一个仆人因故受到彭越的责罚。他一气之下，偷偷跑到刘邦那里，密告彭越谋反。刘邦正因找不到逮捕彭越的理由而发愁呢，现在听了那个仆人的密告，便当即派人以迅雷不及掩耳之势，将彭越逮捕，押往洛阳。刘邦想，彭越既已成了罪囚，还如何造反？若将他宽赦，还能显出我的大度。于是下诏特加赦免，废为庶人，允许他住到蜀地的青衣县。

彭越庆幸自己大难不死，谁知他在前往青衣县的途中，竟遇上了吕后。他双膝跪地，哭诉说："臣本无罪，竟被发配到蜀地，实在冤枉

运筹帷幄

张良

啊！求皇后帮忙！"

"你有何打算呢？"吕后问。

彭越说："臣自幼以打鱼为业，后聚众起兵，追随皇上攻秦灭楚。今事已至此，恳求皇后美言，只要皇上允许臣回故乡昌邑（在今山东金乡西北）安居就心满意足了。"

吕后想了想说："那我们就同去洛阳，找皇上恳求一下，这点微不足道的要求，我想皇上还是能够答应的。"

彭越满怀希望，跟着吕后重新回到洛阳。不料吕后见到刘邦竟说道："彭越野心很大，把他发配到蜀地，无异于给汉家留下个隐患，还是把他杀了的好，我现在又把他带回洛阳来了。"

这时刘邦也正为发配彭越而后悔呢，因此吕后这番话正中下怀，于是以"不思悔改、仍想造反"的罪名杀了彭越，而且把彭越的宗族也杀了个干净，另立自己的儿子刘恢为梁王。同时，还把彭越的头挂在洛阳城头，并出示诏令："有敢来收他尸体的，格杀勿论！"

且说梁国大夫栾布出使齐国回来，听说梁王被捕，便日夜兼程，赶往洛阳。当他来到洛阳时，只见城头挂着彭越的首级，不禁号啕大哭起来。他对着首级一边哭，一边禀报自己出使齐国的情况。在城头下巡视的武士见此情形，立即将栾布捆绑起来，交给刘邦处置。

刘邦怒斥："彭越犯有谋反大罪，朕已将他斩首，并不准为他收尸。你不仅祭他、哭他，还继续把他当王尊奉，难道也想造反吗？来人，将这个狂傲之徒烹杀！"

栾布面对着杀气腾腾的刘邦，越发显得镇定自若，他一字一板地说："臣前来，就是准备来死的，只是请陛下允许臣死前再说一句话。"

刘邦气势汹汹地说："你分明与彭越合谋造反，还有什么话好说！"

栾布说："陛下当初兵败彭城，后来又被困荥阳、成皋之时，楚王没能遂心如意，还不是因梁王转战梁地阻止楚军的缘故？倘若当初梁王背汉联楚，陛下怎会有今天？倘若没有梁王的垓下会兵，陛下怎会有今天？陛下还不是因梁王功劳卓著才加以封赏吗？如今只因梁王有病，没能率兵参加平叛，就疑心他谋反，并将他斩首示众，恐怕朝中大臣都要人人自危了。梁王这样的有功之人尚不得好死，我活在世上还有什么意思？我的话完了，现在就请陛下烹杀吧！"

刘邦顿时愣了，"是啊，彭越与我非亲非故，又非同乡，而且他还不似韩信是由我一手提拔的将军，而是他自己聚众起兵，有着自己的人马。他可以归属我，也可以归属项王，也正是由于他的不同选择，才影响了我与项王的胜败，从这点看，彭越的功劳比韩信还要大呢！彭越若真的反了，杀了他不算过分，而他如今的罪名，只不过是'谋反'啊！谋士张良曾劝我说：'喜则赏，怒则杀，怨乃起，令乃废。''死者不可再生，用法务在宽简。'仅以有人告发谋反而将彭越诛杀，的确失策。可是死者不可再生，后悔又有何用？"他想了好半天，最后决定用宽赦栾布来弥补诛杀彭越的失误。于是，下令对栾布不予治罪，并任命他为都尉。

且说当初刘邦逮捕楚王韩信时，淮南王英布就对刘邦警惕起来，如今又见梁王彭越无辜被杀，自知下一个该轮到自己了，终于果断地发兵造反。

这一下刘邦可真的傻眼了，他连愁带气，竟一下子病倒了。他把几个重臣叫到病榻前问："如今淮南王又造反了，这可怎么办呢？"

"把他杀掉算了！"众臣异口同声地说。

"是啊，应该把他杀掉。彭越只有造反嫌疑还杀掉了呢，英布已经正式扯旗造反，杀掉并不过分。可是英布拥有重兵，而朕年岁已大，且身体不适，由谁挂帅出征呢？"

对刘邦的这一问，众大臣都缄口无言了。他们知道，平定叛乱，皇

运筹帷幄

张良

上最有号召力，由皇上挂帅出征最合适。而且以往的几次平定叛乱，都是皇上亲自挂的帅。可是皇上确实有了病，而且看来病情还不太轻，不能再劝其带病出征。而皇上不挂帅，又有谁能挂帅呢？武将们不敢贸然请缨，也不敢随意举荐，因为他们深知皇上虽然病了，但神志清楚，由谁挂帅的问题，他自有主意。说得符合皇上的心意还好，若不合皇上的心意，还可能落个合谋造反的罪名。刘邦见文臣武将们谁也不回答他的问题，便又以商量的口气说："太子年岁不算小了，总不能坐享其成，这次由太子挂帅怎么样？"

"我们听皇上的。"文武大臣齐声说。

刘邦一听说都听他的，反而闭上眼睛，不再往下说了。其实，这时刘邦的心里很是矛盾。他自感力不从心，难以挂帅，而由于病魔缠身，心情本来就很烦躁，一看到太子，就更是气不打一处来。以挂帅为名，把他打发出去，眼不见，心不烦，图个清静，也好安心养病。可是，平定淮南王反叛这样的大事，懦弱无能的太子能够胜任吗？所以，他虽然有意让太子挂帅，决心却难以下定。

尽管刘邦还没有做出最后决定，但他稍稍表露了一下由太子挂帅的打算，就在宫中引起震动，而受震动最大的，又莫过于太子请来的那四位贤人了。他们互相商量说："我们到京师是来辅佐太子的。太子若去领兵打仗，事情可就危险了。"于是，他们对建成侯吕释之说："太子去领兵打仗，即使取得了胜利，也不过是继续保住太子的位子，而一旦失利了，太子的地位可就难以保住了。太子所要率领的，都是跟随皇上多年勇猛善战的将领，他们怎么会听从太子的？这真是以羊带狼，太子挂帅必定无功而回。请转告皇后，务必让皇上改变主意。"

吕后听说要让儿子挂帅出征，更是比谁都着急。她找到刘邦，一把鼻涕一把泪地哭说："英布是天下名将，深通用兵之道。陛下若让太子挂帅，会更加助长叛军的气焰。您虽然有病，但只要备一辆车子，安卧在上面，哪个将领敢不听命？为了汉家天下，也为了陛下的妻子儿女，您就再辛苦一趟吧！"

刘邦听罢，长叹一声说："我就知道这小子派不上用场！好吧，老子自己去走一趟吧！"

刘邦率军出发时，群臣都到霸上送行，这时张良也支撑着病体前来，他对刘邦说："臣本想随陛下前往，无奈病得厉害，不能如愿。楚人剽悍勇猛，请陛下千万小心。另外，太子虽未能挂帅出征，但可为将军，监护关中诸军。"

刘邦沉思片刻说："朕就听先生的。叔孙通现为太子太傅，先生就做太子少傅吧！有你们两位辅导，朕就放心了。"说罢，就率众启程了。

商山四皓　弥祸无形

淮南国包括九江、衡山、庐江、豫章四郡，位于今湖南、湖北、江西一带，治所六县，在今天安徽六安北。淮南国有些地方河道纵横，湖泊星罗棋布；有些地方又丘陵连绵，森林茂密。刘邦率军到那里打起仗来，会有一定难处。而淮南王英布就是六县人，非常熟悉那里的地形。暴秦时，他曾坐法黥面，故又称黥布。秦末，他率骊山刑徒起义，属项羽，因作战常为先锋，封九江王。楚汉战争中，他又归汉，封淮南王，所以刘邦面对的，并不是寻常对手。要是以前，刘邦会不加考虑，就率兵出征，遇到问题，再相机行事，可如今他是在病中，一切都需要考虑周全，一切都要按事先部署的行事，这样才万无一失，所以出征前，刘邦曾召集诸将认真商讨。

绛侯周勃说："英布英勇善战，又熟悉那里的地形，陛下用兵务必

谨慎。"

汝阴侯夏侯婴说："有个叫薛公的，很有智谋，从前是楚国令尹的宾客，如今在我门下，不妨听听他有何高见。"

"可以。"刘邦说。

薛公很快就被召来了，他向刘邦分析说："以仆看来，英布此次用兵，有上、中、下三策。若用上策，陛下就很危险；若用中策，胜败将难预料；若用下策，陛下就高枕无忧了。"

刘邦一听，觉得薛公这人果然出言不俗，便急问："这上、中、下三策，是何意思？"

薛公说："英布如果向东攻取吴地，向西攻取楚地，又兼并齐、鲁，逼燕、赵中立，这样一来，函谷关以东之地，就尽属英布了，这是英布的上策。英布的中策是向东攻吴，向西攻楚，兼并韩、魏，堵塞成皋的关口，如果这样，胜败就很难说了。英布的下策是东攻吴，西攻蔡，把军力放在越地，自己则跑到长沙。如果这样，陛下只须安卧帐中，便可坐待胜利了。"

"依你之见，英布会使用哪一策呢？"刘邦问。

薛公说："英布本是一刑徒，当初起兵造反，不过是为了改变刑徒地位。后来侥幸做了万乘之主，一切又都是为了保住一方霸主的地位，所以，他这种人也只会使用下策。"

"说得有理。"刘邦高兴地说，"那么，英布必败无疑了。薛公才智过人，为朕谋划有功，特封千户侯。"随后，刘邦就率领大军浩浩荡荡出发了。

此时的英布也对胜利充满了信心，他对部将说："皇上年纪已大，对征战早就厌倦了，所以他不会统兵前来；他手下的将帅，能力最大的，也使我最担心的，莫过于楚王韩信和梁王彭越，如今这二人全被皇上处死，我没有再可怕的了。"英布的用兵计划，基本如薛公所料：他首先攻荆击楚，之后没有北攻齐、鲁，而是率兵向西，结果在蕲西（今湖北蕲春西）与汉军遭遇。

刘邦遣使怒斥英布："皇上封你为淮南王，待你不薄，你为何恩将仇报，起兵造反呀？皇上有言，只要你重新归顺朝廷，皇上对你就既往不咎，仍可为王。若执迷不悟，只有死路一条！"

英布向来使笑说："有盖世之功的韩信、彭越，虽被封为一国之王，可是转眼之间不就成皇上的刀下鬼了吗？当这一国之王有什么意思？到头来还不是被杀！请回禀皇上，我英布不会上当。为了自身性命，我也要立志再次造反，也要当上皇帝。"

正病卧在车中的刘邦听了使者的回报，气得浑身颤抖，怒道："不必再与这逆贼多费口舌了。传朕的命令：诸将率领全军，立刻围剿叛军，活捉英布，立功者受重赏！"

这时，一支流矢突然飞来，将刘邦射伤。汉军顿时被激怒了，潮水般扑向叛军，英布的军队虽然精锐，但到底不是汉军的对手。两军交锋，没战几个回合，淮南军就损失惨重，被迫渡过淮水，边战边退，接连失利。英布见势不好，慌忙带了一百多人逃往江南。这时，长沙王遣使对英布说："大王处境危险，我王也感到前途难卜，愿与大王一起东逃。"英布信以为真，当他与长沙王一起来到鄱阳时，竟被长沙王预先部署的兵士突然杀死。

刘邦彻底平息了英布的叛乱，另封儿子刘长为淮南王。他正要班师回京，突然想到，这里距家乡沛地很近了。自己自起兵以来，只顾打仗，还没有回去过呢，何不趁此机会，回乡省视故乡父老呢？于是，绕道沛县，停留数日，每日在沛宫设酒置宴，召集父老子弟畅饮，他还选了一百二十名儿童唱歌助兴。孩子们满口乡音，刘邦听了甚是得意，又兼刚刚平叛得胜，心里尤其高兴，他忘记了身上的箭伤，乘着酒兴，令左右取筑至前，亲自击节作歌：

运筹帷幄

张良

大风起兮云飞扬，

威加海内兮归故乡，

安得猛士兮守四方！

　　歌罢，命儿童学习，同声唱和。刘邦喜笑颜开，走下座来，回旋起舞。舞了一阵，刘邦忽然慷慨伤怀，泪下数行，哽咽着对故乡父老们说："常言道：'狐死归首丘，游子悲故乡。'朕虽以关中为都，今后长住京都，但千秋万岁之后，我的魂魄还是要怀念故乡父老的。朕从做沛公开始，托家乡父老的福，诛暴讨逆，终于取得了天下，因此就用沛县作为朕的汤沐邑吧！沛县百姓世代也就不用再服徭役了。"沛县父老听了，激动万分，齐呼"万岁"，向刘邦敬酒庆贺。刘邦又高高兴兴地住了几天，对沛县父老说："朕的随行人员实在太多，不便再打扰父老了。"于是起身离沛。沛县百姓倾城而出，一再挽留，刘邦又在城外搭起帐篷，饮宴三天。应家乡父老的请求，又免除了丰邑百姓的徭役，同时以荆地为吴国，封侄子刘濞为吴王。

　　刘邦返回长安，想到这次剿灭英布的胜利，想到还乡时的动人场面，就兴奋不已，可是箭伤一旦发作起来，就疼痛难忍。戚姬见到刘邦年事已高，身体每况愈下，如今又中箭负伤，对更换太子的事更感心切。她日夜守候着刘邦，唠叨不止，一再恳求刘邦保全他们母子。不提此事还好，一提此事，刘邦就有些心烦意乱。他想，吕皇后智擒韩信，劝斩彭越，虽然符合自己的心意，可是手段也够狠的。自己一旦归天，心爱的戚姬、如意母子，还不被这个狠毒的妇人整治死吗？看来只有废立一法，尚可保全他们母子了。

　　身为太子少傅的张良来到刘邦的寝宫，问候了刘邦，奏报了近些天来朝廷中的事务和太子的长进，没想到刘邦只是眯缝着眼，一言未发，吓得张良也不敢再继续说下去了。过了好一会儿，刘邦才睁开眼睛说："一个小小王国的叛乱，还须老子带病出征，要这样的太子还有何用？朕决意将他废掉！"

张良慌忙劝说："废立太子是朝中大事。陛下身体欠佳，还是安心养病为好。"

"子房，不必说了！"刘邦露出咄咄逼人的目光，"朕已考虑再三，为了汉家社稷，太子必须废掉！"

"臣只是请陛下安心养病，待圣体康复之后再做处理。"张良说完，就离开寝宫，急步去找太子太傅叔孙通。

"陛下又要更换太子了。"张良上气不接下气地对叔孙通说。

"你没有劝谏吗？"叔孙通问。

"劝啦，可是没用，"张良说，"看来皇上这一次的决心很大。你赶快再去劝谏，我也再想想办法！"

依照张良的安排，叔孙通来到刘邦的寝宫，问："听说陛下要废掉太子？"

"是的。"刘邦冷冷地说。

叔孙通说："陛下为了汉家社稷，才决意废掉太子。臣为了汉家社稷，也愿冒死说几句。从前晋献公因宠爱骊姬，就废掉太子申生，改立骊姬的儿子奚齐，结果造成晋国几十年的内乱，为天下人所讥笑；秦始皇因为不早立长子扶苏为太子，使奸相赵高得以假传诏命，立幼子胡亥为君，结果造成宗庙绝祀、国家灭亡，这是陛下亲眼看见的。现今太子仁慈孝顺，又是陛下的嫡长子。天下人纷纷议论：陛下决意更换太子，是因为宠爱戚姬之故。古诗曰：'妻子合好，如鼓瑟琴。'况且皇后与陛下共过患难，难道就可以这样背弃不顾吗？礼，治国之本也。戚姬若真的敬爱陛下，就应使陛下成为仁慈守礼的明君，而不能像昏庸的晋献公那样，为天下人所耻笑。陛下若真的爱怜戚姬，就应教导她遵礼守

运筹帷幄

张良

道，不要以美貌惑乱陛下，像妹喜、妲己、骊姬那样，遭世人痛骂。太子是天下的根本，根本一动，天下震动，随意更换太子，不是在拿天下开玩笑吗？这都是臣的肺腑之言。陛下若决意一意孤行，废长立幼，就先将臣杀死好了。臣不愿听到世人对陛下的责骂之声，更不愿看到纲纪废弛、天下大乱！”

刘邦听了，不由想起当年前往汉中就封时，张良向他讲述的周幽王废太子宜臼，立宠妃褒姒的儿子伯服为太子，最后身败名裂的故事，便苦笑了一下说：“朕只是说说而已，哪里是要真换呢！”

叔孙通满意地离开寝宫，找到张良说：“皇上已被我说通，太子不再更换了。”

张良笑笑说：“太傅过于天真了，只要有一线希望，皇上更换太子的心就不会死。”

过了几天，刘邦箭伤稍愈，心情高兴，便下诏置酒宫中，宴请群臣，特命太子盈陪侍。太子步入朝宫时，那四位须眉皓齿、衣冠甚伟的老人紧随其后。刘邦惊诧不已，急问太子：“这四老是何人？朕过去怎么未曾见过？”

太子盈尚未回答，那四老先到刘邦面前跪下，各叙姓名。

刘邦一听，惊得两眼都直了，“‘商山四皓’原来就是你们四位啊！朕久闻大名，未曾目睹，今日也算有幸！可是朕过去请了你们多次，却为何一直隐匿山中，不肯应召呢？”

四老齐声说：“陛下待士轻慢，动辄辱骂，臣等义不受辱，所以违命不来。今闻太子仁孝，恭敬爱士，天下有识之士无不敬慕，愿为太子效死，所以臣等远道而来，侍奉太子。”

刘邦愣了大半天，才结结巴巴说：“公等肯来辅佐我儿，很好，很好。你们要尽心教诲，毋致失德。”然后唤起四老，胡乱地饮了数杯，就宣布酒宴结束。

最后酒宴不欢而散。太子退去，四老仍紧随其后。刘邦急召戚姬入宫，指着那四老说："朕本想改立太子，无奈太子有这四老辅佐，羽翼已成，势难再动了。"

戚姬闻言，泪如雨下。刘邦劝慰说："不要过于悲伤。须知人生有命，得过且过。你为我跳舞，我为你唱支歌，我们相互解愁吧！"

戚姬悲痛欲绝，勉强起步，挥袖舞动。她紧闭双唇，泪也不擦，顺着脸颊流进嘴里，一股苦涩的咸味渗进心间。刘邦也无比悲伤，心如刀绞，眼里噙着泪花，哽哽咽咽地唱：

> 鸿鹄高飞，一举千里。
> 羽翮已就，横绝四海。
> 横绝四海，当可奈何！
> 虽有矰缴，尚安所施！

刘邦唱得凄怆，戚姬听了，越觉悲从中来，腿脚无力，不能成舞，索性坐地，掩面痛哭起来。刘邦无心再唱，将戚姬扶起，搀进寝宫。

在张良的巧妙周旋下，刘邦终于将废立太子的事搁下，不再提起，一场可能发生的内乱，终于避免了。

脱尘弃世　仙游四方

常言道："物体先腐，而后虫生也；人必先疑，而后谗入也。"刘邦几次更换太子受阻，不免对自己的地位产生了怀疑，进而对身边的大臣也产生了怀疑。他忧愁苦闷，脾气也变得越来越坏。恰在这时，相国

运筹帷幄

张良

萧何入宫奏说："长安这里人稠地窄，林苑中却是荒草一片。若让百姓进苑耕种，收了陛下的庄稼，秸秆留下照样可以供养禽兽，岂不两全其美？"

刘邦一听，顿时生气地说："相国收了百姓多少贿赂，竟算计起朕的上林苑来？来人，将相国拿下！"可怜相国萧何，本是一片好意，竟无端下狱。第二天，卫尉王某鼓足勇气，跪到刘邦面前问："相国突然被抓了起来，举朝震动，不知他犯了什么大罪？"

刘邦瞪了这个卫尉一眼，怒道："李斯做秦相时，有善归主，有恶自负。如今的相国倒好，他拿着朕的上林苑，去讨好百姓，岂不是要鼓动百姓造反吗？"

卫尉说："有便民之事则上奏，这是做相国的职责，怎说是鼓动百姓造反呢？况且楚汉相争时，还有陈豨、英布反叛时，陛下均领兵在外，由萧相国镇守关中。他那时若想夺取天下，不费吹灰之力，何故等到今天？再说，秦朝所以灭亡，还不是因为秦相李斯一味媚主，使皇帝看不到自己的过错而造成的吗？依此看来，李斯何足效法？"

刘邦的脾气本来是时好时坏，他当时一怒之下，逮捕了萧何，过后一想，也有些后悔，如今卫尉又直言进谏，便立即下令将萧何放出，并对萧何自我辩解说："相国所奏，利国利民，朕心里全都清楚，而将相国下狱，不过是让天下百姓知道朕为桀、纣之君主，以便显出你是体恤百姓的贤相。"

萧何听了，千恩万谢，内心却有一种难言的苦涩。张良闻听萧相国出狱，便前去看望。二人见了，竟相视良久无语。

刘邦的病越来越重了，宫医前去诊了一下刘邦的脉搏，安慰说："陛下福贵超群，这点小病，吃几服药就会好的。"不料刘邦一听这话，便张口骂道："真是一派胡言！朕以一布衣平民，手提三尺之剑而取得天下，是朕之福贵吗？这是天命！命运在天！朕若不到归天之时，不治病也会好；若已到归天之时，虽有神医扁鹊，又有何用？"于是赏宫医黄金五十斤，命其离去。

重病中的刘邦并不能安心休养，他此时想得最多的，是刘氏的天下能否保得住，是戚氏母子的性命能否保全。他常常一闭上眼睛，就看到皇后吕氏身披铠甲，手持宝剑，在追杀戚姬；就看到戚姬披头散发地跑到他面前，痛哭流涕地乞求保护。刘邦想："这个妒妇莫非真的要闹事吗？可她闹事也得要个帮手啊！谁又可能充当她的帮手呢？"

"启禀陛下，"夏侯婴慌慌张张地来到寝宫，向刘邦奏言，"外面纷纷传言：奉命到燕地平定卢绾之乱的樊哙将军与皇后是同党。他们约定，一旦陛下归天，就里应外合，夺取天下，首先要杀死的就是戚夫人和赵王如意。"

"果然不出朕之所料！"刘邦气得浑身颤抖，"速召张良、陈平前来！"

过了一会儿，陈平就来到寝宫，而使者却回报：张良说自己病情加重，难以应召入宫。刘邦叹说："恐怕是子房不想再辅佐朕了。"于是问陈平："外面传言，皇后与樊将军合谋造反，可有此事？"

陈平说："樊将军是皇后的妹夫，确是很容易串通一气。不过，只要夺去樊将军的兵权，大乱子就不致发生。"

"说得有理。"刘邦说，"朕命你与绛侯周勃前去取代樊哙，将其就地正法！"

陈平与周勃来到燕地，出示诏令，逮捕了樊哙，却又多了个心眼儿。他们商量道，皇上常常是感情用事，朝令夕改。樊将军是皇上的同乡故交，又功劳卓著，我们奉命将其斩首，说不定反而要落个诛杀忠良的罪名。况且皇上病重，朝不保夕，我们一旦杀了樊将军，皇后也会指责的。他们最后商定，只将樊哙押往京都长安，要斩要活，由皇上自己去处置。果然不出陈平、周勃所料，他们押着樊哙刚到长安，汉高祖刘

运筹帷幄

张良

邦就一命呜呼。太子盈继承了帝位，成了孝惠帝，而过去的皇后吕雉，自然就顺理成章地成了皇太后。

懦弱的孝惠帝不过是个傀儡，大权完全落在了皇太后吕雉的手中。这时，她没有急着去处理朝政大事，而是首先释放了樊哙，并恢复了他的爵位和封邑。接着，就下令将戚夫人囚于永巷，命其穿上囚服，每日从早到晚舂米。戚夫人既担心自己的命运，又怀念远在千里之外的儿子。她悲伤不已，边舂米边唱：

> 子为王，母为虏，
>
> 终日舂薄暮，常与死为伍！
>
> 相离三千里，当谁使告汝？

戚夫人舂米唱歌的事很快就传到吕太后的耳中，她咬牙切齿地说："这个小妖精不死心，还想指望儿子呀！"于是，命人将刘如意从赵国召回，用药毒死，然后下令断了戚夫人的手足，挖去她的眼睛，用火熏烧她的耳朵，又给她喝哑药，然后把她扔进猪圈里，名曰"人彘"。吕太后还不罢休，又让同情戚夫人母子的孝惠帝前去观赏。孝惠帝来到猪圈前，看到昔日美貌动人的戚夫人今天竟成了这种样子，不禁痛哭流涕，悲痛欲绝。他让人转告太后："实在残酷，目不忍睹呀，这不是人所做的事情！臣作为太后的儿子，难以治理天下啊！"于是，从此将政事搁置一边，整日饮酒度日。

太后吕雉处置了戚姬母子，解了心头之恨，才想起料理朝中大事。连日来，由于忙于料理刘邦的丧事，又忙于惩治戚姬母子，文武百官的奏章已堆积成山，不知从何下手。此时，她不由想起谋士张良。是他出谋划策，使高皇帝多次摆脱困境，转危为安，因此被誉为三杰之一；是他想到请出商山四皓的办法，又巧妙安排，才断了高皇帝废立太子的念

头，对我母子来说，这真是恩重如山。她想，有这样的谋士来辅佐，多少军国大事都会料理得有条不紊。于是，她派遣使者召张良进宫。不料刚过一会儿，使者就慌慌张张地进宫回报："留侯府门半掩，府中空无一人，唯几案上留一素帛，上书'子房拜师赤松子，云游四方脱尘世'。几案上已有一层尘土，看来留侯出走已非一日。"

吕太后闻听，甚为惋惜，急忙派人四处寻找。结果只在张良的一个朋友家找到他的儿子不疑。据他的那位朋友说，张良说要到外地会个旧友，过几天才回来，临时把儿子托付给他照管，并未说要出家。吕太后听了，下令继续寻找。可是天下如此之大，何处去找？况且张良出家之后，必然改名换姓，而且主要是云游于深山密林之中和人迹罕至之处，派出几个使者，如何能找得到？退一步说，即便找到了，张良既已决心出家，他会回来吗？

读者会问，张良是汉朝的开国元勋，又为太子盈继位和太后掌权立下殊功，却为何要出家云游呢？原来，他博浪沙椎击秦始皇、下邳起兵，以及后来追随汉王刘邦，只不过是为了推翻暴秦，洗雪国耻。这一目的达到后，他就决心功成身退，进山隐居，无奈刘邦一再挽留，吕后又派人苦苦请教，他盛情难却，也为了天下的平安，才暂时留下，继续贡献他的才智。哪料妻子早亡，使他的精神受到极大刺激。而当了皇帝的刘邦，也越来越容不得旧臣宿将，渐露锋芒的吕后更是残忍狠毒。他意识到长此下去，自己还会成为吕后等人的帮凶，这岂不毁了自己一世的声名？他思虑再三，终于不辞而别，跟着一个叫赤松子的仙人云游去了。

这赤松子，传说是神农时的雨师，不食五谷，专食水晶，修炼到最后，入火自焚，到达"仙界"。这一修炼之法世代相传，自认为修仙得道者，便称作"赤松子"。实际上，这是一种企图逃离现实的民间宗教。

张良跟随仙人赤松子沿着当年刘邦赴汉中的路线，先是西行，然后

运筹帷幄

张良

向南，穿过崇山峻岭，来到南山（今秦岭）南坡的一个历代赤松子的居处。那里有几间茅屋，背山向阳，虽不像都城中的楼堂殿阁那样巍峨壮观，但错落有致，干净整洁，也别有一番风味。这里山势不甚陡峭，然而漫山遍野绿树葱茏。有一清溪自北而南，名曰褒水，流水潺潺，反而给这几间茅屋增添了几分幽静。他知道这里不远处就是古时候周幽王宠妃褒姒的故乡，他由古代的褒姒联想到今天的吕太后，因而庆幸自己离开繁华的京都，脱离了令他心烦的人世杂事。张良心中平静了许多，但他到底是在尘世间生活了几十年，到底是接受过黄石公的授书，多年的战争生活又使他对兵法产生了浓厚兴趣。

而且他又听说，那黄石公也是修仙有道的赤松子，于是他静下心来，开始对搜集到的兵书进行整理、编订，并且仿照黄石公的办法，向年轻一代传授。张良究竟在这里生活了多少年，不得而知；他究竟整理了多少部兵书，传授给了多少人，也无记载。不过，今天在陕西省留坝县庙台子镇西，还建有张良庙，又名留侯祠。在张良庙过厅走廊里镶嵌着四十余块古人留题的碑刻，庙中有授书楼，建在用大理石和南阳玉砌筑的人工假山上，高百余米。拾级登楼，约两里许，始达其巅，举目四望，青绿一片，点缀着九座红色的建筑，如绿叶中之花朵，分外美丽。峰下花亭中竖石碑一通，上书四个大字：英雄神仙。

过了几年，张良又来到白云山隐居。这白云山在今河南省东部的兰考县境内，名曰"白云山"，实际不过是丘陵而已。

这里不像褒水溪畔那样远离尘世，而是地处中原，且没有崇山峻岭阻隔。但这里终究与中原闹地洛阳，与古战场荥阳、垓下，都相距几百里，也算是闹中取静了。传说张良又在白云山安静地生活了几年，于惠帝六年（前189）病逝，谥号文成侯。

当初张良在下邳桥上巧遇黄石公，喜得《太公兵法》。黄石公临别时曾对他说："读了这本书，就可以做帝王之师。十年以后会有大的变动，十三年以后，你会在济北谷城山下见到一块黄色石头，那便是我。"十三年后，张良跟随刘邦路过济北，果然看到谷城山下有块黄石。张良惊喜万分，把这块黄石带回，视为珍宝，加以供奉。死后，人们便把他与那块黄石，一起埋葬在白云山下。在今河南兰考县城西南六公里处，至今尚有张良墓。墓高十米，古柏环绕，郁郁葱葱，甚为壮观。不过《括地志》云："汉张良墓在徐州沛县东六十五里，与留城相近也。"还有的书中说，张良死后，连同他珍藏的那块黄石，一起葬在了谷城山下的黄石岗。这谷城山，就是今天安徽省的名胜之地黄山。然而，这些都有待考证！

张良出家之后，儿子不疑由官府抚养成人，后来还继承了留侯爵位。遗憾的是，文帝五年（前175），不疑因参与谋杀楚内史，犯下死罪。后虽花重金保住了性命，但张家的封国从此就被废除了。